愛在點滴親和間

九型人格親密關係新啟示

霍玉蓮 著

愛在點滴親和間——九型人格親密關係新啟示

作者／霍玉蓮
總編輯／馬鎮梅
統籌編輯／廖迎祺
責任編輯／伍詠慈
美術設計／劉碧雲
出版發行／突破出版社
香港沙田亞公角山路33號突破青年村
電話：2632 0000　傳真：2632 0388
電郵：breakthrough@breakthrough.org.hk
網址：http://www.breakthrough.org.hk
http://www.btproduct.com
承印／陽光（彩美）印刷有限公司
2011年3月初版1刷
2023年2月初版4刷

From Love to Intimacy: New Perspective from Enneagram in Relationship
by Anita, Fok Yuk-lin
First Printing, First Edition, March 2011
Fourth Printing, First Edition, February 2023

Printed in Hong Kong
ISBN 978-988-8073-23-8

本書經文取自《新標點和合本》，版權為香港聖經公會所有，承蒙允准採用，特此鳴謝。

誠邀閣下就突破出版社的書籍發表意見

歡迎加入突破書籍 Facebook page — http://www.facebook.com/btbooks.page

本書採用環保油墨印刷

生　活　與　輔　導

關懷、連繫、復和、

溝通、對話……

凝視心之脈動，

直到重新尋獲自己的心。

目錄

心靈親密篇

第四章 個性異同的啟示

第五章 邁向靈性親密的路徑

分享篇 輔導室與夫婦同行

序一

約在五年前，我首次參加霍玉蓮講授的「九型人格」工作坊，先被她溫婉動聽的聲調吸引；再細聽其講解內容，九型人格本來是頗複雜的論説，經她細膩、輕鬆的娓娓道來，令我受益良多。九型人格有助我更深入了解自己，對人有更多明白和接納，對牧會有極大幫助。及後，我繼續參加她的講座和工作坊，和她成了好友。

今次為玉蓮的書寫序，心感榮幸。看罷原稿，對她更深的欣賞。坊間有關九型人格的書圖文並茂，種類繁多；而此書的勝長，在於玉蓮擁有廿多年的豐富輔導經驗，又好學不倦，將神學、心理學、輔導學、靈修學共融貫通。

書中兩次提及：「筆者嘗試以《聖經》真理結合人靈性修練的歷程，連繫九型人格陷墮和提升的路程作一整合。」（頁 263）

「筆者嘗試對九種人格理出邁向健康的大概藍圖，給各人省察、參考……藉着靈性修練學習，使人與上帝與人和好、相連。」（頁 276）

她又設計了多個圖表，有助讀者容易明白，這個努力殊不簡單，可見她對九型人格的融通已達成熟之境。無論個人、婚姻、與人、與神的關係，她都帶領讀者以光明的向度，積極的心懷去認識。

我屬八型性格，火爆剛烈，這一次的閱讀旅程，使我經歷一趟心靈洗滌和重整。書中從不同角度檢視生命，如醍醐灌頂，同感共鳴多的是，使人喝采叫好。我最喜歡作者在第四章將婚姻比作烤焗蛋糕，由悶局困境到色香味美，也是二人關係由適應困難至圓融契合，精闢！絕妙！

最近再與玉蓮見面，我對她說：「廿多年來，你在輔導室聽了許多婚姻危機、關係破裂、慘不忍聽的悲情故事，你仍是如此喜樂積極，常存盼望，不失童真，最難得是你心中仍有火。」她笑瞇瞇，肯定地回應：「是呀，我心中有火呢！火紅火紅的……」上帝仍重用這位心中有火的使女，寫下這本使人心靈溫暖、燃亮生命的書。

徐玉琼牧師

基督教宣道會方舟之家堂主任

讀畢書稿，看到作者將九型人格理論、夫婦相處之道和生命成長方向結合；呼喚讀者回歸上帝，領受祂的愛，才能與配偶建立親密關係，活出真我。筆者雖然對九型人格的理論認識不深，但對作者的嘗試和努力很欣賞、佩服。

作者以多年豐富的婚姻輔導經驗，生動地描繪出不同性格組合的夫婦相處時會遇到什麼困難，提出協調之道，相信對很多夫婦來説，是很實際的幫助。當然讀者也要明白九型人格理論只是其中一種幫助我們認識自己的工具，並非絕對，所以不應以「批命」的心態把自己、對方及彼此的關係「看死」！

在牧會經驗中我發現基督徒傾向將遇到的問題簡化及「屬靈化」，例如把夫婦間出現的困難一律看為靈性問題，只要雙方都願意「放下自我」，便能互相遷就，大事化小、小事化無。然而我們往往連這個「自我」究竟出了什麼問題、究竟夫婦倆為什麼整天會為那些瑣事吵過不休、為何昔日彼此吸引，今天卻「火星撞地球」等問題的原因也不知道，單叫對方（或自己）放下自我，是很難做到的，任何人也會不甘心。

九型人格理論給我們提供最適切的幫助，就是指出不同性格的人，其「自我」都有不同之處——各有「死穴」、也各有各精彩，既會彼此吸引，也會彼此相撞。很難説怎樣的配搭才是天生一對；不過，認識自己與對方的不同性格，了解為何會發生衝突，及大家邁向健康成長之方向，肯定會有助益。

我和太太結婚已卅五年多了。我們的性格頗相似，相處的模式自然有理想的地方，也有不足之處。我很同意作者的信念，就是惟有我們都願意選擇自我生命成長、又願意致力於彼此關係的成長；體會自己的陷溺，願意回歸上帝，領受祂的愛與恩典，才得着愛，可與對方分享，如《聖經》所説：「我們愛，因為神先愛我們。」(〈約翰一書〉四：19）這也是我們多年來相處之道。

孫國鈞牧師

基督教宣道會沙田堂堂主任

序三

當我收到玉蓮的新書初稿，就急不及待翻到第三章，細讀丈夫和我的型號之間的相撞和調節，不禁會心微笑：「噢！就是這樣呀！」她竟能將我未能清晰表達的所思所感，用文字細緻描寫。這當然是她的功力，也是結合了對九型人格的深刻認識、輔導夫婦的經驗和對人性觀察揣摩的智慧。

要是你未認清自己的型號，那就得從第一部分開始讀，對九型人格有基本認識和掌握，嘗試找出自己和配偶的型號。這不能一蹴即就，要邊讀邊檢視自己的行為、動機、感受、信念。我曾讀了許多書，又參加了不同導師的課程；做問卷時結果是九號，後來跟熟悉九型人格的前輩一談，又似是三號，有一位課程導師說我是六號。這兩年因靈修操練，對自己的感受、對人對事的反應多了一份洞察力，才確定自己是三號。丈夫也是兜兜轉轉，才認清是八號。我倆這趟旅程竟走了差不多十年，所以，我十分認同玉蓮在第一章對輔導員提出友善忠告一段指出：這是一個自我發現的過程！上三幾天課程，就告訴你是幾號的，出錯機會很高！

玉蓮是我的婚前輔導員。不過婚後的生活實在是活在波濤洶湧中，可以「死過翻生」來形容！第四章每個主題，我都有切身體會。從以自我為中心的愛到彼此成全、以恩慈相待；家真是一個修道場，「婚前選擇所愛，婚後愛我的選擇」，死不放棄是意志的決定，不是愛情的感覺！正正因為察覺到「神聖的空位」，愈追求與上帝親密、迫切懇求上帝的幫助；上帝就教曉我愛的功課，雕琢我的生命！

上帝應許我們活得豐盛、自由，活出祂的形象，享受恩賜。我總是盼望自己不斷成長，突破舊的框框、卸下包袱、更新信念，享受上帝應許的生命。成長需要一顆謙卑受教的心，預備好土壤，又要對自己的心靈狀態有情理兼備的省察。第五章是很好的指引，十分欣賞作者把不同性情的成長與陷落詳細陳述，從不同向度透視個人成長與靈性追求的融合，這是坊間九型人格書籍缺乏的重要一課，值得信徒與非信徒耐心閱讀。

假如你在婚姻關係中仍感到困惑、偶有暗湧，我相信這書的提醒肯定對你有幫助，「不要盲目相信離婚」，再試一試。改變一定得先由自己開始，看似艱難，其實只是一念之間。生命成長對自己、對配偶、對下一代都是祝福。我的婚姻旅程也是我靈命更新、個人成長之旅，持守婚約，置之死地而後生。願你在婚姻路上深深經歷主的真實和同在。

倪曾雪瑩

香港專業人才服務機構項目經理

自序

九型人格是口耳相傳的古老智慧，不是書寫可以盡述的學問，所以我起初沒有想過要寫這本書。然而，這本書卻在因緣巧合下寫成。

約十多年前我初次接觸九型人格學說，對所有性格型態分類都很有興趣；但又心存疑問，人既是萬物之靈，多麼複雜神奇，豈能被簡單分類？當時服務的機構安排這項訓練，我抱着姑且一聽的心態參加，豈料那次經驗卻吸引我往後持續鑽研，探討這到底是一門什麼學問。這學問有一種透視人心、閱讀人性的能力。

梁宗溢神父和鄭瑞薇修女（現為伉儷同行協進會顧問）是我的啟蒙導師，十分感謝他們！當時他們尤其強調學習九型人格只是為了自我修養，切勿用來標籤他人，這是金科玉律，我一直銘記在心。往後也曾跟隨蕭學璇修女學習，在里素和哈森（詳見第一章）來港時又有機會跟他們學習，我對每位導師都十分感恩。時至十多年後的今天，這一套深奧的學問在香港普及，本來是一件美事；可惜，它被急功近利者快速傳遞，成為大街小巷取笑別人、維護自己的產品，實在慘不忍睹。

我想分享一些這門學問的重要精神。九型人格不是心理學標籤性格特徵，它來自對真理和靈性的追尋。前人發現人類有類同的惶恐和渴望，而且常常困在一些令人格滑落的執著慣性之中，這些慣性稱為執念及偏情。學習九型人格不是為了將自己或別人對號入座，更不是為了加強自己的特徵，為個人執著自圓其說。**這學問的精要在於教人自我觀察，認識個人焦點、關注、執著、趨向，幫助自己步向誠實，脫離特徵歸類，靠着心性和靈性培育，不再受自己的錯誤自救方法所困，回到靈性核心，在上主創造的獨特設計下，成全不同個性創造原貌的光輝。**

其奧妙之處在於，健康程度普通的人，愈容易以特徵作記認；愈健康及愈不健康的人，距離一般特徵愈遠，甚至看來是完全相反的兩類不同人物。單以特徵取向演繹九型人格，似乎沒有學懂其中精粹，好比將「倚天劍」、「屠龍刀」用作斬雞切菜。哀哉！哀哉！

一次偶然發現，更助長了我對九型人格的興趣。我閱讀中國心理學史，發現在古漢朝也有類同九型人格的描寫分類，更使人好奇，相關發現已列入書內供讀者參考。

究竟這十多年來，我怎樣學習九型人格呢？除了選擇參加高質素的工作坊外，我主要是觀察自己、觀察朋友，與朋友來回核對，定奪性格細微變化的箇中疑團，反復推敲，忽然茅塞頓開，因而更增加我學習研究的興趣。筆者愚頑，不敢自誇已達到何種程度，仍在不停學習和摸索。

書寫這本書原是為了預備一個婚前輔導工作坊，以九型人格作為輔導的材料，於是整理多年來用心記錄觀察的資料。這原是一回極繁瑣的事情，若不是由於工作坊，實在沒有這個耐性。豈料，一番整理催促我細心釐清九型人格成長的心因，以及心性靈性路程，寫成了本書第三部分。除了深深感謝為我打通經脈的上主，實在不知道該說些什麼，原來第一個得益的人就是自己。希望一番誠意整理，可以協助及鼓勵更多人走上健康和誠實喜樂的路途。

本書一大用心既是幫助助人者，也幫助自助者，讓我們在親密關係的艱難辛苦碰撞之中，永不言悔，永不放棄。經歷自我更新，健康的人與健康的人相愛，由真愛的源頭牽引彼此，讓愛無阻隔。這就是我對這滿目瘡痍的世代的微小心願。

因為九型人格學問以口述演繹分外有趣生動，歡迎讀者上網仔細聆聽，希望能讓你獲益更豐：http://btbooks.wordpress.com/special/from-love-to-intimacy/ 或 http://www.uzone21.com/blog/pub?blogId=7756

導言 如何使用這本書？

現今很多人以為能夠覓得相愛的伴侶，共結婚盟就可以達致美滿人生；一旦在婚姻中遇到失望、困難和挫折，就懷疑自己選錯了伴侶，遇人不淑。近代思潮更加催促我們儘快擺脱不愉快的關係，另覓真愛；於是，尋尋覓覓，一次又一次落空，一次又一次失望。近日有齣電影《非誠勿擾 2》，內有一句弔詭的對白：「沒有婚姻不是選擇錯誤的，所以我們就將錯就錯罷！」編劇和導演對人生幽了一默，卻又洞悉了幾分真理。

從研究九型人格理論及個人成長層次，筆者體會人只有透過自我成長，回歸創造本源，方能得着個人心靈滿足。人在獲得健全人格和心靈滿足後，才有能力將滿足感覺注入婚姻，達致婚姻的和諧美滿。是不是很意外的發現呢？讓我們藉九型人格學問的啟發，深入探討婚姻中喜怒哀樂的故事，好嗎？

給讀者忠告

譬如你有一大疊鈔票，有些人拿去買屋、買地、置業;有些人拿去炒賣股票、樓宇，甚至物件，賺了又炒，可能欠下一身債項；有些人拿去濟助，供給赤貧孩子作學費，或給非洲災民換來許多碗淨水，叫財富的價值倍增。有些人覺得金錢太寶貴，寧願鎖在保險箱，自己仍舊過清貧的生活。

九型人格學問也是這樣的一疊鈔票，有沒有價值，或價值如何，全在乎使用的人。

這冊書的內容肯定有相當價值，至於能否應用得宜，要看使用者的心術和價值觀。筆者推薦本書的使用方法為：虛心、求真、存疑。

有些輔導員會以九型人格學問作為婚前或婚姻輔導材料，這書也有相關的內容與經驗，的確是很有幫助的；然而，就筆者的實務經驗，希望對輔導員提出友善的忠告，使用時，要留心以下幾方面：

- 輔導員本身對九型人格未有掌握，一竅不通，勿用，因為說不明白、也看不清楚其中的精粹。
- 在受助者未曾與輔導員建立真誠信任關係前，勿用，以免對方誤會你用有色眼鏡武斷地看待他。
- 不要以為影印了資料，遞給受助者，就自動會產生益處。
- 受助者極受諸事困擾，情緒起伏，對自己和現實未有覺察之前，勿用；用了也是白費，因為對方內心沒有寧靜空間去吸收、消化和反省。
- 在受助者動機熱切，充滿改善個人性情、樂意反省的心態，並尋求對自我和配偶的了解時，是最好的使用時機。
- 若用作婚前輔導，可趁雙方未積恩怨，及早彼此明白與預防危機，也是良好的時機。

本書的結構組織

本書分為三部分。第一部分「個人成長篇」，搜集和綜合有關九型人格學說發展的資料作背景陳述。首先介紹九型人格學說的歷史源流，追蹤學說來源、內涵和依據，讓讀者客觀了解這學說產生的特色與背景，並簡略介紹九型人格的三個動力源頭、雙翼和副型架構。筆者會開宗明義陳述學習九型人格的正確態度，希望設置好學習平台，讓讀者能獲得真實的益處。

第二章會進入各型人格的特徵、性格重點、成長和陷落的關鍵。之後，筆者嘗試勾畫各型人格健康層次的特點，和下陷的警號，筆者會用一些比喻使各個性格的變化更靈活逼真。最後，再一一陳述各型人格的壓力百態和成長建議。(有關第一部分，筆者曾經舉行數次九型人格學習工作坊，以不少例子和比喻闡釋各型人格豐富多姿多采之處。詳情請上網聆聽：http://btbooks.wordpress.com/special/from-love-to-intimacy/）

本書第二部分「夫婦相親篇」，集中研討九型人格智慧對夫婦相處的啟示。筆者在輔導室和從實務中整合出來的經驗和生活反思，希望作為初步基礎，讓有心人繼續研究討論。

第三部分「心靈親密篇」是全書的精華所在。

筆者一向關心人類成長的課題，九型人格學問給筆者開了一扇窗戶，追蹤及發掘了許多人類共通之處。但與此同時，筆者遇上不少疑問——比如，人靠什麼成長？人的核心素質是什麼？怎樣知道人是成長了還是失落了？人既是有靈魂的活物，心靈的路程有何軌迹？

感謝上帝不斷加添筆者靈感智慧去克服和理解九型人格許多令人懷疑的缺漏空位，筆者在本章整合靈修的路徑，嘗試領悟和解答上述問題。本章並非源出任何單一系統，而是出自三個來源：過去辦過的九型人格學問工作坊，大量閱讀九型人格書籍，十多年來對身邊親友及受助者的親身接觸和觀察，加上靈修默觀，而初步領略的。

書寫過程中，好像靈光閃現，主耶穌的道路、真理、生命協助我一一追溯和填補人提升心靈的路徑，寫作過程實在歡欣、雀躍，也解答了我修習九型人格十多年來的苦惱和疑問。

這次與讀者分享，還望有心人一起研討，互相指正。願全能的主宰、同行的耶穌、聖善的靈與你同在，一邊閱讀，一邊啟示你有關個人和夫妻間心靈親密的路徑！若你閱讀此書，感到受益，我就歡喜快樂，一起俯伏讚美祂！

個人成長篇

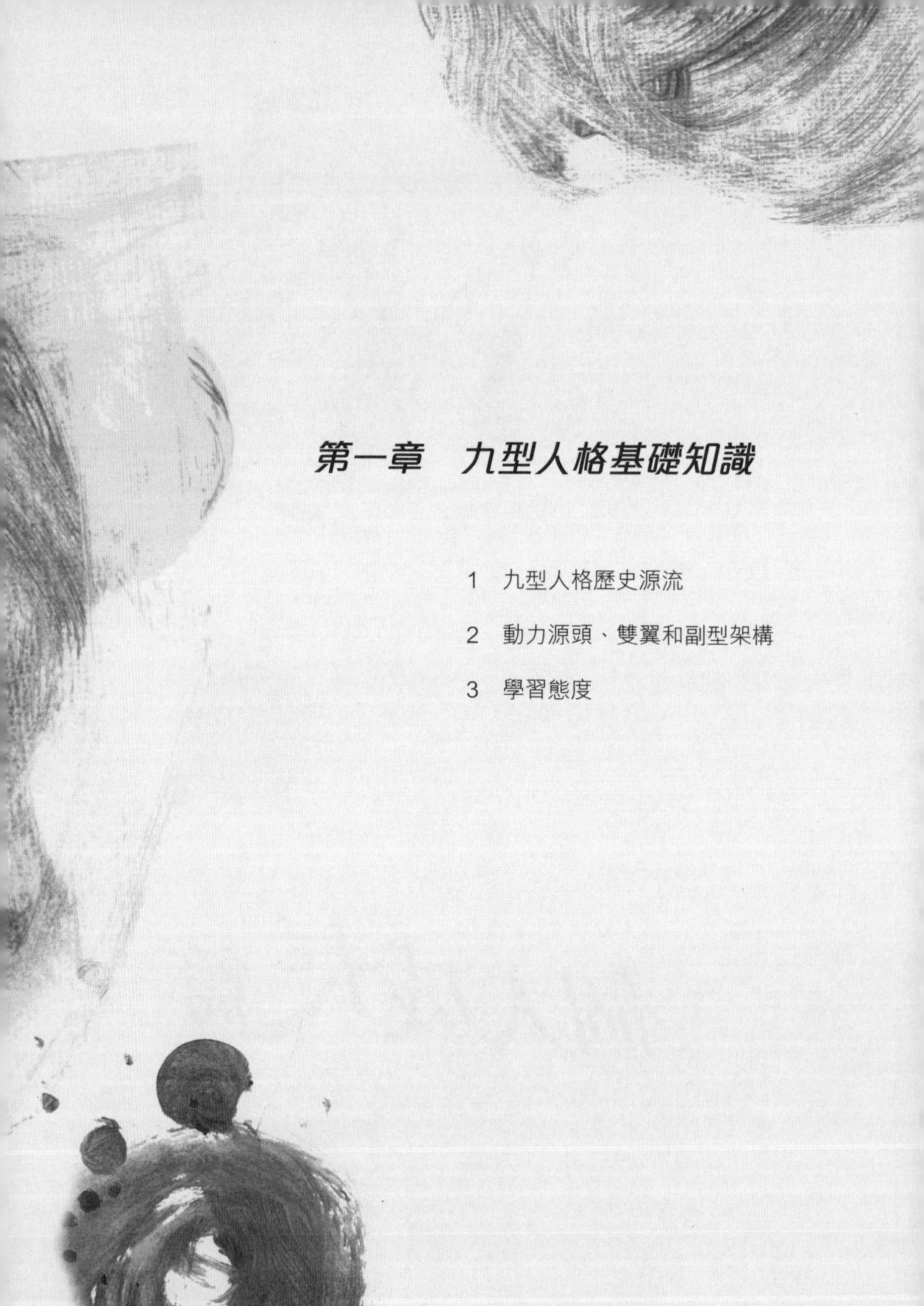

第一章　九型人格基礎知識

1　九型人格歷史源流

2　動力源頭、雙翼和副型架構

3　學習態度

1 九型人格歷史源流

九型人格是謎一樣的學問，並非由近代某些人以任何科學實證手法在任何一地創立發展出來，甚至至今都無法確實鑑定九型人格的始源。綜觀近年各家各派演繹，整理出一點端倪：基本上源於遠古中東，甚至印度的人類心靈智慧，有人零碎收集，口耳相傳，不同人以共鳴、觀察和反思的方式，點點滴滴建立出來。

要了解九型人格學說，首先要認識兩個系統，一是九型人格符號（見頁 23 圖表 1.1），另一系統是九型人格應用在性格形態上的心理結構和動力，這兩大系統相關，卻不相同。

九型人格符號的發展

先說一說九型人格符號，翁傳鏗牧師在他的著作《人格素描與使命實踐》第一章有非常清楚仔細又扼要的描述，另外英國哲學家貝克（A. G. E. Blake）在 *The Intelligent Enneagram* 對於九型人格符號：整全、三的法則、七的法則，其變遷和流動，也有很詳盡、深入的陳述，有興趣的讀者可以閱讀參考。

在二十世紀初，有一位出生於亞美尼亞的靈性導師居哲夫（George I. Gurdjieff）。他學識淵博，精於醫學、歷史學、人類學，也曾當作家、情報員、企業家、探險家；父親是一位有學問的希臘人，所以，他也諳熟希臘、柏拉圖的思想，自己曾任東正教的牧靈職事。而他的出生地亞美尼亞，是各種宗教傳統的中心地點，東正教、羅馬天主教、回教、印度教、猶太教、佛教和其他宗教，居哲夫都有涉獵和認識。

居哲夫竭力追尋和教導基督教信仰的奧祕（Esoteric Christianity），希望深入了解人生的問題：人生有何目標？人性如何獲得自由和覺醒？於是，他組織了十四人的「真理追尋小組」，遊歷中東一帶，埃及、耶路撒冷、克里特（位處希臘）、土耳其，再横跨戈壁沙漠，到達西藏、印度，及至波斯傳統的修道院，追尋古老的靈魂智慧。他收集描述人類心靈實況的符號，並將之演繹傳遞。他發現各地不同宗教都有共同的尋求和信念，例如圓形在不同文化中都象徵着圓滿、融合、完整、一體、整全的意義；又發現三的定律：如基督教的聖父、聖子、聖靈；物理世界的原子、分子、核子和資訊、能量、物質（物理世界基本構成元素）等等。又發現七的法則，例如，一星期有七天、音樂有七個音階；《聖經》裏更有許多與七有關的內容：十架七言、環繞耶利哥城七次、土地每第七年要休養一年等等，代表變化和完成的歷程。「三的定律」和「七的法則」似乎跨民族、跨文化地顯現了人生和宇宙的奧妙。居哲夫發現萬物和一切現象都可以完整的連繫（如中國古代圓融連結的思想），由三的定律和七的變幻去統攝。他體會到生命的變幻在這些數理原則中層層遞進或遞減，此消彼長，永不止息。

九型人格學說中有一個九角星圖形。九角形源自公元前六百年左右，由希臘數學家畢達哥拉斯（Pythagoras）闡釋的九角星。九角星由三個三角形組成，他特別注意三角圖形的意義，後來被數學家發展成「三的定律」（The Law of Three）。二千五百年後，將九型人格學說系統化的其中一位重要人物依察素（Oscar Ichazo）曾經把九型人格稱為「畢達哥拉斯的九印」（The Ninth Seals of Pythagoras）。

1305年，加泰羅尼亞的雷蒙．呂爾（Ramon Llull）在著作《大藝術》（*Ars Magna*）中再次應用九角圖形，他用九角星描繪上帝的九面。

公元十四世紀，數學的現代理論在中亞地區撒馬爾罕形成，數學家提出了「七的法則」（The Law of Seven）。這法則與九型人格的健康線（詳參第二章）

1-4-2-8-5-7-1 吻合，以循環的數列連接而成。

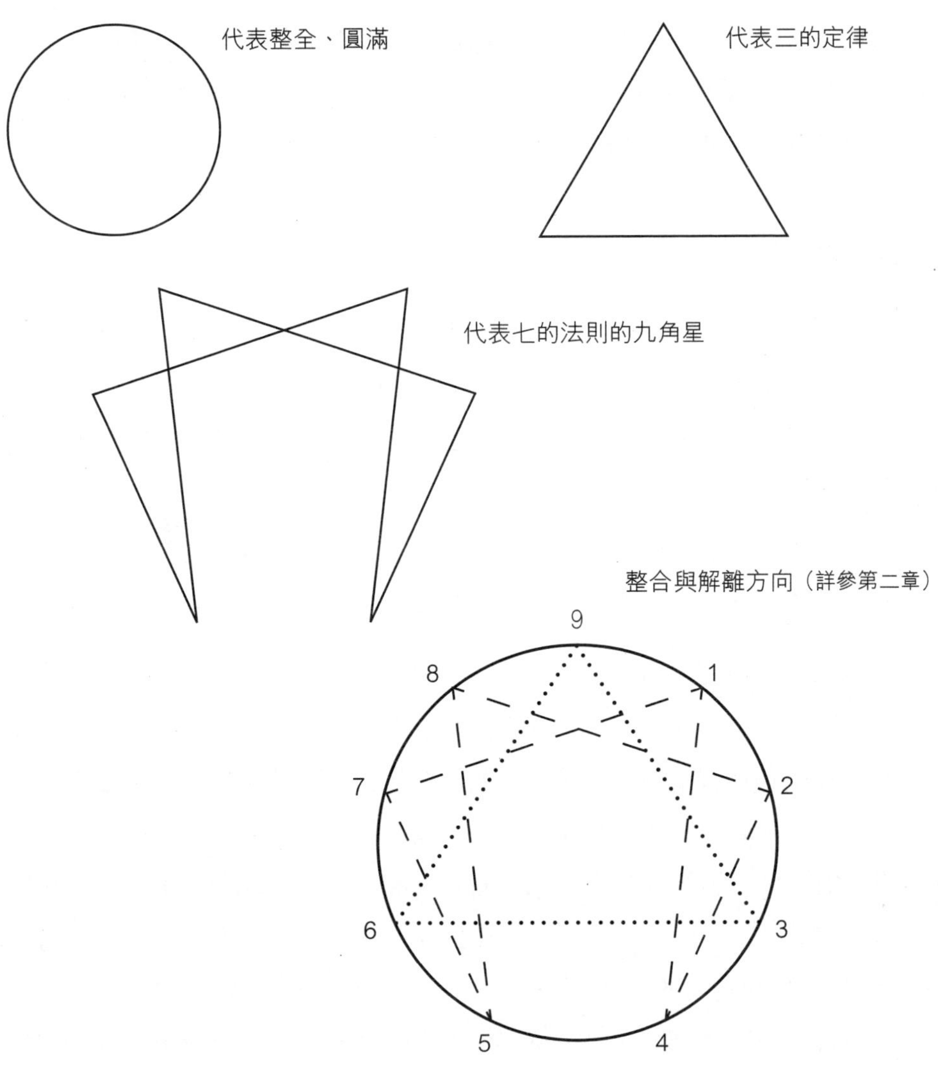

圖表 1.1　九型人格基本圖形

於是，居哲夫將這些九型人格符號和他自創的思想智慧帶到俄國，經亞洲、歐洲，輾轉到了巴黎。1923 年他設立組織教導九型圖，以這些數字法則了解人生一切現象。當時九型圖並不流行，只屬於上流社會言談的話題，不過吸引了英國理學家班尼（John G. Bennett）和心理學家尼科爾（Maurice Nicoll）等人學習。班尼的弟子貝克又將老師的思想發揚光大。

性格形態學發展

另一個系統是居哲夫將搜集到有關人類靈性的古老智慧應用在性格形態的學問上。居哲夫強調每個人都有一個神聖本質（divine essence），是人的核心，人所有問題都源於脫離了這個神聖本質。但居哲夫並沒有將上文敍述的三個符號結合成為九型人格學問。

後來有人將九型圖的智慧應用到人類性格的心理結構上：第一個是依察素，第二個是拿蘭祖（Claudio Naranjo），第三個是里素（Don Richard Riso）。

依察素自小博覽羣書，一如居哲夫，熱衷生命的奧祕，年輕時由家鄉玻利維亞遠遊到阿根廷、中東等國家，再回到南美去尋索人生智慧。1950 年代，依察素首先將九型圖各種符號對照、整理，又詳細研究上帝的性情，以及基督教傳統的七宗罪；再抽取希臘哲學家柏拉圖等人，以及第四世紀沙漠教父的教誨，然後參考中世紀的典故，例如但丁神曲 *(Divina Commedia)*、坎特伯利故事集（Geoffrey Chaucer, *The Canterbury Tales*），綜合整理，發展出一套人類靈性修養的訓練。1960 年代在智利推行靈性修練工作，他的學生包括了莉莉（John Lily）、哈特（Joseph Hart）及拿蘭祖。可見，靈性軌迹原是居哲夫和依察素發展九型圖的重要使命及根本意義。然而近年坊間的九型人格的訓練導師，大多缺乏靈性操練，選擇性地把靈性修養省卻。

拿蘭祖是加利福尼亞州一位研讀完形療法的心理學家。他在 1970 年到智利跟從依察素，參加四十日的密集工作坊，學習有關九型人格圖，及其所揭示的人類習性、不健全和自我僵化等種種執念。拿蘭祖豁然開朗，回到加利福尼亞州，進一步將心理學理論與九型圖學說整合。他開始發展出人類九種型格的說法，開創了以同屬某特質的人羣，組成一小組的組羣形式，表述和檢視每類型格的特徵和經驗。是為九型人格學說的雛形。

九型人格學說成形

拿蘭祖把他的研究心得私人傳授給一小羣學生，耶穌會的修道院對這個學問特別有興趣，其中一位修士就是里素。

里素接受了這門學問，在 1970 年代，開始對周圍人羣仔細研究，推論出每個人有九層健康和不健康的發展層次；另外，曾經以十四年時間追隨居哲夫學習心靈學問的研究員雷斯哈森（Russ Hudson）在 1991 年找尋里素，聯手發展九型人格學問，成立九型人格學府（Enneagram Institute）。很可惜，後來里素退出了耶穌會。在後期他們在學說的發展中加入了許多心理學元素，失卻了許多靈性的精華。

在 1990 年代，不少基督徒及天主教徒把這套九型人格學問應用到靈性修養和心理發展上，重要人物有 Suzanne Zuercher, Richard Rohr, Andreas Ebert 等等。如讀者有興趣，可以搜羅他們的著作來參閱。

為何九型人格學問會由歐洲、美國，流傳至全球？根據首位將九型人格學問引進日本的日本聖心女子大學教授鈴木秀子的描述[1]，天主教神父對於「九型圖是否說明人類個性的本質分為九種，且各類型的人數均等」這個原理加以求證，他們在短短幾年內，進行大約十萬人的性格分類，並對其中三萬人作出追蹤調查，結果證實了上述的基本原理，肯定九型人格的確實情況。在 1991 年，史丹福大學舉行了國際性的九型人格工作坊，約有四千名研究員參加。1991 年以後，各種工作坊及實證活動不斷進行，1997 年，近千名九型人格指導員在華盛頓召開世界大會，自此，九型人格逐漸普及亞洲至全球。

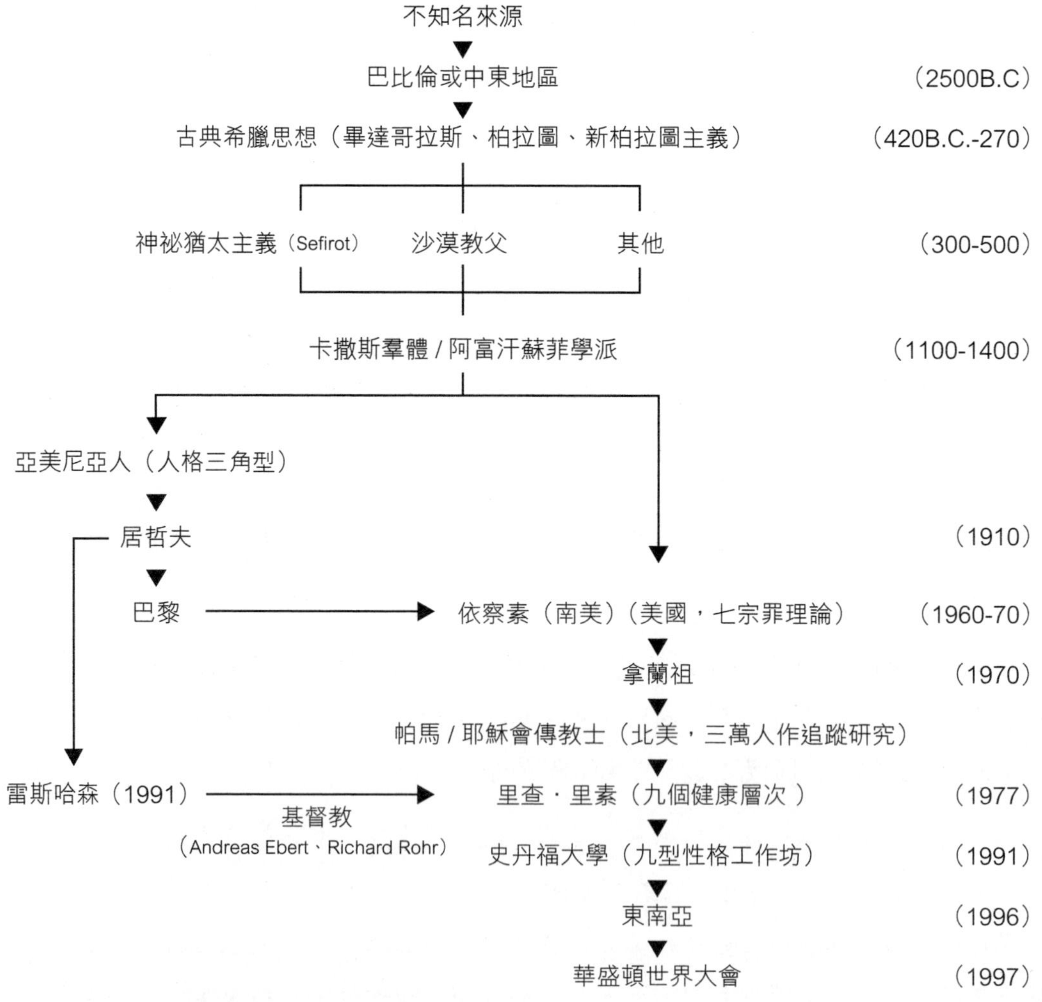

圖表 1.2　九型人格的來龍去脈簡圖

中國古代人格學

筆者身為中國人，自當好好研究中國人的心理學史，竟然發現魏晉時期，百家爭鳴，對如何識別人的才能、才智和品德，選拔人才定出準則。三國魏劉邵著的《人物志》就才智和性情的關係，詳細列出九種性格特點，有趣地竟與九型人格有相近而互通之處。[2]

1. 剛強而注重大略的人，分析事理不能深察細微。因而整體上把握，顯得視野廣闊，見識高遠；但具體的分析，卻顯得不着邊際，迂闊粗略。**（似第八型）**
2. 志高而嚴厲的人，處理事情不能屈撓退讓。這種人依法行事，公正嚴格；但變通辨事，卻思想抵觸，格格不入。**（似第一型）**
3. 堅強而正直的人，處理問題講求實際。他們剖析事物的內在本質，顯得鮮明而透徹；但涉及重大理論，卻顯得膚淺而片面。**（似第六型）**
4. 口才敏捷的人，能言善辯，辭令豐富而反應敏銳。其推測人情事理則見識精闢而深刻；但討論大事時，卻往往驚惶不定，看不到全局和大體。**（似第五型）**
5. 隨波逐流的人，不能深思熟慮。與這種人海闊天空地漫談，他們顯得灑脱而淵博；但與其商討大事的時候，他們卻閃爍不定，難得要領。**（似第三型）**
6. 見識粗淺的人，不能詰難深問。這種人聽到別人的談論辯議，總是躍躍欲試和洋洋得意；但當進一步深究精確的道理時，卻又反復顛倒而沒有把握。**（似第二型）**
7. 心地寬厚的人，思想不敏捷，不能當機立斷。講仁義道德問題，他們顯得博大精深；但處理實際事務時，卻顯得遲緩無能。**（似第九型）**
8. 溫順柔和的人，處事缺乏魄力。這種人體會深奧的道理時，顯得思路通暢；但遇到疑難問題，卻顯得軟弱無能。**（似第四型）**

9. 喜歡創新的人，才華橫溢，熱衷於追新求異。在運用謀略方面，他們顯得卓越而奇偉；但在按正道考察事理時，卻違反常理，不合時宜。**(似第七型)**

這種不謀而合，使人體會，古今中外，惟有一位創造主，祂在宇宙恆河，人間歷史上留下蛛絲馬迹；又在人的心靈深處，留下追尋的渴想。古聖先賢追尋真理的熱忱，使我們效法，古今中外的共鳴，使我們驚歎！

「尋找，就尋見。」願主親自賞賜尋找生命真理的人。

2 動力源頭、雙翼和副型架構

辨認九型人格的第一個步驟是先分辨自己發動能力的動力源頭:心、腦、腹。

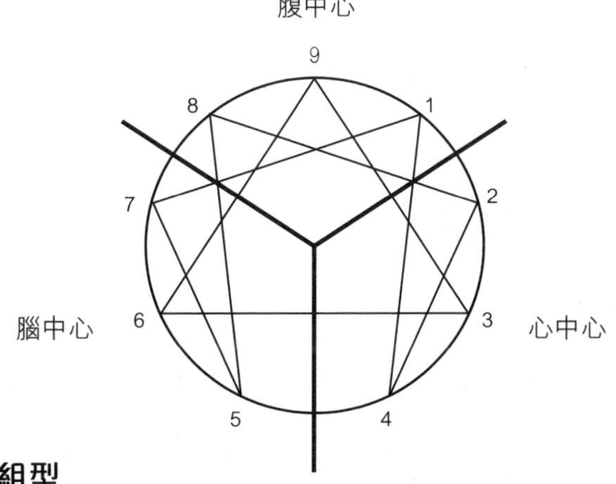

1. 心中心的情感組型

二、三、四型是心中心區的人物，他們面對壓力時，第一時間以心作出反應。常有的情緒是焦慮，亦即是莫名所以的煩擾不安，當中的困擾一般是由於感情或關係所致。

行為基點：情緒主導

行為動機：求愛，想獲得關注

核心議題：尋找自我價值

性格滑波點：開始刻意經營形象，只認同形象

潛藏的情緒：難以啟齒的羞恥感

2. 腦中心的思考組型

五、六、七型是腦中心區的人物，他們在壓力下，第一時間的反應由頭腦思想出發，常有的情緒是恐懼。恐懼與焦慮有何不同呢？焦慮是泛濫的煩擾不安，恐懼則有特定、具體的恐慌對象，例：怕鬼，怕被小偷打劫等等。

行為基點：思想主導

行為動機：求真，尋求安全感

核心議題：尋找什麼是人生可靠真實的道路

性格滑波點：開始擔憂，想要作好準備

潛藏的情緒：對未來的恐懼

3. 腹中心的本能組型

八、九、一型是腹中心區的人，他們遇到壓力第一時間以腹部氣力作反應，常有的情緒是憤怒。一般情況，他們反感或反抗的是環境的錯漏、誤差和不順利。

行為基點：行動主導

行為動機：求生，保護自主權

核心議題：尋找如何保存自我，不被毀滅

性格滑波點：意圖反抗現實，想要控制環境

潛藏的情緒：即將爆發的怒火

心中心	腦中心	腹中心
焦慮型	恐懼型	憤怒型
靠外在事物支持自己，若外在不穩定，不符合期望，則焦慮、自憐。	內在不舒服，不安全，怕未來，怕陌生。	內在憤怒，外表不急於發怒。
外在世界大，內心世界有大有小。	內心世界大，外在世界小。	看透事情內外。
用「心」思想，常會出現無事實根據的想法。	用理智，思考較強。	以「事」為中心。
獨處時，較多愁善感。	被肯定時，才感到較流暢。	火藥味重、衝動，反感時會立即反撲。
喜歡説「沒有人明白自己」。	口頭禪：「除非……決不……不能……怎知」。	「應該」行先，主觀。
情緒容易被他人影響。	需要有權威作指引。	有領導才能。
易捕捉別人的感受。	善從旁觀察，害羞怕事。	充滿活力，氣盛。
有敏鋭直覺，以人為中心。	專注，不易分心。	勇敢，不妥協。
用情緒反抗，用人情關係去解決問題。	學者作風，要有計劃。	處事快，守規矩。
滿面笑容，用友誼馴服對方。	眼光不直視人，較退縮。	眼神穩重、嚴肅。
喜與人交往，想人歸向他。	抽離現實，隱藏在羣體中。	令人感到被冒犯而不自覺。
多身體動作，容易與自我抽離。	肌肉不發達。	營養充足，肌肉發達。

圖表 1.3　動力源頭表列

順帶一提，中國文化對人的認識，指出人內在具有三司、五官、七情、六慾。所謂三司就是情感、思想和意志，剛好對應心中心、腦中心、腹中心等核心動力區域，倘若我們細心比較研究，會發現不少彼此響應、共鳴之處。

九型人格的雙翼

九型人格的雙翼，就是該型格旁邊的兩個型格特徵，稱為「翼」，是兩旁的意思，也是輔助的意思。譬如説，一型人的側翼，是九或二，一型二翼或一型九翼（文字表達是 1W2/1W9）。翼是該型格人物借助的資源，去輔助、糾正或承托自己的核心個性，也是該型格藉以表達自己的「前門」。兩翼在順境和逆境時或會產生改變，當雙翼資源豐富和平衡，可以承托該型格雙翼齊飛，令本身的型格發展充沛；倘若在發展上側重一翼，會顯出鮮明的個性；若雙翼都發展不良，會出現性格發展障礙。

副型架構

九型人格的副型架構（sub-type）是較為複雜和難以理解的。每一型人格同時有三種與人相交時的側重點，這個側重點形成該型格人物在人羣中自處和待人的方式，這三個側重點是：

1. 自保型（self-preservative）

在人羣中的關注點是自己，即關注自己在人羣和環境中如何生存。他們不是自私，或不顧及別人，他們自然而然的重點就是處理環境、溫度、設施、生活起居、錢財積蓄、身體健康這些重點。

2. 社交型（social）

關注點是「我與誰在一起？」他們十分關注別人的想法，別人如何看自己，十分重視儀表、談吐，和自己給人留下什麼印象。很重視人羣和歸屬感。

3. 集中型 / 專注型（sexual）

關注點是「一對一」，我中有你，你中有我。他們不離羣，也不合羣。他們精力和注意力集中，選取性強，排拒性高，一旦選中了對象，就一對一的與對象常在一起，試圖在對象中找到自己，關係強烈而深刻。即使在工作、讀書、研究，當選中一個偏好，就全情投入，什麼都不顧。

每一種型格都因着三種不同的副型架構產生相異的焦點和表現。比如，第九型的人而副型架構是自保型的話，會經常投入一些零食和小嗜好，去排衍面對身體和環境時的張力；如果副型架構是社交型，則會喜歡參與團體活動，為人疲於奔命、做跑腿，作各樣公益善事，不計報酬。副型架構是專注型的話，會以伴侶的期望和喜怒哀樂作為人生的中心點，與伴侶融為一體，忘記自我。

有關每一型的副型人格特徵，以及健康不健康取向的狀態，讀者可以參考 Don R. Riso & Russ Hudson, *The Wisdom of the Enneagram: The Complete Guide to Psychological and Spiritual Growth for the Nine Personality Types* 當中有詳細描述。附表扼要闡述各種副型人格的取向和特點。

自保型	社交型	專注型
關注點：我是誰？	關注點：我與誰一起？	關注點：我與你，我中有你。
生命焦點： 自我先行，容易給人自私的感覺。	生命焦點： 注重羣體，喜歡與人在一起，有歸屬感。	生命焦點： 不離羣，但不合羣。
緊張個人的健康、生活，重視金錢，例：旅行細心準備藥物，出門帶雨具、風褸，注意食物衞生，經常戒口，較易神經過敏。	焦點在別人身上，善察別人眉頭眼額；精力用在關注別人如何看自己，例：為人賣命可以很忙。	重點集中在環境、情況、一人，向選取的對象傾倒自己，在對方中找出自己。
注意安全感，怕改變，如搬屋。	在團體中受歡迎。	要靠自己選取的人才確認自己的存在。
容易情緒低落，但低調處理，因怕被人發覺。	矛盾，外表看似穩定，內裏卻如火山。	選取性強，排拒性高。
不太着意儀表，不太理會別人怎樣看自己。	注重儀表，外表斯文，不單刀直入，說話婉轉，怕被批評，骨子裏消極抵抗。	吸攝力強，操控慾強，傾向查根究底，誓要水落石出。天分強、能力高、說話尖銳、有領導能力。
容易接近，但不善與人作心對心或對等交流。	矜持，不易被人進入內心世界。	天性簡單，易被人誤會。佔有慾強，激烈，強迫人回應、關心。

圖表 1.4　副型架構表列

常常有人發問，人的個性是否會轉變，會否年幼時是某一型，長大了變成另一個型。根據九型人格學説，人的性格特徵可以不停增加、減少和轉變，變得更健康或更不健康，可是，人的內在核心、渴想、動力源頭、恐懼反應，和對人生的應變模式是終生不變的。當你熟習九型人格的深奧學問，就會明白這個微妙之處。

由九型人格的九型、雙翼，另每型有三種副型架構和九種發展層次（詳見第二章），演變出來共有四百多種不同變化，所以，性格的發揮表現多姿多彩，奧妙繁複呢！

3 學習態度

自我尋覓的旅程

從上述九型人格歷史源流，大家會發現九型人格是一套跨越國界，自古流傳下來的民間智慧，以觀察、響應、共鳴、反思，傳遞而來的零碎心得；又再被學識淵博的人加以提煉、綜合所得。於是，九型人格正如九型符號的啟示，萬物雖在不停變化和更替，但有些真理是永遠不變的。

早期九型人格學問以口耳相傳，帶有天機不可泄露的味道。當拿蘭祖私人教授一小羣學生時，也強調不可隨意流傳。早期神父、修女以九型人格協助信徒修養靈性，也並非以大型活動的手法，大事宣傳，只是以生命影響生命的方式傳授。

筆者參加第一個九型人格工作坊，訓練導師是神父和修女，例如梁宗溢神父和鄭瑞薇修女。他們首先鄭重聲明，學習九型人格是一個自我尋覓的旅程，只宜分享一些觀察和參考意見，絕對不可以把別人「定型」，這是第一條金科玉律，筆者十分同意。可是，坊間流行的九型人格工作坊，不少訓練導師向參加者問幾個問題，就一口咬定「你是 X 號，不是 X 號」，這種作風完全違反九型人格學問尋索真理的精神，是一知半解和不學無術的導師常犯的毛病。讀者必須慎思明辨，不要落入膚淺化和狹隘化的陷阱。九型人格測驗可以作為一種參考工具，但最重要的還是內在的悟性和共鳴。

人是活的，切勿把活的人定「死」了。這也是傳遞九型人格知識歷程中隱含的智慧會否死亡或復活的張力。

凡事有利有弊，崇高的智慧必有被矮化成愚昧的危機，這也許是人生不能避免的「正、反、合」的辯證動力。九型圖的靈性導師居哲夫曾提出，人所有問題是由於脫離內在的神聖本質，過分、偏差地認同一種執著的慣性傾向（稱為偏情）。把別人定型，把自己定型，是人類找尋座標的必然傾向，但座標是為了前行，而不是為了「僵化」和標籤，過分認同自己的型格特徵，本身就是人類進入被囚禁的主因，實在有違九型圖助人成長和超越的本意。

九種性格形態都有不同程度的健康情況（詳見第二章），在普通健康程度，人尤其容易表現其該型格特徵，在特別健康和特別不健康的情況下，該型格特徵就不再那麼顯著。人類共有偏情，容易喜悅一些與自己性格相近的人，或者討厭向人流露自己的性格陰影，所有學習九型人格者必須存有謙虛恭敬的態度，領會人人平等，每一個性格都有創造的光輝，每一個型格墮落在黑暗中也一樣有不少可惡可憐的特徵，如《聖經》上說：「各人看別人比自己強。」（〈腓立比書〉二：3）

沒有任何一個型格比另一個型格更好或更壞。

改變與接納的智慧

為什麼要學習九型人格？多一個茶餘飯後的話題？可以在推銷物品時捉摸顧客心理？可以在聘請員工時作為參考？可以在隊工事奉上小心配搭？所有上述的所謂「益處」都是副產品，並非九型人格的學習精神。當一個人懷有企圖，心懷不軌去學習九型人格，這已經被他的動機誤導。

初學九型人格者很容易興奮和沾沾自喜，立即想指導和改變他人。學習九型人格時切勿急於幫助別人、改變別人，一切應該先由自己開始，可以與人分享，卻不要把人標籤和擺佈，這可能是自己內在陰影的投射，也會損害別人的自主。不少人學習九型人格時感到迷糊和無所適從，覺得自己具有各個型格的某些特徵，個個型格都有些相似，個個型格又都不甚貼切，這是由於教導者以行為特徵先行，未能深入指出內在的注意焦點和慣性模式；亦有可能是由於學習者對自己內在世界並不熟悉，一下子無法辨認出來。所以，初學者稍安毋躁，只要有耐性和假以時日，與個人心靈接觸，操練自我省察；也可請教有見識的前輩、閱讀優良的書籍，都有助辨認自己的特性和成長方向。

Reinhold Niebuhr 有一個經常被傳誦的禱文：

「主啊，賜我勇氣去改變能夠改變的，

賜我寧靜接納不能改變的，

賜我智慧區分二者。」

九型人格學問給每一類偏向的人格類型提供了路標，讓我們知道在哪些方面要對自己友善和接納，哪些方面要決心改變，這個路標提供了人格成長的具體方向。我們自省、對己誠實，邁向覺醒；了解自己的偏差和慣性（罪性、劣性）傾向，校正方向，邁向靈性本質，恢復和更新人性的原貌，這是一個不停改變和不停整合的歷程。人之所以為人，貴乎真誠和裏外一致，以達致高尚的人格(integrity)，我想這是應用九型人格的重點。

註釋

1. 鈴木秀子著，劉敏譯：《激發孩子潛能的九種性格》（台北：上旗文化，1999），頁 125。

2. 高覺敷著：《中國心理學史》（北京：人民教育出版社，2009），頁 261-262。

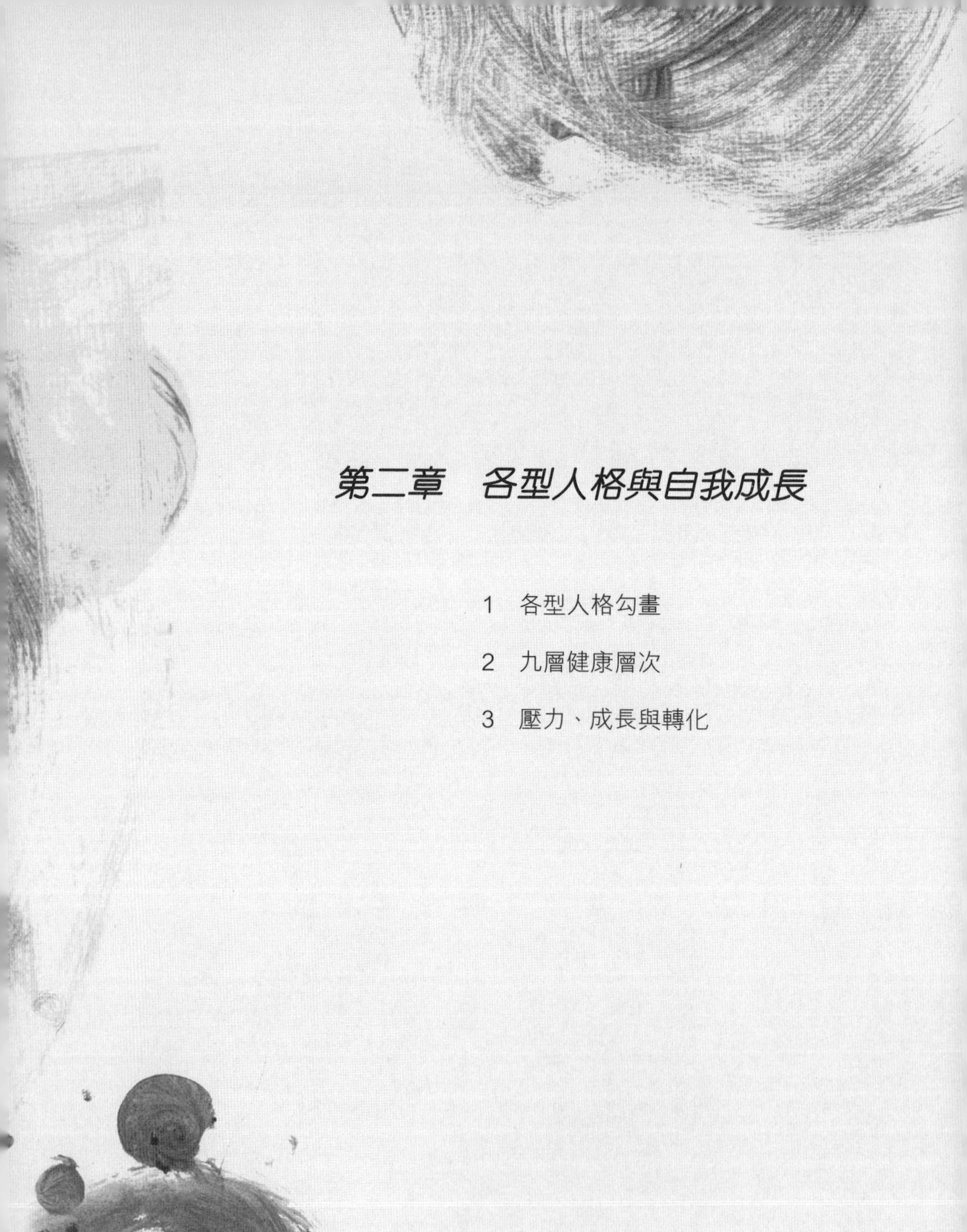

第二章　各型人格與自我成長

1　各型人格勾畫

2　九層健康層次

3　壓力、成長與轉化

1　各型人格勾畫

1 第一型 改革型、完美型
Perfectionist

第一型人可能在童年時曾遭成年人批評，或者個人的價值觀被推翻，又或自幼就不能佩服父親所提供的人生指導（父親或成長中的保護者形象，protective figure），於是，挺身去樹立和維護人生絕對的完美標準。

第一型人的心理結構是觀望環境，定下內在規範。在潛意識裏，他們會竭盡精力去守衛自訂的標準，為了死守捍衛內心的至高標準，不惜改善環境、糾正別人，甚至違反、否定人性的需要，認真而緊張地生活。

光明

重要特徵：理性、理想主義、反感情緒。

成長氣質傾向：欠缺／脱離父親形象的指引，可能因父親不在家，或者指引太鬆、太緊，不一致、不合理，所以決定要自己指引自己。

人生動力：渴求正確、理想、有人格、為善、平衡，所以要不斷改善自己，改善他人，力爭上游，以達致心中理想。

強項：盡力、竭力、負責任、有抱負、肯捱、誠實、認真、有原則。

內心説話：我是正確的，我力求改善、進步。

神聖本質：完美

參考人物：使徒保羅、司徒華、孔子、孫中山
1W9 理想主義者：魯益師、查理士狄更斯、戴卓爾夫人
1W2 改革者：史懷哲、馬丁路德

陰暗

核心恐懼：重視原則、正確，害怕被扭曲、腐化，害怕世界有缺陷、不完美。

執念（中心思想）：由於每事批判，形成反感情緒。

偏情（偏執的感情）：不合標準而出現的反感和憤怒。

迴避：憤怒，害怕心存憤怒自己就不夠完美。

自衞本能：形成反向行為（reaction formation）——壓抑內心感受，轉向相反的行為。

陷阱：自義、理直氣壯、諉過他人，誤認「道理」為智慧，為怕做錯事而經常憂慮。

罪：憤怒

轉化

成長任務：由覺知身體的舒適安全開始，達致心靈的豁達祥和。當第一型人平伏容易反感的情緒，破解個人不滿的主觀投射，確認自身人性的軟弱，容許生活中出錯，寬待自己，寬待別人，才能成就美善和愛。

神聖德行：寧靜

屬靈氣質：溫柔

註：有關參考人物詳情，請聽作者網上錄音。

第二型 關顧型、全愛型、助人者、付出者

The Helper

第二型人童年時十分渴望被愛、被關懷，本能地察覺母親（滋養者，nurturing figure）力有不逮，父親（保護者）令人失望，於是，終生去給別人付出關愛，提供滋養。

第二型人的心理結構是向外的、掃射型的。他們善察人家眉頭眼額，費盡心思滿足別人需要，但潛意識裏，極度渴求別人的情感回應，才感到生命充實。感覺愛，是他們人生的全部意義。第二型人很容易忽略自己，遺忘自己的人性、身體需要；把心交給別人，若得不到渴想的回應，便會失落怨恨。

光明

重要特徵：體貼關懷，無微不至

成長氣質傾向：成長過程中對父性形象不滿，所以要作相反的事，以為只要我能提供父親不能提供的滋養、關懷、愛，我就有價值（第二型性格的男士，男性的剛強性格反而可得到平衡，會更受人歡迎）。

人生動力：尋求被愛、被需要。途徑是表達對他人的關心，渴望得到別人的回應和認可。

強項：細心、肯做、善解人意。

內心說話：我常看見別人的需要，為何別人看不見我的需要？

神聖本質：自由

參考人物：馬大（《聖經》人物）
2W1 忠僕：德蘭修女、南丁格爾、孟子
2W3 好客的主人：約翰連儂、孟母

陰暗

核心恐懼：怕自己不被愛，不被需要。

執念：逢迎／諂媚（為得別人喜愛）。

偏情：驕傲（不能承認自己有軟弱，不能明確要求愛，自以為不需要別人協助）。

迴避：忽略自我需要，不能拒絕別人有聲、無聲的要求。

自衞本能：壓抑、否定（個人需要）、形成反向行為。

陷阱：不停工作／付出，使受其服務的人感到窒息，甚至操控他人。

罪：驕傲

轉化

成長任務：由靠賴他人肯定、認可，轉為體察自己擁有的力量。若二型人經歷過失落、憂鬱，便能更準確地了解自我及了解人生，明白無人可以供給自己足夠的愛。

神聖德行：謙遜

屬靈氣質：仁愛

第三型 成就型、表現者、推動者
The Achiever / The Motivator

第三型人幼年時本能地發現成年人世界有許多選取和排斥，也經驗到自己的負面情緒、感到自己不受歡迎。他們渴望滿足至親的期望，於是，不停學習模仿父母期望他們「成為」的人，否認和壓抑自己真實的情感。

第三型人的心理結構是既向內又向外，他們向外模仿父母推崇的人，表現出最好的一面；向內不斷游説自己成為那模仿出來的形象。在潛意識裏，他們渴望別人的肯定和讚許，才會感到安全，久而久之，他們會脱離自己真實的感覺，自欺、逃避和自誇地生活。

光明

重要特徵：成功取向、效率。

成長氣質傾向：依戀母性，喜好吸引媽媽的讚賞、注意力；體會母親的羞愧及失望，想為她完成理想，例：若母親不夠出色、不夠美麗、不夠富有，會放棄個人感受，將滿足父母的期望作為個人事業。

人生動力：被抬舉、感到尊貴、被注意、被重視，給人留下印象。

強項：適應力強、圓滑、投其所好。

內心説話：我怕別人真正認識我，就不愛我。

神聖本質：希望

參考人物：雅各
3W2 魅力人士：克林頓、曹操、李國章、唐英年
3W4 專業人士：梅麗史翠普、周潤發、巴巴拉史翠珊

陰暗

核心恐懼：怕自己沒有價值、不被欣賞。

執念：虛榮心

偏情：自欺（怕得不到回應，所以不斷要得到別人肯定）、裝假（不承認自己的脆弱，掩飾真相）。

迴避：失敗

自衞本能：轉移、代入（將工作、事務等同自己）、投射。

陷阱：過分着重個人成就，變得膚淺、自欺、虛偽。

罪：偽善

轉化

成長任務：停止用成績表現來衡量自己。當他們經驗失敗、沮喪，願意停下來問自己在做什麼？然後放棄追尋成就，轉向追求實踐真理、真摯、盼望。

神聖德行：誠實

屬靈氣質：良善

4

第四型 善感型、浪漫型、自我型
Romantic / Artist

第四型人童年時已本能地感到孤獨，或者經歷拒絕、拋棄，沒有父母，成為孤兒（可能是父母不在家）；或不能認同父母的生活取向，感到意義真空。對人生的孤苦無依感觸很深。於是，他們在孤獨中內望自我，建立一個內在世界去經驗人生。

第四型人的心理結構是內向的，他們在失去認同的時候，感到失落，於是，不斷尋找「我是誰？」由於沒有真實的父母作依據，就憑幻想和感受去創造推敲，又或者不停與別人比較，看看自己有何不足之處。但當看到自己的不足，便感到退縮和焦慮，更不能自處，找不到落腳點，也找不到自己是誰。錯認深刻的情緒就是自我，常停留在憂傷、受害的情緒回憶中生活。

光明

重要特徵：內省、充滿美感、情緒起伏、勇於接觸痛苦感受。

成長氣質傾向：自幼感到孤獨，與家庭格格不入，不能與父性、母性認同（發展出四型性格的男性難發揮剛強特質，較難適應現代社會）。

人生動力：做自己，退縮去維護感情世界；尋着人生真善美，尋找理想伴侶。

強項：深刻、有洞察力、敏感、情感豐富。

內心說話：為何人人都不了解我？為何人生孤單？這一切有意義嗎？

神聖本質：原創力

參考人物：盧雲
4W3 有氣質的貴族：陳百強、戴安娜、阮玲玉、李煜、溥儀
4W5 奔放的人：勞倫斯、祈克果、王菲、顧城、蘇軾

陰暗

核心恐懼：懼怕失去自我，自己會毫無意義地在人間湮沒。

執念：由於過分敏感，容易傷春悲秋。

偏情：嫉羨（envy），嫉妒自己所沒有的。

迴避：平庸

自衞本能：美化（因怕孤寂，而傾向把人與事美化）、內攝（introjection，吸攝別人情緒，將別人的感受內化）、對抗自己。

陷阱：自憐、太主觀、善變、感情用事、失魂（感到生活平庸，所以沒留心生活的大小節）。

罪：憂鬱

轉化

成長任務：活在當下（不緬懷嗟歎過去，也不空想未來），從平凡生活中體現人間真趣，以現在身處一切而滿足；用創作抒解愁情，不再空自多愁善感。

神聖德行：性情平衡

屬靈氣質：喜樂

5 第五型 思考型
The Thinker

第五型人自小就缺乏安全感，一出生就感到與這個世界格格不入。幼年曾經歷父母一方或雙方過度強權施壓，本能地喜歡順服但又害怕被操控，致使無所依皈。於是，極度缺乏安全感。

第五型人的心理結構是內向的、封閉的，他們想盡辦法儲備足夠資源，並降低物質要求，去應付浩瀚複雜的人生。在他們的潛意識裏，儘量減少與外界接觸，減少人際關係的騷擾，才有足夠精神力量，去明白世界，參與人生。在未有充足的理解和準備之前，他們慣常以眼睛和頭腦去生活。

光明

重要特徵：精準、用腦型。

成長氣質傾向：拒絕父性及母性，不渴望歸屬感，怕情感滋擾，不認同指引，不信任傳統知識。他們在世界中感到受驚，於是要抽離感情和身體的感覺，只信任自己的腦袋，免被外在環境操控（五型性格的女性會因傳統女性角色的要求較易滋養情感，但男性則會過分強化頭腦活動、更形孤立，與外界疏離）。

人生動力：能精通及掌握知識，渴望成為能幹的人。

強項：心水清、思維清晰、不受情緒干擾。

內心說話：當然的事不用講，若你不知，講你也不會明。

神聖本質：全知

參考人物：馬利亞
5W4 清教徒：愛恩斯坦、尼采、梵高、笛卡兒
5W6 問題解決者：佛洛依德、馬克思、諸葛亮

陰暗

核心恐懼：感到無力在世界生存。

執念：吝嗇（保留、收集、博文強記、節省精力）。

偏情：貪婪（不斷汲取，不肯捨棄）。

迴避：空虛

自衞本能：孤立自己，把生活各種事項仔細區分，在思維裏把他們分門別類，目的是轉移視線，避免感情投入。

陷阱：貪多（知識）、寡情（缺乏感情投入）、抽離現實。

罪：吝嗇

轉化

成長任務：了解到人生的真知識必須通過行動和實踐，經過反思融合，在知和行之間學習取捨，才能得到。

神聖德行：不依戀 / 超然

屬靈氣質：忍耐

第六型 忠誠型、質問者
The Loyalist

第六型人也是自小缺乏安全感。他們絕對聽從父母，極力遵守規矩，期望獲得生活指引；可是，他們可能在幼年時曾經被人欺騙或捉弄，或者觀察到人間規矩不一定可靠，於是，他們十分惶恐，總想尋到可靠的權威。

第六型人的心理結構是同時向內和向外的，他們向外尋求知識、保障、權威；有時又想作出反抗，可是內在聲音又會衡量後果，假設抗拒失敗而產生的損失。於是內內外外，自相矛盾，亂作一團。第六型人在潛意識往往對一切人和事都作最壞打算，未雨綢繆，才能感到安全。

光明

重要特徵：負責、與人連結、焦慮、多疑。

成長氣質傾向：對父性認同，視之為人生的指引。如果他的父親／父性形象有良好引導，他會變得忠誠可靠；若父親偏激／疏忽，他就變得恐慌猜疑。

人生動力：渴求安全感、被支持和被保護。怕陌生，為確保安全而多觀察，內心不斷衡量，測試別人心底的態度。護衛信念，不到底線不願表達。

強項：勤力、專心、順服、忠誠。

內心說話：我至死忠心。

神聖本質：信心

參考人物：施洗約翰、亞伯拉罕
6W5 捍衛者：屈原、荊軻、甘乃迪、尼克遜
6W7 老友記：山姆（小說《魔戒》人物）

陰暗

核心恐懼：害怕缺乏指引、欠缺安全感，若沒有人支持，會感到迷失方向。

執念：因多猜疑致內心混亂，顯得懦弱。

偏情：內心有許多聲音，包括審判官、父親及其他導師等的聲音，內裏常開大會，情況紛亂，莫衷一是，感到焦慮而產生恐懼。

迴避：想滿足團隊規矩，害怕不合常規；對團隊極忠誠，最恐懼被遺棄。

自衞本能：把個人情緒當作別人情緒，產生投射、認同、轉移。

陷阱：傾向透過解決外在環境的困難，去應付內心恐懼，所以常受外界影響；不斷收集資訊，查根究底，以求釋去疑惑；但卻變得裹足不前、猶豫不決，無法真正清晰思考。

罪：懦弱

轉化

成長任務：發現那殺身體的（外在的傷害），不能夠殺靈魂（心靈的本質）。尋找終極的保證，產生信心，因而獲取信任和勇氣。

神聖德行：勇氣

屬靈氣質：信實

第七型 火麒麟、通才者、豐富型

Enthusiast / Adventurer

第七型人自幼本能地感到有所損失，例如，經驗到母親生活繁忙，關愛不足，可以快樂的時間太少；到處充滿規矩和限制，探險機會不足。於是，他們不停滿足自己，爭取機會去補償所有損失。倘若做錯了事，被成年人責難處罰，會感到痛苦，這時他們會加倍爭取快樂，作為補償。

第七型人的心理結構是向外追逐的，他們把一切美好事物儘量納入自己的選擇範圍中。在潛意識裏，他們相信某處地方一定有更美好的事物，我絕不可以錯失任何機會。於是，第七型人常常活在追逐快樂、不容錯失的變化之中。

光明

重要特徵：靈活、變化多端、好奇、一心多用。

成長氣質傾向：不認同母性，想從外物獲得滿足。

人生動力：尋找快樂，嘗試多姿多彩。希望爭取選擇權，相信人生某一處必有更快樂的東西，所以要冒險尋覓。

強項：靈巧、幽默、機警、靈活、對事物極度熱愛至「發燒」程度。

內心說話：隔鄰飯香、下次會更好、最緊要好玩。

神聖本質：實幹

參考人物：所羅門
7W8 **現實主義者**：韋小寶、周華健
7W6 **搞笑分子**：曾志偉、周星馳

陰暗

核心恐懼：害怕人生缺乏趣味，怕有趣的事物被剝奪，心裏總感到隔鄰飯香，雲外有天。

執念：對人生有許多預想、期待，多計劃、點子。

偏情：貪多、貪吃、貪得無厭。

迴避：痛苦

自衞本能：將人生一切問題、錯誤合理化、升華、幻想、宣泄。

陷阱：以幻想、天真來舒緩壓力、困擾與痛苦，容易變得不切實際、虎頭蛇尾、一事無成，甚至容易成癮。

罪：貪婪

轉化

成長任務：活在此時此刻，專注而平衡；快樂是「歷程」，而不是目的地；體察人生有苦才有樂。

神聖德行：清明、踏實

屬靈氣質：節制

第八型 威武型、主張型、挑戰者、支配者

Asserter / Boss

第八型人童年可能曾經遭受欺凌，或經歷成人世界的懲罰折磨，或者在貧苦、病患中感知人生弱肉強食，強權稱霸；認為溫柔、順服，只會招惹更大禍患，於是把自己武裝，儘量向外擴展，建立實力，顯示勢力。

第八型人的心理結構是向外伸展的，他們極度警覺環境的狀況，在陌生地方，首先掃描全盤局面，認識各方勢力的強弱、審時度勢，部署自己的勢力和位置，以求獲取安全。在他們的潛意識裏，相信只有把所有人都歸入自己的營壘，才可以掌握大局，不受威脅。忙碌地觀察、擴張、掌握是八型人的生活方式。

光明

重要特徵：有能力 / 權力、喜歡支配、能量最高、大喜大惡、大開大闔。

成長氣質傾向：拒絕母性特質（八型女孩的成長、戀愛特別困難），感到世界危險，想控制個人命運，最害怕受制於人，以為這可以讓自己感覺實在。

人生動力：自強不息，擴張勢力，優勝過人，不被征服，得到成就。

強項：為了主宰自己，變得本事能幹、保護弱小、言出必行。

內心說話：這是弱肉強食的社會，我要鋤強扶弱，主宰自己的生命！大地在我腳下。

神聖本質：捍衛真理

參考人物：劉慧卿、成龍、黃毓民
8W7 蠻牛：戈巴卓夫、毛澤東、拉登、武則天、秦始皇
8W9 熊：畢加索、馬龍白蘭度、貝多芬、項羽

陰暗

核心恐懼：感觸世界弱肉強食、適者生存的森林規律，害怕被侵犯受傷害，遭不公平對待。

執念：自恃、自義、不靠他人。報復，將人作為個人的工具，將人「物」化。

偏情：有許多強烈的慾望，容易縱慾（容易沉迷劇烈的情緒，易上癮，尋求即時滿足）。

迴避：怕自己變得軟弱

自衞本能：否認，否認個人的軟弱、困難、脆弱，會轉移憤怒、壓抑害怕（所以特別懼怕靜止和內省，迫自己不停工作、活動，無暇細想）。

陷阱：衝動、不達目的不肯罷休、記仇、以正義為名去報復。

罪：縱慾

轉化

成長任務：發現現實每一刻都可以實現真理和正義，承認和接觸脆弱才是勇者行為，仁者無敵。

神聖德行：天真

屬靈氣質：恩慈

第九型 和平型、調解者、中介者

The Peace Maker

第九型人本性喜愛舒適自然，童年時可能經驗父母的動盪情緒，又或者因為自己堅持喜好而受到處罰；於是，自己設計一個內在的幻想世界，去逃避外界的干擾。

第九型人的心理結構是同時向外和向內的。他們善察環境和周圍人物的情緒變動，感知世界的紛亂，因為紛亂騷擾了他們的舒適自然。他們以為虛應故事，圍堵個人內心情緒，可以保護內心情緒不受干擾。第九型人擅長在以完成任務，和陪伴人的心態來應付人生，潛意識想擺脱骨節眼上的情緒、意義，儘量不上心、不沾身，叫人拿他沒法子。

光明

重要特徵：知足、自我隱藏、渺小、貶抑。

成長氣質傾向：與父性（指引）及母性（滋養）緊密，非常依戀，害怕分離、改變。心裏總有「天地人合一」、「四海一家」、「把人生理想化，要掩眼不看任何瑕疵和差異」的傾向，恐懼出現紛爭、失望。九型性格的男子容易被社會排斥、欺淩。

人生動力：渴求寧靜、和諧、和平、統合，一切不變；維持世界本象，竭力避免衝突、矛盾、壓力、張力。

強項：寬容、容忍力強，可以包容任何人。

內心説話：這個世界太亂，一切不變最好，保持自我安穩。

神聖本質：愛

參考人物：董建華、鄧麗君
9W1 造夢者：林肯、馬丁路德金、容格、陶淵明
9W8 尋安逸者：列根、晏嬰、文天祥

陰暗

核心恐懼：害怕他的世界有差異、分離、分裂、失落。

執念：怠惰、不動心、不動力；不自發、不爭取。

偏情：怠慢、休止、拒絕改變（容易被誤解為懶惰，其實他們做事盡責、忙碌，只想逃避自己內心強烈活躍的生命力。不過，一味符合他人，在出現張力時隨時找後門逃走）。

迴避：衝突及改變

自衛本能：為避免面對問題，容易否認、漠視，甚至自我麻醉（零食、服務、工作、電視都可以）。

陷阱：自我貶抑、不肯正視問題、自欺欺人；逐漸累積憤怒，一旦忍無可忍，便變得固執、極端。

罪：怠慢（sloth）

轉化

成長任務：要在適切的環境採取行動，才能發揮個人生命力，產生力量，從中體驗愛。

神聖德行：行動

屬靈氣質：和平

2 九層健康層次

上文是各型人格一般性情敘述，里素及哈森研究九型人格時，發展了各型人格的九個健康層次，第一層次是最健康，如此類推，第九層次最不健康，如下圖：

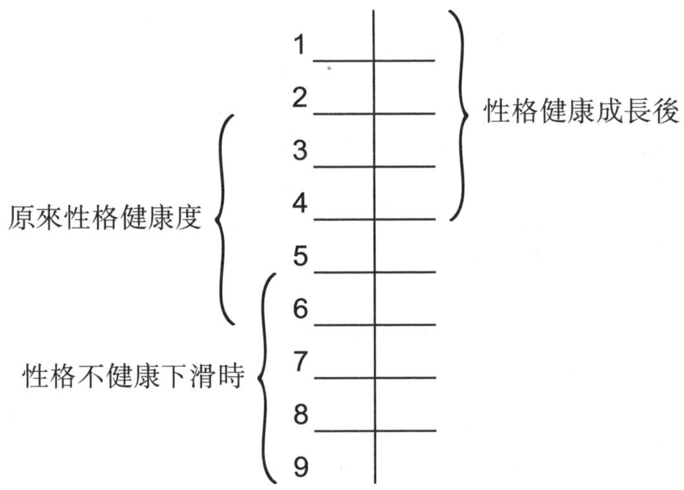

圖 2.1 九層健康層次

每個人在所屬的性格類型中通常會縱跨幾個層次。當一個人遇到壓力、試探或逆境，若適應不良會下滑到另一層次；相反，經過靈性操練和人格修養會上升到另一層次。筆者為每一型人格不同健康發展狀況加上比喻來形容，讓讀者更形象化地了解各個層次的狀況。

第一型

健康發展

比喻：指南針

第一層次　對應現實的智者

行在正途中：聰明，容納，融和，樂觀，高貴，仁慈，慷慨，祥和。行善卻沒有自義和優越感。純淨，無可指摘。有辨識力，不固執己見，符合現實。能從生活中覓到真理／智慧。

恐懼：這個世界會變壞，腐朽，咒詛，邪惡。

慾望：正確，有人格，無可指摘。

第二層次　合理的人

有能力辨識與評價，分清大我小我。有良知，有道德，有人格，合理，公正廉明，又能持定中庸之道。謙遜，鎮定，平靜，謹慎，有幽默感。

恐懼：主觀感情和衝動影響自己的理性，破壞人格。

慾望：常常靠自己保持自己有良知、有理性。

第三層次　有原則的教育家

外表文質彬彬，風度翩翩，有修養。誠實，守紀律，公平，以身作則，言出必行，理解力強。符合倫理操守，符合真理，不受感情影響。有目標有抱負，有使命感，投入委身更大的善，追求卓越，容忍力高。接納模稜兩可的現實。

恐懼：我的原則對他人／世界未能發揮影響力。

慾望：改變自身，改革社會。

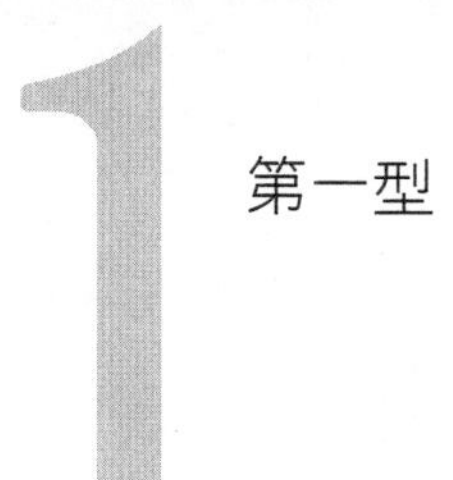

第一型

以為眾人昏睡我獨醒，擔心世界腐化，只有我可以維持一切正確。改革社會，捨我其誰？（播下自義的種子）

普通發展

比喻：雞毛掃
（掃塵那端）

第四層次　理想主義改革家

主見強，自命清高，非黑即白，愛與人辯論，指出及糾正別人錯誤，要對方辯贏才算對方正確。着重意念多於個人情感，經常延遲滿足，忽略自己需要。但仍會求取進步，認真誠懇，為弱者請命，對自己苛刻。

恐懼：自己的人格不符合理想，被人嫌棄。
慾望：刻意令生命的一切要與我的理想完全貫徹。

第五層次　自訂的規律至上者

對自我有極高要求：準時計較，高速。大套理論，講求具體方法，完美主義，吹毛求疵，意見多多，非黑即白，狹窄，呆板，不近人情，急躁，抑壓他人，譴責人，莽撞，粗魯。乾澀（忽略自己需要），情感拘束，情緒化，怕別人以為自己做錯，常有罪惡感。

恐懼：他人會破壞我艱苦經營的秩序，弄得一團糟。
慾望：譴責自己，譴責別人。

第六層次　判斷他人的完美主義者

以精英自居，不妥協，不認同他人，專找他人錯處，當眾罵人糾正人，糾纏不休，不同情，道德腔，嘲諷，辯論，說話刺

耳。想改善自己和他人，嚴格，挑剔，憤怒，反感，常常自憐。忽略自己，工作狂。

恐懼：我的標準、追求或會出錯。

慾望：要用道理去證實自己和自己的批判是正確的。

紅旗：以為世界會變壞，覺得只有自己願意維持世界正確，他人都不肯改正，變得自義；執著固定的「理想」，不斷審查個人 / 他人，對人構成巨大壓力，效果適得其反。

不健康發展

比喻：雞毛掃（打人那端）

第七層次　埋怨和厭世的人

自覺已做到最好，自義，合理化，絕對化，苛刻，大肆抨擊，尖酸，箝制，周圍的人對自己不公平。思想封閉，沒商量餘地，不肯聆聽意見，無法與別人冷靜對話。執著大道理，不能彈性處理，野蠻，激昂，憤慨，憎惡，痛恨，好懲戒。不留餘地批判自己，感到自己不夠好，別人又不跟從自己，於是感到苦澀、抑鬱。

恐懼：自己變得非理性和自相矛盾。

慾望：刻意控制自己內在的衝動，變成機械化。

第八層次　強迫性偽善者

因別人不依從自己而飽受折磨，感憤恨，變得偽善，野蠻，不饒恕，專制，腐敗，不誠實，自相矛盾；發展出強迫觀念泄憤，例如：戀物狂，受虐狂；自苦贖罪，自我折磨，忽略個人感覺，否認自己的身體感官需要，為自己釐定刻板的規條與法則。

恐懼：自己失控。

慾望：想解除自己的強迫症和情緒病。

第九層次　執行公義的判官

無恩慈，激憤，憎恨，歇斯底里，失望沮喪，虐待人，咒詛人，對人對己殘忍，抑鬱自殺傾向，自殘自毀。

2 第二型

健康發展

比喻：冬日太陽

第一層次　無私，博愛，利他主義者

喜樂，光輝四射。穩定可靠，堅強。慈悲為懷，善解人意，無私捨己，有犧牲奉獻精神。謙遜，能承認自己的不足和不好。

恐懼：失去愛的能力，自己變得無能，得不到別人的愛。

慾望：感到被愛，想成為愛的泉源。

第二層次　潤澤他人者

為人着想，關懷，細心，體貼，熱誠，誠懇。自在，能接納別人的拒絕。感情豐富，悲憫心腸，感同身受。直覺強。

恐懼：自我需要和負面感受會傷害關係。

慾望：為他人服務，印證和加強自我良好感覺和形象。

第三層次　愛分享和滋潤人的助人者

喜歡表達情意，願意表達個人需要、自我照顧，不再倚靠他人滿足自己，不再只顧照顧人。不介意別人正面、負面的反應。不以表情讀心，慷慨樂助。懂得欣賞，愛鼓舞讚賞人。有同情心，給予他人指引，流露愛心滋潤別人。重感情，具奉獻精神。能訂定良好界限，給人空間，不黏纏。

恐懼：我所做的未足以贏取他人的愛（要更多靠攏人羣）。

慾望：被人需要，與人親近。

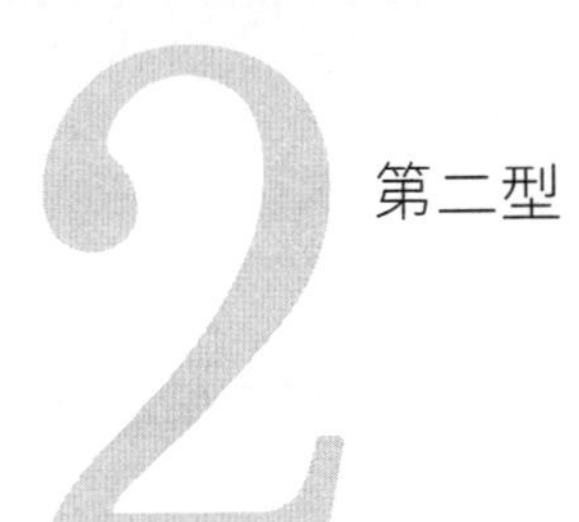

第二型

警號

怕自己不能滿足他人的需要，便會失去愛，所以一定要走近他人，要人在意、需要自己，才能贏取愛。

普通發展

比喻：貼身膏藥

第四層次　大獻殷勤的朋友

感情超級豐富，傷春悲秋。奉承討好，諂媚，擅搭訕誘惑，想引人喜歡；多言，快速熟落，渴求親切，大獻殷勤，要成為最好的人，使別人感到不能失去自己。需要身體接觸。

恐懼：我所愛護的人可能會喜愛他人過於喜愛我（嫉妒）。
慾望：要與人親近，成為別人不可或缺的。

第五層次　「佔有慾」強的密友

扮演拯救者，有求必應，不停給予意見。煽情，講是非，講閒話。別有動機，支配人，使人需要自己才感到安全穩妥。難纏，不斷追縱及滿足別人需要，使人感到窒息，只專注一人，拖累症。臉皮薄，嫉羨，呷醋。憂慮，期望人很了解明白自己，但卻不肯顯露自我需要。

恐懼：他人視我對他的愛和付出為「奉旨」的，不懂感激欣賞。
慾望：要別人看見我，認可我的付出和貢獻，人人都需要我。

第六層次　自大的「聖人」

行為過火，管束人，與人糾纏，不誠懇，不審慎。自滿自誇，好領功。太盡心盡力服務人，更擔心被人拒絕。用盡各種手段去使人內疚、難堪、並假借正義之名，去懲罰、報復，使人就範。若情緒綁架未能奏效，容易激動，歇斯底里，例如撞頭埋牆，跪地狂哭，虐人自虐。但又因丟人現眼，自憐內疚，更沒有安全感，恐懼失去別人的愛和喜歡，產生惡性循環。

恐懼：擔心別人離開我，眾叛親離。
慾望：自以為是，不顧一切，死纏。

紅旗：因擔心別人離棄，對人更黏纏，反而使人更迴避，眾叛親離。

不健康發展

比喻：鐵板燒

第七層次　自欺的情感擺佈者

恐懼被遺棄，擺佈人，不斷纏住人（擔心別人離開，一無所有），令人窒息；過分殷勤，令人失去自信，感到受壓迫，甚至出現戲劇化行為，爭取別人關心留意，要證實自己被愛。擔心被拒絕，迫人接受他的愛，又愛說使人內疚的話，怪責人，令人抬不起頭。否認事實，暴躁，厭食 / 暴食症，身心痛症，博取別人關心。

恐懼：擔心會纏死所有我喜愛的人。
慾望：無論如何，用盡方法，向任何人求取愛。

第八層次　監人賴厚的專制者

要求回報，但別人無回應，使他心碎。成了「愛」的寄生蟲，貪得無厭，騷擾人，不分清紅皂白，不顧廉恥，甚至性放蕩。行為愈激烈，朋友愈走離，內心更焦急恐懼。

第二型

恐懼：萬一我是自私自利、不可愛的人，一生就得不到愛。

慾望：自苦和自虐，以崩潰來證實別人辜負自己。

第九層次　身心病受害者 / 拖累症寄生者

成為他人的大包袱，周身病痛，生發疑病症，期望可以得到更多愛。自苦，常常覺得被人苦待，情緒泛濫，瀕臨崩潰，內心苦澀，歇斯底里。

3 第三型

健康發展

比喻：珍珠

第一層次　真摯的人

適切的自尊，裏外一致，心思與行為合一。不會只想着自己，為他人着想，對人有影響力。溫柔，慈善，謙卑，有愛心，誠懇，惠澤他人。接納自己，不怕流露個人感受，真摯，滿足。專業，辦事妥當，做事出色。

恐懼：自己有所不足，沒有價值。

慾望：成為有價值的人。

第二層次　自信的人

辦事出色，有效率，潛質無限，適應力強。魅力迷人，大方得體，令人豔羨，閃亮吸引。為羣體着想。天真可愛，恩慈，符合現實。有目標，自信。

恐懼：若不夠出色，令人失望，會被人拒絕。

慾望：努力發揮自己。

第三層次　出色的典範

自我競爭，成為模範，有才幹，勤懇。野心勃勃，志氣高昂，堅持，專注，有目標。自我實現，有自知之明。願意流露感受，知道自己不足，有自信。擅溝通。不會只顧個人成功，會推動他人，利用名望特權幫助別人成功，別人成功等於自己成功。

恐懼：害怕不進則退，被人趕上。

慾望：與別人有區別，被人注意和重視，與眾不同。

第三型

警號

害怕自己不夠出色，給人迎頭趕上，所以要追求一些可以突出自己的事物，如名譽，地位。

普通發展

比喻：行事曆

第四層次　好競爭者

工作狂熱，目標為本，事業取向，投放精力表現自己，顯得能幹強悍，快人三步。具外交手腕，隱藏性競爭，常與人比較(在意別人是否追到自己，要把人拋離)，着重地位。犧牲私人時間，博到盡，想人覺得自己是成功的，擺盪於自信與自卑之間。待人處事做足工夫，卻遺忘自己，沒有心靈空間自我觀察，不能與自我連繫，放棄感受，甚至自我放棄。專挑自己做得到的去做，在意個人限制，輸不起，擔心自己無成就。雖然知道自己在人面前只表現形象，但仍有真材實料。

恐懼：失去別人的重視和自信。

慾望：在別人面前製造良好的印象。

第五層次　注重形象多於實質的人

迷失自我，只好不斷工作來表現自己。着重形象多於實際，把自己當作產品看待，着重推銷及包裝，很懂得有技巧地表現自己。務求別人喜歡自己，在意他人的感受及認同，想引人注意。不能接觸內在感受，寂寞孤單。掩飾自己的不安，不肯向人求助，只流露自信一面，叫人無法看到自己的實質。害怕別人知道自己不夠好，就會不喜歡自己。

3 第三型

恐懼：若給他人看穿，我會沒有面子，羞辱。

慾望：說服他人相信我的形象就是我的實質。

▼

第六層次　孤芳自賞，懷才不遇的人

自覺很優秀，自戀，在意表現自己，誘惑人，吹噓，爭取注意。公開競爭，對人鄙視，冷漠，嫉忌，冷嘲熱諷，令人不舒服。有時負面情緒太多，會突然爆發。只有形象，脫離真我而不自知。

恐懼：我在走下坡，逐漸失去擁戴，我已經失敗。

慾望：設法保持一個錯覺 / 假象：我仍優越過人。

▼

紅旗：我空空如也，一無所獲，一無所知。

不健康發展

比喻：贋品塑膠珠

第七層次　剝削別人的投機取巧者

雷聲大，雨點小。自以為高人一等，知少少扮代表。為要成功，不惜代價，不惜説謊，開空頭支票，走捷徑，抄襲他人，貨不對辦，侵犯版權。無情，見高拜，見低踩，利用人，無原則。由於看不到自己的真相，久而久之變成自欺，只有形象，保持幻覺，成為雙面人。為減輕焦慮，只以正面和理想來看事物，自我蒙蔽。

恐懼：被人識穿真相，認出我是個空心老倌。

慾望：竭盡所能維持假象。

3 第三型

第八層次　不懷好意的人

自欺欺人，口是心非，心懷不軌，剝削身邊的人，佈局害人，出賣朋友。慣性說謊，以一個謊話遮蓋另一個謊話，人盡皆知，害怕被人識穿，壓抑恐慌，不知悔咎。與自我割離，不知不覺耗盡（burn out）而不自知。

恐懼：我的虛謊、空洞，一旦被揭露，我會滅亡！
慾望：毀掉一切威脅我的人和事。

▼

第九層次　報復記恨的心理病態者

麻木，空洞。心懷不軌，行惡。虐待，殘暴不仁，不懺悔，不擇手段，病態，毀滅一切。

4 第四型

健康發展

比喻：靈修音樂

第一層次　啟迪人心的創作者

勇於探討別人不敢探討的內心世界和負面事物，透徹而深刻，能引起共鳴，產生感染力，啟迪人心，救贖人羣。勇於説出真相，不誇張不美化，真實原創，與人連繫。不介意自己是否與別不同，自在自然自主，能自我更新。豐富，洋溢，平衡滿足，擁抱生命。

恐懼：失去自我的重要性，不知自己是誰。

慾望：尋找真我。

▼

第二層次　自覺直覺的靈感者

溫柔，寧靜。情感豐富，幅員廣闊平衡。對自己徹底誠實，有個性，氣質獨特，自覺力強，自省。情感豐富，強烈直覺。如一口水井，不斷尋索體味，深層蘊釀，憑直覺領會智慧，獲得真知識，見人所不見，知人所不知。

恐懼：失去感覺，變得沉悶、平凡，無人察看。

慾望：通過創作，表達自己。

▼

第三層次　開放剖白自我深處的人

由內心指導行為。具創意，擅表達。微妙，盡在不言中。能洞悉人，善解人意。語言精警流暢，若除去性情中的稜角，會變得人性，乖巧，伶俐，易親近，真摯。情感堅強，裏外一致。具奉獻精神。

恐懼：善變的感覺不能維持真我及維持創作能力。

慾望：刻意營造、加劇、延長某些感覺。

第四型

警號　以為用劇烈的情緒去表達自我，感覺自我的存在，誤以為這是真實，習慣投入劇烈情緒，時常要回味重溫。

普通發展

比喻：苦澀的咖啡

第四層次　富想像力的美感藝術追求者

追求藝術，完美，刻意營造和保留某種情緒氛圍，沉醉其中，去保留自我，或製造一個飄忽而神祕的自我。陶醉在某種情緒經驗中，很多假想的自我對話，幻想浪漫情節，愛情故事，英雄故事，重溫歌曲調子。憑印象行事，超級敏感。因怕達不到效果，單單充滿幻想卻不行動。難融入人羣，只能間接溝通，顯得神祕飄忽，冷傲無情。

恐懼：別人不能真正看見我和了解我。

慾望：要肯定別人真的喜歡我，關懷我。

第五層次　自我沉醉的浪漫主義者

幻想多於現實，長期沉思幻想。超級敏感，認為無人能明白和了解自己，自我懷疑，脆弱，憂鬱。以自我為指標，不能投入人羣。在衣着打扮服飾上表現突出，看似不在乎，卻穿戴誇張惹人注意，不想人注意又需要人注意。覺得自己太多問題，無暇照顧他人、關懷世界，無暇切實工作，對人生沒有興趣。感覺不對就抗拒，弄得別人誠惶誠恐。對愛情全情投入，細心多情；但談戀愛時感到不符理想就完全失望，抽離。走近人羣時感到別人平庸無聊，又會抽離，甚至脫離現實，更加退縮，孤

立自己。

恐懼：我太脆弱，沒有能力應付人生種種要求，無人可以幫助我。

慾望：要完全自由做回自己。

▼

第六層次　自我沉溺、任性的人

個性有稜角，難相處，排斥他人，瞧不起人。只講情緒，執著瑣碎小事。怠懶，縱有才華，卻因膽怯自負，欠缺毅力，意志薄弱而一事無成。在道德體能藝術才能全面倒退，沒精打彩。因想別人感到他與別不同，不肯依循生活規範，在工作和關係上都有困難。自我沉溺，自憐自傷。貪睡嗜睡，感到自己很痛苦，只顧個人感覺，無暇處理其他。因追求完美超卓但又怕失敗，臨陣退縮，不負責任。自知有問題但不懂表達，抗拒朋友建議。害怕平凡工作會奪走他的才華，耗費精力在傷痛和幻想，浪費生命。不切實際，空想空談，裝模作樣。怕人不了解而孤立退縮。內省時易兜圈子，極度敏感，左思右想，不敢行動，不事生產。

恐懼：自己一點一滴地浪費才華，錯失機會。

慾望：抵抗任何不支持我的情感需求的人與事。

紅旗：為這世界難過失望，放棄自己，埋沒生命，喪失機會。

4 第四型

不健康發展

比喻：刺手玫瑰

第七層次　孤立的抑鬱者

自我限制，創意停滯，倚賴人，將朋友當作情緒垃圾筒，亂發脾氣。自我放棄，自慚形穢，終日疲倦混亂迷惘，反應慢，自覺是受害者。害怕被人忽視，但其行為使人害怕迴避。沉溺在過往的傷痛中，現實失陷。

恐懼：被人遺棄。

慾望：自我懲罰，藉以懲罰遺棄我的人。

第八層次　飽受情緒折磨的人

無法達到想像中的美好而自我憎惡，罪咎，感到絕望然後自我窒礙，糟蹋自己，抑鬱。情緒動盪，脆弱，忽然情緒崩堤，怒哮。逃避現實，上癮，浸泡在刺激和憤怒中，殘忍，虐待傾向。常常想到死亡，在人生完全孤立。

恐懼：一切都無意義，人生無望。

慾望：逃避對痛苦的自覺。

第九層次　自毀傾向的人

感到被打敗，無指望，全無意義和價值，步向自毀，犯情慾的罪，崩潰。

第五型

健康發展

比喻：望遠鏡

第一層次　有異象的先鋒者

對世界充滿敬畏，信任，知識廣博，思想具革命性，深刻，有異象。對人能捨己，悲憫。精力充沛，使人着迷。

恐懼：變得無用，無能，被湮沒。

慾望：成為有才幹，有貢獻的人。

▼

第二層次　有洞見的觀察者

客觀，銳利，醒目，覺察，見解獨特，一針見血。對知識好奇，專注，着迷。與人相處不多愁善感，樂意分享。

恐懼：我不夠醒目，洞察不足，難有自信。

慾望：精通一切。

▼

第三層次　聚焦的創新者

思想開放，創新，異想天開。肯學，獨立，忍耐，集中專注，不妥協，有技巧。在人羣中長時間觀察，樂意溝通，但仍會慢熱，多疑。

恐懼：我沒有內涵可以貢獻。

慾望：退縮到內心幻想世界比較安全。

警號

恐懼沒有足夠知識在世界生存，退出現實，只專注於頭腦和思考世界。

5 第五型

普通發展

比喻：維基百科

第四層次　勤懇的專家

勤力，博學，搜集資料，整理、汲取知識，密集思考，抽象分析，給陌生世界建構模式及意義。面對外在環境感到不肯定，退縮，不合羣，遲疑。個人內在系統混亂，面對世界心靈容易受傷。

恐懼：其他人對我有太多要求，我無法保持內心寧靜。

慾望：密集思考，閉關逃避干擾。

第五層次　熱烈的概念者

誠懇，熾烈，易怒。喜歡將人和事物分門別類看待，複雜化，對傳統真理懷疑及質問。認為世界太多可能性，常作兩手準備。只停留在思維世界，忽略個人需要，過分注重思考而降低對外界的注意，失魂、失眠。與人疏遠，變得神祕，活在腦海中的虛擬現實。

恐懼：他人的無知會傷害我的內在世界。

慾望：揭發他人的無知。

第六層次　挑戰人的憤世嫉俗者

驕傲，妄下結論，質疑標準，好爭辯。對人不信任，認為世人皆無知，諷刺，吝嗇，變得多刺，嘲弄，尖酸刻薄。感到被拒絕，悲觀，走極端。造型古怪，無政府主義者，顛覆分子。

恐懼：永遠不能在世間或人羣中找到自己的位置、角色與身分。

慾望：把所有阻礙自己內心世界的人嚇走。

第五型

▼

紅旗：在世上及在人羣中永遠不能找到自己的角色和身分，感到孤單空虛。

不健康發展

比喻：白紋伊蚊

第七層次　孤立的虛無主義者

由於不認同身邊的羣體而斷六親，自毀橋樑，孤立，感到被圍困，沒有指望，毫無自衛能力；不接納世間無知而顯得與人格格不入，拒絕人，退縮，不穩定，變得虛無，產生黑色幻想(變態的，違反常態的)。行為古怪，充滿內疚，懸空。

恐懼：在世上變得孤立。

慾望：與所有人和世事隔離。

第八層次　惶恐的「怪客」

扭曲，怪異的奇想，令人嘔心；感到中毒，長期失眠，出現幻覺，幻聽，躲藏。缺乏感情以致大崩潰，驅逐他人，拒絕幫助。

恐懼：這個世界在迫害我。

慾望：忍受恐怖、承受空虛。

第九層次　空虛的精神分裂者

長期失眠導致情緒內爆，甚至思覺失調，精神分裂、錯亂。因缺乏感情與信念，內裏產生大混亂，感到被迫害，心理崩潰。自閉，自殺傾向。

第六型

健康發展

比喻：祈禱的手

第一層次　堅定勇敢的英雄俠士

守望羣體，忠信可靠，與人友善，大無畏，不屈不撓，勇敢。不再猶疑不決，能決斷，表達自我，自我肯定，獨立。內心安詳，安全。未雨綢繆，幽默，活潑，長情。

恐懼：失去支持和指引。

慾望：尋找安全和支持——一個可信靠的對象。

第二層次　不離不棄的朋友

未雨綢繆，警覺審視周圍環境，覺察危機。最佳守望者，可信可靠，堅定不移。知道沒有任何人可以獨力完成事情，結合團隊，有遠見，能辨識情況。重視家人朋友。

恐懼：害怕自己不夠可靠。

慾望：建立和維繫各種連盟和支持系統。

第三層次　賣命、委身的拍檔

節儉，勤學，紀律，負責，實際，行動為本。服從感召，為了更高理想，自我犧牲，具團隊精神，建立夥伴關係。一絲不苟，盡忠竭力，尊重別人，精忠報國。輕鬆幽默。敢於作出貢獻，提出意見，切實執行。

恐懼：自己未有足夠力量去應付人生種種挑戰。

慾望：建立和維繫各種連盟和支持系統。

第六型

警號

怕無法獨力應付困難，在心靈以外去尋找靠山（用外在方法解決內在困擾）。

普通發展

比喻：忠心小狗

第四層次　順從的傳統主義者

離開心靈的實力，不斷向外結交朋友，找靠山，尋找清晰的步驟、規矩、權威、道理作指引。太多外在投資剝奪內在空間，失掉心靈指引。愈多參與，愈少空間，愈多惶恐。一部通書讀到老，不懂變通。喜好預測未來的危機，缺乏安全感，變得矛盾：既服從又反叛，既投入又退縮，既信任又猜疑。

恐懼：我無法獨力滿足眾多朋友、權威的期望。

慾望：抵抗更多對我的責任和要求。

第五層次　充滿矛盾的消極抵抗者

不易付出信任，感到經驗知識不可靠，怕信錯對象，懷疑主義，猶豫不決，搖晃不定，謹慎提防。以表情讀心，仔細查察、過濾、測試。壞脾氣，焦慮，緊張。不能表達自己，消極抵抗，嘲諷，抱怨，自相矛盾，遺忘成功經驗。

恐懼：我無法應付不斷上升的壓力，人生快要崩潰。

慾望：宣泄挫折感，弄清楚人我之間的角色和位置。

▼

6 第六型

第六層次　過度補償的叛逆者

不停工作以消除恐懼。因怕沒有保障，情緒化、大脾氣；感到非常大壓力，沮喪，決定困難，任何人都不能助我作決定。缺乏安全感，過度補償，變得衝動魯莽，不謹慎，指責，投射，找代罪羔羊，切斷關係，令人恐懼；濫用煙酒，藥物，固執，懷怒，偏見。愈來愈矛盾：一時專制一時順服，脾氣急躁，憤世嫉俗，既恐懼又反恐，極端，敵友分明，甚至有報復傾向。

恐懼：我的所作所為已經摧毀我的安全感。

慾望：不顧一切去尋找安全和指引。

紅旗：由於過度害怕，不惜一切尋求安全，不惜迫害人，結果迫害自己。

不健康發展

比喻：自動旋轉門

第七層次　自卑自衛的倚賴者

感到世事無常，無處立足，懦弱，躲藏，自卑，無助，抑鬱，恐懼。然後變得好辯，反復，容易爭執，既倚賴又反叛。

恐懼：連一丁點的安全感都快要消失。

慾望：捍衛最後的安全感，消滅任何焦慮，不安，不肯定。

第八層次　反應過度的歇斯底里者

過分恐懼以致感到被謀害，要竭力控制，到處搜集證據，變得非理性，瘋狂，數落人，暴力，喜怒無常，自嘲，自貶，憎

6 第六型

恨，絕望，充滿焦慮，強迫性思想／行為，找「替死鬼」，虐待／被虐，上癮。

恐懼：我所作的將會受到懲罰。

慾望：逃避懲罰。

▼

第九層次　自毀的受虐者

充滿罪咎，情緒折磨，忽視危險，不聽忠告，自卑自賤，自暴自棄，落泊，自殺傾向，自我咒詛。

第七型

健康發展

比喻：七色彩虹

第一層次　擁抱生命的狂喜者

屬靈，喜樂，滿足，受教，開朗，大方，豐盛，潤澤他人，使人着迷。懂欣賞，節制，有滋味，有情趣，自由自在。有真才實學，舉一反三。

恐懼：被情緒痛苦所困，剝奪喜樂的權利。

慾望：快樂，自由，滿足 —— 滿足我所有需要。

▼

第二層次　自由熱烈的樂觀主義者

自由自在，精力充沛，冒險，外向，好奇，有反應，易受刺激，敏捷，學得快，積極，正面，抗逆力強，有節制，踏實。開心果，熱烈。

恐懼：挫折感和一些未滿足的需要會減少我的快樂。

慾望：不停「活動」來確保所有需要獲得滿足。

▼

第三層次　有成就的通才

多產，同一時間做多件事情。熱情，愛交際，令人歡樂。靈活，實際，自信，不離不棄，活潑，大膽，豐富。

恐懼：可能雲外有天，我現在擁有的不夠好。

慾望：搞搞新意思，盡嘗各種新鮮刺激。

▼

警號

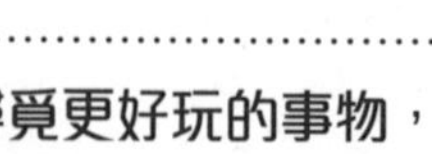

想尋覓更好玩的事物，相信地球上某處必定有更好玩的東西。

7 第七型

比喻：碰碰車

第四層次　世故的鑑賞家

尋找多元興趣，許多任務，忙碌、無空間。享樂主義，興奮，多言。鑑賞家，有品味。物質主義，追求感官享受，向外尋求更多體驗，貪慾，追逐潮流，世故。以為有選擇等於個人自由，保留選擇權。

恐懼：我會沉悶，挫敗。

慾望：保持興奮，快樂，不要停下來。

第五層次　火麒麟，過度活躍外向者

周身刀，過度活躍。千奇百怪，標奇立異，無顧忌，不能定優先次序。滔滔不絕，言不及義，虛謊，先說話後思想。虎頭蛇尾，衝動，不敬。假裝專家。膚淺，煩躁不安，易激動。思想行動隨時改變，應付不來時會失蹤。

恐懼：怕損失，環境及人會阻礙我滿足需要。

慾望：即時滿足。

第六層次　享樂主義者

貪心，餓鬼投胎，不停苛索要求快樂。一旦獲取了，會感到失望再去爭取，浪費，緊張，爭先，奢侈，自私，上癮。不敏感，對情感不在乎，待慢人。外表僵硬，自厭，羞愧及悲傷，壓抑罪咎。

恐懼：我的行為帶來痛苦和不快樂。

慾望：不惜一切逃避痛苦和焦慮。

7 第七型

▼

紅旗：感到活動帶來更多痛苦和不快樂，想尋求更多快樂。

不健康發展

比喻：搖頭丸

第七層次　衝動的逃避者

不負責任，自圓其說，幼稚，放蕩，狂野，腐朽。不停地活動，不斷消散精力。躁狂，暴躁，苦毒，內心沒有喜樂，態度惡劣，愈來愈沮喪，想逃避自己，逃避內疚和焦慮。

恐懼：再沒有快樂，做什麼都不快樂。

慾望：做任何事去贏回感覺。

▼

第八層次　強迫狂躁症（manic compulsive）

魯莽，不顧後果，無常，情緒反復，不能自控，施虐受虐，殘忍，歇斯底里，忽視危險，不聽勸，麻木，挑戰死亡。

恐懼：我已經毀了一生，無轉圜餘地。

慾望：放棄一切掙扎，無路可走。

▼

第九層次　惶恐的歇斯底里者

癱瘓，折磨，耗盡，身體精神損耗，感到自己似廢物，感到受困，非常虛弱，極度恐慌，幽閉恐怖症，負荷過重。

第八型

健康發展

比喻：孤兒院

第一層次　胸懷廣闊的英雄

大善，慈悲為懷，慷慨，天真無邪，率真。無私，勇敢。目標明確，有力量，大英雄。

恐懼：受制於環境／他人。

慾望：掌握自己的命運。

▼

第二層次　自信強悍的領袖

決斷，直接，頑強，鬥志旺盛，有決心。精力充沛，「大癲大肺」，大無畏。現實，獨立自主，熱誠。吸引人願意跟隨。

恐懼：內心脆弱膽怯。

慾望：證明個人實力。

▼

第三層次　有建樹的領袖

有權威，求公義，挑戰強權。好勝，主動，決斷，主持大局，使人振奮，保護人，受尊敬。有抱負，有策略，有建樹。

恐懼：資源和內心實力不足。

慾望：否定內心沒有「驚」字，使自己強大起來，迎接挑戰。

警號

怕受制於人，不能達成個人目的，不停掙扎惡力。

第八型

普通發展

比喻：軍營

第四層次　事業型 / 主控型冒險家

精明，醒目。少講廢話，直話直說，公事公辦。勤力，肯冒險，視察形勢。計算利益，競爭性強。自負，有力量但錯用，變成蠻力，好戰鬥。

恐懼：別人不順服我，不尊重我的權威。

慾望：取回掌控權。

▼

第五層次　話事型的老闆

自恃，驕傲，自大自誇，氣燄強烈，膽生毛，有機心。不肯罷休，排斥 / 惡待非我族類。討厭別人反應慢，操控他人，針對人，對人與事極度權威，要求他人絕對順服。

恐懼：害怕自己失勢，別人會背叛我。

慾望：迫使他人遵從我的意願。

▼

第六層次　愛針對的戰士

好爭鬥，暴躁，怒火上升，蔑視軟弱的人，咄咄逼人，嘲諷，恐嚇，少覷人。好戰，打不死，欺淩，侵略。壓抑受傷感覺。非理性，縱慾。

恐懼：別人抵抗我。

慾望：求生，不惜代價保護自己，取回控制權。

▼

第八型

紅旗：給人太大壓力，把自己和別人推到極限，惹來別人反感，認為全世界在對抗自己，誓要報復！

不健康發展

比喻：集中營

第七層次　違法獨裁的無情暴君

猜度動機，鐵石心腸，違法，奸險，謀算，不信人。搶掠，反社會，不道德，感到被出賣，報復心重。自我封鎖，排斥恥感，自我澎脹。

恐懼：遭人報復。

慾望：成為打不死的人。

▼

第八層次　妄想自大狂

狂怒，破壞，貪得無厭，全無自制力，侵犯他人，蹂躪。以為自己天下無敵，全無節制。

恐懼：我已用盡力量，要完蛋了。

慾望：我要毀滅一切，同歸於盡。

▼

第九層次　暴力型毀滅者

爆炸性憤怒，獸性，殘忍，不懊悔，沒有人性，似「生番」，動殺機，同歸於盡，一拍兩散。

第九型

健康發展

比喻：遮蔭大榕樹

第一層次　自我覺醒不屈不撓的人

不屈不撓，臨在，覺醒，精神奕奕，安詳，兼收並蓄，有生命力，落力參與投入。用行動締造和平，有力量，獨立自主。與人連繫，值得信靠。

恐懼：與人間世界切割分離。

慾望：要擁有內在穩定，心境安寧。

▼

第二層次　和氣寬容者

簡單直接，樂觀，寬容，仁慈，謙遜，敏感，易受影響，豁達，穩定，溫和，自然自在。不批判，容易相處。

恐懼：失去內在平安。

慾望：在環境中締造和諧。

▼

第三層次　和平締造者

安慰，調停，醫治，寬恕，無私付出，容易支持人。忍耐，不輕易動搖，不再只顧退縮。頭腦清醒，想像力豐富，有智慧，能分辨生命中的優先次序。有生命力，整合力，兼容並包。

恐懼：恐怕不夠平靜，缺乏力量應付內外的衝突。

慾望：迴避衝突。

▼

9 第九型

⚠ 警號　**因怕世界太多問題，擾亂個人平靜，於是漠視一切是非，做個好好先生，不敢說「不」，怕與人不同。**

普通發展

比喻：電動按摩椅

第四層次　迎合人的好好先生

滿臉笑容，容易相處，服從大隊／傳統，受尊敬。憑印象做事，不喜歡猜度別人動機，將他人理想化，忽視問題。但因過分迎合，忽略自我，多愁善感，常推搪。

恐懼：他人的要求使我失去安穩。

慾望：一切保持不變。

第五層次　人在心不在的因循者

固守信念。選擇性留心，怕發現問題，恐怕一有發現就會恐懼。消極抵抗，陽奉陰違，不投入，不慍不火，無反應，不反省。無事忙，免得被騷擾，追求舒服，因循，固執，依慣性行事。

恐懼：害怕任何轉變，無法適應失落難過。

慾望：輕視一切問題，只想安於現狀。

第六層次　宿命論者

不切實際，鴕鳥政策，冷漠，心散，壓抑憤怒。怕人干擾，守株待兔，以無聊事打發時間。固執，怒氣沖沖，包拗頸。怕任何目標，一有目標便感到有壓力。

恐懼：被迫面對問題。

慾望：捍衛我的幻覺，想一切都無問題。

紅旗：出現問題，火燒眼眉，被迫面對，但態度依舊。

不健康發展

比喻：睡火山

第七層次　被擺佈、被踐踏的人

不斷壓抑自己、脫離自己，魂遊象外，迷失方向。固執，僵化，盲目，憂鬱，無助，沒精打采，怕用力，不想用盡力氣平衡各方利益，無效率，任由擺佈，頑固，不聽勸告。欠缺自信，被慚愧羞恥蒙蔽。

恐懼：承認問題，尤其承認自己的責任。

慾望：消滅和抵禦任何覺察力，怕受影響。

第八層次　魂魄不全的自欺者

抽離，孤立，抵賴，否認，無感覺，無心，麻木，對什麼都不在意。迷失方向，混亂，自我封閉，無助，非人化，欠缺判斷力，否認一切問題，不負責任。

恐懼：面對現實，無法扭轉錯失。

慾望：消滅任何知覺。

第九層次　自我放棄的孤魂野鬼

倔強，退化，分裂，被蹂躪，行屍走肉，浪擲時光，空洞，人格分裂，精神萎靡。

3　壓力、成長與轉化

當人類與萬物失去融和連繫，對包圍自己的人物和事件會出現種種強烈反應。城市社會為經濟物質服務，人際之間不停以惡性競爭去爭奪有限資源，活在城市中，人人都經歷無盡壓力。各型人格各自發展出獨特的回應方法，筆者在此詳述箇中表現，讓讀者尋找適應壓力的良好方式，也能夠協助和體諒身邊的伴侶及家人。

第一型

遇上壓力

1. 反向行為：壓抑憤怒，借題發揮。由自責到責人，用憤怒去獲取關注。
2. 不斷整理環境（如清潔、執拾等），目的是整理內心不安。
3. 容易出現身心病症：頭痛、胃痛、肝痛、抑鬱、強迫症等。

處理壓力

1. 一型人追求最正確的行為，其實最正確的行為是先學習與自己相處，才有能力影響別人。即使對方有錯，我先不要發怒。認識憤怒情緒並非錯事，只是個人內在不安的警號。
2. 處理壓力時，可透過運動和練習深呼吸，或者干脆離開壓力現場。
3. 省察自己的自義性格，做自己心態的督察！
4. 緊記至柔者至剛。真正的寬恕是穩定而溫柔的。
5. 定期享受作樂，善待自己，寬恕自己，學會豁達才得着真智慧。

第二型

遇上壓力

1. 情緒先於理智，憤怒和挫敗急升，滿口怨恨和埋怨，絮絮不休，充滿報復平反的蠻勁。
2. 吸引別人注意、歇斯底里、咄咄逼人；獨處時內心沮喪、無助、自憐和孤寂。
3. 為了逃避內心沮喪的劇痛，盲目行動、說話、追討，以求解決問題，其實當前最需要解決的是內心的恐懼傷痛。
4. 容易出現身心病症：疑病症、莫名痛症、抑鬱等。

處理壓力

1. 認清人的限制和關係的脆弱，不向外求，幫助自己內心寧靜。有時二型人要經過許多對人的失望、痛楚才能覺醒。
2. 了解自己的難受並非別人蓄意傷害，學習原諒和接納別人的錯失。
3. 學習以運動和練習深呼吸來處理壓力，或者干脆離開壓力現場。
4. 定期安排獨處，練習默想，享受心靈的滋潤。
5. 開拓理性思考能力，有助撥開情緒攪擾。

第三型

遇上壓力

1. 傾向否認負面壓力，以其他行為轉移注意力，例：投入工作、購物、約會。
2. 否認負面經驗、自圓其說，甚至裝作若無其事，例:高談闊論、大宴親朋作為掩飾；又或轉換為成功和愉快的經驗。
3. 為了逃避困難和可能失敗的處境，不惜自欺欺人，或嫁禍他人。
4. 無法準確思想和分辨真偽。
5. 在盛怒時會做出極端行為。

處理壓力

1. 學習對人對事絕對誠實。
2. 建立知己朋友成為自己的鏡子。
3. 容許自己向人流露軟弱、流淚；容許自己失敗，明白到人何時軟弱、何時就剛強。
4. 參與有深度的長期或定期的靈修、反思課程。
5. 建立藝術或健康的嗜好紓解壓力。

4 第四型

遇上壓力

1. 逃避人羣、退縮到自我世界。不斷在高層次 / 抽象層次思考自己、描述自己，自我監察，在抽象世界打轉。生活缺乏動力，逐漸變得任性怠慢，發展成抑鬱、自殺。
2. 用強迫性反復思考來鎮定內在的混亂情緒。
3. 莫名的焦慮和不安全感在心裏像攪拌機不斷攪動，令自己神經質和身心俱疲。
4. 尋求精神上的情感慰藉，變得倚賴。

處理壓力

1. 自我了解是四型自救的鑰匙，九型人格知識對他們很有幫助。
2. 學習停止強迫性思考，接觸五官感覺，注意實際的外在世界，認清和肯定外在世界的價值。
3. 學習分配時間，參與有客觀價值的活動，如做義工，投入平凡的生活，從中尋找真趣。
4. 閱讀高質素的靈修和精神食糧，建立最高指導原則，切實執行。

第五型

遇上壓力

1. 恐懼人羣對自己的期望和壓力，退縮到自我的思維世界，在該處休息、靜止和觀察。
2. 對未知和不肯定的事情，熱烈尋索資訊，在內心反復辯論、思考，成了內在「城市論壇」。
3. 不停以思維邏輯推敲，脫離自己和別人的感情世界，對別人的需要無動於衷。
4. 把困難的人與事、感情與生活分別處理，顯得不近人情，容易被別人誤解，因而產生更大的恐懼，然後對人更加抽離，形成惡性循環。
5. 因長期忽略內心感情，變得寡情絕情，容易對人出言嘲諷、偏激、憤世嫉俗，幸災樂禍。

處理壓力

1. 五型人最需要一個可信賴的生命導師，常常對照和糾正他們對人生現實的偏差理解。
2. 建立可信可靠成熟的友情，扶助自己面對人事關係的麻煩、傷害，從中學習人生智慧，獲得安全感。
3. 強迫自己有計劃、有步驟地投入人羣，如負責羣體中一些簡單任務，並要求自己切實執行。
4. 無論別人明白與否，學習向人分享內心的想法。
5. 多做接觸和培養感情的事，例：聽音樂，讀文學小說、勵志小品、人物傳記。

第六型

遇上壓力

1. 內心焦慮不安，思想出現強迫性反復推敲，延緩行動；內心更疲倦僵硬、恐懼遞增，更無力行動。
2. 尋求權威指導，變得倚賴。
3. 把自己的困擾投射到對方身上，例：怕自己被嫌棄，便覺得對方嫌棄自己。
4. 忙亂地工作，以求得到一些保障。
5. 進入負面思想的惡性循環：猜疑他人動機，不斷推敲、質問，打爛沙盤問到底，以求獲得資訊來保護自己。

處理壓力

1. 學習說一些自我肯定、鎮定自己的話；停止強迫性尋根問底，預防負面思想惡性循環。
2. 小心辨認權威，尋找成熟的屬靈導師作自己成長中的生命導師；一旦能找到可靠可信賴的前輩，六型人便會按部就班建立踏實的自信。
3. 經常運動、休息、默想和練習深呼吸。
4. 定期輕鬆作樂，多做滋潤心靈的事。
5. 閱讀良好的精神食糧。

第七型

遇上壓力

1. 七型人壓力愈大，活動量愈大，他們喜歡用活動的歡樂來逃避痛苦，如開玩笑、消費、尋找刺激，甚至沉溺賭博、毒品、危險玩意、性、煙、酒等。
2. 不斷轉換工作，轉換人生處境去迴避壓力。
3. 用幻想、作樂、懲罰、報復、虛構現實去減輕壓力。
4. 因屢次逃避現實，縱情享樂，惹來身邊人的譴責，甚至自招惡果，於是內心更加膽怯、空虛，以致追求更刺激的享樂。

處理壓力

1. 近朱者赤，近墨者黑，七型人最易受別人影響，要謹慎擇友。
2. 尋找一位可信可靠的生命導師作為人生嚮導，提點自己。
3. 多建立健康有趣的嗜好，消散精力，如多做義工，用意義來維持、挑戰自己對活動投入的持久力，這樣的生活才有活力、動力和快樂。
4. 參加有深度的長期的靈修課程。
5. 培養虔誠的信仰，操練人生，轉化念頭，才可以轉化行為。

第八型

遇上壓力

1. 否認、壓抑、埋沒任何負面或軟弱的感受，讓自己毫不察覺，以為這樣可以保持情緒冷靜和高度自主；內心盤算着整個問題，嘗試透過不同方法去掌握問題、處境，儘量回復對處境的操控感。
2. 不斷用工作、活動去肯定個人實力，變成工作狂。
3. 信任是八型人最大的困難，面對壓力時他們常常處於防衛狀態，隨時向人反擊，所以很容易得罪人而毫不察覺，對人情世故也不掌握。
4. 內心恐懼、焦慮、不安全，想以霸佔友情、要求別人服從去尋找安全和安慰。

處理壓力

1. 停止用力，學習安息、默想、寧靜。
2. 接觸大自然、小動物、小孩子，接觸沒有競爭、輸贏的安全環境。
3. 學習謙卑，認識自己的軟弱無能。容許自己傷心流淚，容許自己一事無成，容許自己接受別人／上帝的愛護，在負面經歷中才能恢復人性，轉化成較有人味和情味的世界觀。
4. 在恐懼時向他人學習，尋求幫助，信賴成熟可靠的人、信賴上帝。

第九型

遇上壓力

1. 內心感到慌亂、膽怯，想忘掉壓力，將注意力轉到沒有壓力的事情上，甚至專注於無謂瑣碎的事情。
2. 故意把麻煩事縮小，否認壓力，說服自己沒什麼大不了，不加理會，儘快回到日常生活的運作中。
3. 當壓力提升或受到催迫時，會冰封自己的感受，變得抽離冷漠。
4. 當再受到責難或壓力時，暗地累積的憤怒會突然衝出來，一發不可收拾，並會過分堅持己見，變得頑固，行為說話出現過激反應，又或陽奉陰違。

處理壓力

1. 學習察覺自己的情緒，承認由壓力而來的負面情緒，學習表達自己的難處。
2. 不要輕看問題，忽視只會令問題愈來愈嚴重，現在不加處理，將來要處理就會更費時失事，更複雜困難。
3. 學習面對困難，或與對方對質，確立自己的立場和需要。
4. 尋找伴侶 / 知己朋友的支持和鼓勵。尋求別人的指引，但切忌倚賴對方為自己做決定。
5. 定期做運動，增加生活自律和身體的敏銳性、集中力，透過適當途徑表達個人憤怒，減少累積不滿。

如何培養自己健康成長

當認識了各型人格的成長、焦點、偏情、執念、盲目慣性，以及壓力回應模式，很多人會關心如何栽培自我成長。在第五章，筆者會就人格與靈修再作詳細論述，在此先分享一些具體的成長建議，作為實用參考。

1

第一型

1. 一型人最大的遺憾：心意很好，卻沒有適切的方式生活。
2. 如果整個世界（包括一型人）都是正確而完美的，一型人的生活將會十分美好；可惜，現實不如人願，於是寬和地接納人生和自己的不足是一型人一生要學習的功課。
3. 一型人首先要正視和開拓幾個真正達致完美的信念：
    - 除了上帝，沒有人是完美的，所以要學會：常存盼望，不沮喪；多用功，但不強求。
    - 每個人包括自己都有失誤，要學會謙卑、寬容、和平。
    - 對不義反感和為正確的事戰鬥是一型人的推動力，切記加上「提防自義」的精神。
    - 接納人生的不完美才是真智者。

4. 若要改善世界、改善自己，首先要鍛煉寬闊的空間（胸襟）：
    - 接觸個人內心的感情和無意識的衝動，以免落入憤怒後檢討、後悔、內疚、投射、自義的循環。
    - 定期做運動，釋放緊張和挫敗的情緒。
    - 在時間管理上鬆緊有致，實事求是。
    - 寫日記、唱歌、書法、種花、閱讀散文都能陶冶性情，增加個人美善和對他人的感染力。
    - 定期退修、祈禱，接觸大自然，才能去除心靈的盲目。
5. 不要單注目事理和環境，多考慮如何保護他人的感受和關係；經驗比道理更有效，表達的藝術比內容更重要；發表重大意見前，必須在心裏數十下，想一個有趣的比喻才開口，有趣的比喻較辯論更深刻影響人。
6. 一型人的執著容易殺死最親密的關係。要學習讓他人做自己，容許他人按個人節奏、方法做事，容許他人從錯誤中學習。
7. 示範比斥責更有效；發脾氣後要立即認錯，愛心溫柔才能帶來完美。

第二型

1. 二型人最大的困難：要看破自己「驕傲」的偏情，訓練客觀的思想能力和廣博知識。

2. 常常靈修獨處：體驗人的愛並非無所不能，也不奢求別人能滿足自己。不要誤會自己很偉大，自己不能愛所有人，只有謙卑學習被人所愛、被上帝所愛，才能流露真實而綿延的愛！

3. 二型人常有一個毛病，自己以為「好」的事物，不能分辨別人是否需要。結果，常常在人際關係產生矛盾。別人要接受你的「好意」，就會感到被迫或被操控；不接受你的「好意」，又會令你感到被拒絕和受傷。惟有與你衝突或表面敷衍你，或者逐漸疏遠。

4. 覺察你的根本動機，留心你想要控制別人的傾向、你的侵略性和辛辣的言語、其他個性中的負面元素。當你用這些元素和別人溝通時，只會使你那個想與人親近的慾望遭受挫折。

5. 相信善意和無私的一面會自然吸引人，先要學會接納自己，放鬆自己。人間美麗的情誼，是可遇不可求的。不要一味為別人「做事」，更不要以為送禮或討好，可以換來別人的喜歡。嘗試改良自己的心態：在你為別人做了些什麼事之後，不要刻意提示，不求回報，順其自然就好了；可能別人會感激你，也可能沒有反應。不要因此失望，也不要立即撤回你的幫助。

6. 結交新朋友、享受友誼。是令人喜悦的，但在培養新的人際關係之前，應該先把家人照顧好。

7. 要默默行善，不要着意宣揚。在別人的生命中扮演某部分角色已經是一種榮幸。

8. 不要佔有你的朋友，容許別人不符合你的期望，尊重他們生活行為的優先次序。別人不以你為先，並不代表不愛你或不重視你。

9. 學習察覺自己因被拒絕和失望而形成的憤怒，若因累積憤怒渴求討回公道，就會有意無意以情緒擺佈別人，成了情緒綁架。惟有學會寧靜自省，操練深呼吸，冷靜處理焦慮；接駁真實永恆的愛（指上帝的愛），勇於誠實面對自己、原諒自己，有錯認錯，深信人可以在錯誤中成長蛻變。

第三型

1. 一般三型人不肯承認自己是三型，或者認為自己是比較健康和優秀的。真正健康的三型人能坦誠面對自己的幽暗面，留意內裏種種陰暗和弱點，學習承認和面對自己的負面表現和困難。

2. 在成功、順利時要向上帝或向人感謝、報恩，承認別人的貢獻。

3. 三型人擅於觀察環境，感應情緒，周詳計劃才行動，完成目標；然而卻沒有給自己充足空間和心力去反思個人實況，容易只重外表，忽略內心，變得浮誇。學習凡事要實話實說，不怕出醜、不怕輸，才能成為可靠、可愛、優秀的人。

4. 因為勤力工作，順應時勢，順應他人，三型人容易失去自己的立場和價值觀，欠缺反思；多退修、獨處，親近正直而誠懇，有穩靠立場的羣體，有助自我調整。

5. 常常謙讓他人，給別人機會，發揮仁愛，是三型人一生都要學習的功課。

6. 三型人本身有許多美好的素質：勤力、上進，有能力帶動氣氛、善解人意、有組織力。但如何運用這些素質將會決定你一生的經歷和成就。首先要尋覓人生的召命，專注效法最美善的榜樣，才能發揮潛能，為別人帶來幸福。無私地服務、自然地愛，這樣的生命才是最豐盛最快樂。

7. 學習失敗和困難時尋求上帝無條件的愛，被祂的真愛感動，便可以坦然無懼面對自己，接納真我。

4

第四型

1. 四型人的悲劇：充滿才華，卻無處發揮，浪費一生。
2. 四型人的內心世界十分豐富，外在世界一塌胡塗。所以要進行均衡的培育訓練：
   - 規律的睡眠、工作、運動，擺脱老跟着心情生活的習性。
   - 參與社區服務，增長見識，將心思由自己轉到他人；減少羞怯之心，克服畏縮，把個性美好一面表達出來。
   - 寫日記、格言抒發情緒；學習負責任、守諾言，不沉溺想像與情緒。
3. 有上述全面的訓練，可以減少四型人不停在想像中自我對話：自憐、自怨、無謂的憂慮、擔心、猶豫不決、自我對抗、臨陣退縮。
4. 投入有意義的活動，累積經驗，發揮才華，享受成果。長期持續、專注有難度又有意義的活動，培養毅力，對四型人的成長很有幫助。
5. 四型人有豐富而複雜的思想、感情，需要恰當發展及啟蒙：
   - 思想方面：多參與及親近有深度、有知識修養的文化羣體，進行學習交流。
   - 感情方面：單靠愛情維生，往往落得頹喪、失望、焦頭爛額；嘗試擴闊社交圈子，多接納、愛護別人。與一、兩位知己朋友發展深度的交情，學習愛和付出，不求完全被了解，從中領略人生真趣，在愛中成長。

- 靈性方面：個人靈修、默想、獨處，在真理中成長。

6. 不再只專注自己，尋求真誠熱切、無條件的愛的源頭，才能認定自己是有價值、有光彩的，不再自憐、自怨。

第五型

1. 沒有智慧，人生和宇宙都是空洞的，五型人要尋索自我認識和人際相處的智慧，才能發揮才華，貢獻人羣。

2. 五型人經常將精力放在吸收知識、分析和思考，很容易過度疲勞，而且不自覺地精神緊張。身心靈是合一的，真正的智慧是融合身體知覺、感情、靈性孕育出來的。所以首先是學習與身體做朋友：

   - 經常默想、漫步，作鬆弛練習，定期運動，都能疏通神經脈絡，血氣運行，有助情緒上感到自由喜樂，增添智慧。

   - 切勿倚靠食物、酒精、咖啡、藥品、性或其他癖好去解決內心空洞孤寂的情緒。

3. 認識自己雖然天性聰穎，思想嚴密，卻容易心存偏見，太快下結論。若果常曲高和寡，就要學習糾正偏差，嘗試多觀察、多聆聽，開放胸襟，少分析。

4. 五型人不擅社交，也嫌他人膚淺，常爭取獨處空間。但要留心這個偏向會使五型人在人際關係上顯得很無知，缺乏人間大學的重要學問，在人羣中常感到懷才不遇，心靈受傷，導致抽離人羣，孤芳自賞，落入惡性循環。嘗試多與別人合作，少做獨行俠，縱使這樣違反五型人的天性，卻可豐富生命。留心自己容易輕視不那麼聰明和不肯動腦筋的人，要學習仁慈、退讓，接納、服務人，不是排斥抵抗。

5. 學習信任別人，親近仁慈可靠的羣體，容許自己被誤解和受傷，然後學習溝通和調解衝突。若能用同情心去關心觀察別人，將能培養內心溫柔情感，軟化性情裏尖銳的稜角，收斂威脅人的光芒，會活得更輕鬆快樂，更能豐富自己。

6. 沉醉知識的五型人，要學會接觸創造的源頭，祂會給你重要洞見、智慧、愛心和生活力量。

第六型

1. 六型人最大的誤解，以為外在指引會帶來內在安穩，忽略了自身的軟弱。敢於面對自己的不足，是進入安穩的惟一可靠途徑。

2. 錯失和驚惶是六型人常有的經驗，也是成長的管道。接納焦慮，善用焦慮作為自我激勵；與焦慮相處，用想像把「敵人的威脅感」投射到遠方，反而能孕育內在安全感。學習面對危機，自然生發勇氣，嘗試將這經驗運用到日常生活中。

3. 當六型人心煩時，容易怪責他人，留心不要太防衛、太暴躁，也要慎防發牢騷和往壞處想。留意自己的負面思考模式，焦慮情緒並非顯示外在環境有危險，反而是顯示內裏有擔心，受焦慮情緒所困。注意身體緊張的表現，學習放鬆。

4. 六型人具有討人喜歡的天賦，只是欠缺信心，也害怕付出；相信自己，嘗試讓別人明白你的感覺，學習勇於表達自己，嘗試大膽、公平、果斷地說出想法，不要在大隊中靠邊站。

5. 若你感到某人對你有負面感受，靜下來細想，也許這只是你對他的感覺投射。

6. 回憶和享受曾有的成功，多說自我鼓勵的說話：「不要怕，只要信。」

7. 六型人容易信靠權威，尋求權威人物時，要分辨他是否將你指向最偉大、最可靠的終極權威。

7

第七型

1. 七型人有一顆單純的心，要學習順從和專注，專注對自己長遠有益的事，才會找到美滿人生路。
2. 七型人害怕失去美好的東西，其實真正美好的東西一定是恆久的，長存的。只能使人短暫着迷的，都是虛幻的，只會搶走更大的快樂，失去更滿足的歡趣。
3. 七型人精力旺盛，但容易衝動行事，學習馴服它，愈能克制，愈能認識自己。
4. 七型人充滿渴望、慾求，要學習重「質」不重「量」。七型人很快失去耐性，不過當跨越了沉悶的關口，便可以闖「額菲爾士峰」，那裏是全新的境界、全新的喜悅，所以要嘗試挑戰自己的耐性，讓它一次又一次延長。
5. 要留心自己容易失控，容易兵行險着或心存僥倖，要學習節制、守規矩、不放縱、量力而為、腳踏實地，才能攀得高、看得遠；不用再在小甜頭、失敗、錯謬中打圈、頹喪。
6. 學習將貪心和攫取有趣事物的本能，轉向認識人、了解人，這表面看似麻煩，其實可以引領七型人走向更豐富和美好的人生。七型人機智、幽默、風趣、靈活，很吸引人，給人帶來樂趣；但小心不要冒犯別人，或言過其實，否則久而久之會傷害關係，惹人反感，失去別人對你的尊重和敬愛。
7. 追求快樂的七型人，只有接觸喜樂的源頭，才有真喜樂和動力，支持他們在挫敗、失望、困惑中仍能感恩、喜悅地前行。

第八型

1. 八型人缺乏安全感，容易引發一連串惡性循環：他們怕喪失權威，怕被人利用，於是不肯向人讓步；常告訴自己，要信賴自己不要靠人，以為事業和家庭都能自給自足（其實這只是一個幻覺）。八型人要學習信靠創造主，才能建立真正的安全感。

2. 由於八型人一遇問題，不會自我克制，以為先發制人，才能表現自我力量，結果樹敵，眾叛親離，但為了保持個人的能力和優勢，不能／不敢坦率待人處事，於是更失去真摯，更自滿自足。八型人要學習接觸愛的源頭，經歷和學習愛，才能認識和接觸自己的膽怯和脆弱。與自己脆弱部分溫柔地相處，才能體恤他人的脆弱。體諒人，才能夠提升別人、鼓舞別人；不再單顧自己，才能被人真正尊崇和懷念。

3. 學習信靠順服上帝，才能夠真實接納自己，與自己相處；也就不再害怕人生有空洞、軟弱，也不用把自己埋葬在工作和刺激之中。

第九型

1. 學會珍惜自己，學習尋求協助，將壓抑的情感安全地表達，才能自我認識。
2. 善用時間，多承擔有意義的責任，建立自我成功感。
3. 九型人追求和諧，以為這等如順從別人，做別人期望你做的事。其實這不是和諧，真正的和諧是人與人之間的彼此相愛。一個只懂順從人，卻失去自我的人，沒有主見，沒有力量，沒有方向去關愛別人。
4. 習慣定期自我檢討。不妨參加一些向難度挑戰的活動，鍛煉自己接觸和接納使自己不舒服的處境，學習面對真實，面對危機，衝出安舒區。
5. 九型人容易退縮，引致內心的挫敗和內疚，累積內疚會減損個人的自尊和榮譽感；壓抑憤怒，會喪失生命的力量；壓抑需要，會喪失向前的推動力；久而久之，自己無意逗留在羣體中，好像人間蒸發，常常有一種要逃避的傾向和苦悶，產生惡性循環，更易逃避。學習面對困難，增加自己的自尊、勇氣。

各型的轉化

按九型人格學說流傳下來的資料，它指示各型人的成長和解離方向：

成長方向：3 ➔ 6 ➔ 9 ➔ 3；1 ➔ 7 ➔ 5 ➔ 8 ➔ 2 ➔ 4 ➔ 1
解離方向：3 ➔ 9 ➔ 6 ➔ 3；1 ➔ 4 ➔ 2 ➔ 8 ➔ 5 ➔ 7 ➔ 1

為何各型人格會如上述方向進步及解離？這也是筆者的疑團，暫時仍未找到任何解釋。然而，就筆者長年對自己及朋友的觀察，發現各型人物遇上壓力和困難的時候，會自動表現出解離方向型號的負面特徵；可是，各型人格卻極難自動進步，發揮成長方向型號的優良特徵。似乎進步方向的型號，具有一些優良特徵，剛好解決該型號的核心困境，真是奧妙神奇。大家不妨參考下文，作出自我觀察，體味其間的妙趣。筆者在提示內加上一些《聖經》經文，給予讀者成長的智慧。

說明：整合：性格健康成長時，會發展出另一種性格類型的優點；解離：性格不健康發展，則會出現另一種性格類型的缺點。

1

整合

像第七型：鬆馳、安寧、處事有彈性、冷靜、喜樂，接納理想與現實之間存在的矛盾。

解離

像第四型：對抗自己、憎厭和懲罰自己；沉溺在消極情緒中，抑鬱、自虐、失望、沮喪。

提示

效法第四型信任直覺、靈感、本能。

喜樂的心，乃是良藥；憂傷的靈，使骨枯乾。

〈箴言〉十七：22

2

整合

像第四型：敢於體察人類心靈深處、孤苦軟弱，體察人的無助，願意敞開接納。正視自己驕傲、自滿的性情；學會自我接納，便能自給自足、活潑喜樂。

解離

像第八型：釋放長期委屈的怒氣，變得怨恨、苦毒、記仇、歇斯底里；由消極變得具侵略性、暴戾；自以為重要，別人要倚靠自己才能生存。

提示

效法第八型，認識自己的能力，確認個人的存在。

我也知道，在我裏頭，就是我肉體之中，沒有良善。因為立志為善由得我，只是行出來由不得我。

〈羅馬書〉七：18

整合

像第六型：能跨越得失成敗，投入生命，接觸內在流動的心靈，恢復真我。投入羣體，重視他人幸福多於個人榮辱，肯為他人喝采。發展道德良知，恢復人性，承認個人的軟弱、限制。

解離

像第九型：退縮，自我隱藏，沒動力尋找真我；變得空洞、麻木、沒有知覺、倒退、認命、包藏憤怒，甚至抑鬱，自虐。等待別人來愛我，才能肯定自我價值和人生目標。

提示

效法第九型以個人所是代替個人所作。

耶和華啊，人算什麼，你竟認識他，世人算什麼，你竟顧念他。

〈詩篇〉一四四：3

4

整合

像第一型：自我接納，承認「我很不錯」，活出平凡中的不平凡。操練憑藉理性代替印象；以勤力代替天才；以價值觀代替感覺（應做就去做）。學會以嚴謹寧靜去俯瞰人生。學習反思批判個人的虛幻世界，培養客觀視野及關懷，追尋真正的現實。

解離

像第二型：在情感上倚賴他人去安撫孤寂的心、渴求別人同情、安慰，來尋求個人認同。常在情感的依戀和失望抽離的張力中熬費精神，感情用事，不辨是非。

提示

效法第二型無條件愛人愛己。

眾人以為美的事，要留心去作。

〈羅馬書〉十二：17

整合

像第八型：知行合一，先行動後思想，敢作敢為。要知道行動中的人生體驗才能蘊釀真知識（personal knowledge）。

解離

像第七型：自我中心，以物慾歡暢去分散專注力，退去「分門別類」的小框。變得無事忙、神經刀；冷眼看世界，冷嘲熱諷。

提示

效法第七型熱愛生命，擁抱生命。

敬畏耶和華，是智慧的開端，認識至聖者，便是聰明。

〈箴言〉九：10

整合

像第九型：得力在乎平靜安穩，建立內在安全感，穩如泰山，不假外求。

解離

像第三型：尋找靠山，例如：權威人士、財富、學歷。太忙亂，遺忘心靈需要，着重成敗多於着重夥伴。不惜說謊、自欺去保護自己，脾氣暴躁，充滿敵意。

提示

效法第三型，自我尊重，內在自主。

我要向山舉目。我的幫助從何而來。我的幫助從造天地的耶和華而來。

〈詩篇〉一二一：2

整合

像第五型：學習專注，知所取捨。放棄外在世界，或用活動的歡愉作虛假的安慰。敢於靜下來正視痛苦，學習以信、望、愛來承載痛苦。要知道憂愁和喜樂是雙生兒，捱過沉悶期才有真滋味。

解離

像第一型：強制支配自己的情感世界，許勝不許敗。只可開心不可憂愁、憂慮；假借美名去滿足私慾；強詞奪理懲罰他人。缺乏耐性、暴躁、反感。

提示

效法第一型接納人生本像，為更高的理想而活。

憂愁強如喜笑；因為面帶愁容，終必使心喜樂。

〈傳道書〉七：3

整合

像第二型：重視關係、人多於事工，關注自己和他人的感受，以他人需要先行。明白人間互相倚賴、連繫，非以役人，乃役於人。開拓情感世界，學會安靜、獨處，容許流露脆弱的柔情。

解離

像第五型：學懂視察形勢、掌握全盤。擅盤算，計劃，策謀，利用知識、資源去取勝。

提示

效法第五型體會世界之大，人之渺小。

你不要心裏急躁惱怒，因為惱怒存在愚昧人的懷中。

〈傳道書〉七：9

整合

像第三型：能器重自己，發揮才幹。多主動表達，學爭取。學訂定短期、中期、長期具體目標，主動自覺去實行。善用愛心作出行動，用愛心說誠實話。培養樂觀、積極、自信。

解離

像第六型：靠賴他人作決定，猶疑不決，自我懷疑，裹足不前；變得拖延、分心，甚至脫離現實。常感到危機四伏，滿心焦慮，世界充滿敵意、不友善。

提示

效法第六型自食其力，在逆境中成長。

鐵磨鐵，磨出刃來，朋友相感，也是如此。

〈箴言〉二十七：17

夫婦相親篇

第三章 各型夫婦的磨合與調節

1 各型配偶特徵

2 各型夫婦的相遇與相撞

1　各型配偶特徵

各型性格對愛的接收與渴求都不同。多少時候，我們將自己渴望愛的方式作在對方身上，對方不以為然，自己渴望的回饋又收不到，白費心力，例：有些人非常渴望收到配偶一束鮮花，卻是經常失望；反過來，有些人刻意選購鮮花送給配偶，卻被對方怪責浪費金錢，十分氣餒。筆者勾畫各型配偶的性格及相處方式，特地寫下「愛的言語」給讀者參考如何向配偶表達愛。

1

1. 有動力、肯捱、堅定、誠實，具安全感。視配偶如同自己，有很高的期望和要求，希望對方不斷進步，給予配偶理想、遠景，指導其品格。
2. 喜歡協助配偶，但必須符合「應該」的原則，否則會責備和批評配偶的求助。
3. 內心脆弱焦慮而不自知，需要配偶體貼呵護和實際協助，也需要鼓勵和欣賞。
4. 有道理、有主意、會作主張，但焦慮時，會期望配偶支持和給予有效建議。
5. 他十分繁忙，總要處理生活大小事務，性生活常有障礙；配偶要建立自己的知己朋友和興趣，不要期望一型配偶陪伴左右。
6. 一型的配偶若學習烹飪和其他加增輕鬆幽默的活動，有助減壓。

如何相處

1. 以言語、行動表示欣賞他的道德觀、高標準，鼓勵他維持良好品格：信實、可靠、守諾、肯認錯等。
2. 切忌批評他的原則，因他超級敏感；若他做「錯事」，要向他保證你的愛和接納，提供改過的途徑。
3. 在他發怒時，跟他說「我愛你」，紓解他的緊張情緒；不要爭論，就算爭論，也只可在冷靜直接，尊重、誠實的態度，以急才應對。
4. 若遭一型配偶指責，要立刻正視錯處和道歉，否則他會怨憤和追究責任。
5. 他不善解人意，不察覺自己的需要，有時會不近人情，卻需要人聆聽、關愛、同情、呵護，鼓勵他直接表達自己的需要。
6. 諒解他，他發脾氣是因為緊張，批評是出於好意，憤怒是在別處受冤屈的折射，「拗頸」是累積了情緒，「死做」是為逃避天大的難處。與他一起渡假，鼓勵他多休息輕鬆、做運動。

愛的言語

愛就是表示敬重他的人格，信賴他的善心，給他具體指引，為他打點細節，做些具體而實際的事，例：為他洗一籃衣服，勝過買一束花。聆聽他的思前想後、評論，邀請他給予意見，相信他對事物的批評，是一番善意。

2

1. 對配偶溫情軟語，體貼關懷，無所不談，令配偶感到幸福。
2. 一旦投入愛情，不惜犧牲一切，為對方奉獻。「愛」等同「自我身分」，要求配偶及自己完全付出。
3. 對外人和配偶要求不同，對配偶要求特別高，視為惟一愛的源頭。
4. 因恐懼不夠被愛，容易諸多揣測、極度敏感。
5. 若得不到欣賞，會埋怨，軟硬兼施懲罰對方，不肯罷休。
6. 容易親近，卻不能深刻相交；尤其個性外向的二型，總忙於關照他人，又怕別人不喜悅。

如何相處

1. 以具體方式表示感激，說明他在你心中的價值和地位。
2. 欣賞他「改善世界」的好意，批評時要圓滑溫和。
3. 接受他的好意，適當指示你喜歡他如何待你。
4. 要求他誠實地說出需要，不要單說好聽的話，鼓勵他接受別人幫助。
5. 溫和地劃定界限，讓他領悟別人可以在自己的空間裏成長。
6. 鼓勵他從事創作，學習表達憤怒。

愛的言語

愛就是留心他的喜好、需求、缺乏等，最好在他還未說出口前，便表達對他的心意。常常多方讚美他，送他小禮物，聽他傾訴和對他表達，都是很重要的。

3

1. 易察覺配偶的喜與悲，但會被事務佔據心神，無暇表達。
2. 透過有建設性、有成果的活動與人相處。以行動、服務、共同努力工作來表達愛，也期望配偶如此。
3. 以投入戀愛來證明自己的魅力。為談戀愛制訂目標，希望專注成功。可是，一旦成功了，就會轉向工作，因為駕馭工作比駕馭感情更加容易、有趣。
4. 很聰明地施展「愛的技巧」，使人心動。但害怕投入感情，更害怕認識接觸感情軟弱、混亂、束縛和麻煩的一面。傾向表面應酬，內裏抽離，叫戀人感到他口不對心。

如何相處

1. 在他面前多分享感受，但不要期望他細心了解你的內心世界和負面情緒，他會刻意迴避。
2. 若向他分享成就，會興起他暗中競爭的心，所以談論個人成就時要低調，不要炫耀和逞強，讓他們出風頭。
3. 他需要熱情接觸和友愛，但切勿埋身探討分享，否則他會自衛和掩飾。
4. 他容易受傷，但不形於色，所以要給予誠實、事理、關注的回應，或以比喻故事作為善意提醒。
5. 鼓勵他放慢步伐及放鬆，培養心靈生活。
6. 鼓勵他為理想而努力。注意他的感受，無論成敗得失，也保證你無條件的愛，他外表看起來自信，其實不然。

愛的言語

切忌批評，他會內傷。如果你打扮得體與美麗，可令三型配偶感到體面。留心他的願望，表示支持和重視。送禮要貴重和大方，多讚賞對方的效率、能力、成就。在別人面前欣賞他，讓他感到自己優秀。

4

1. 四型人的生命重點是情感交流，喜歡心靈感動，不喜歡表面姿態。一旦感動，他會不惜犧牲一切；一旦不對應，便會絕望抽離。所以，他對人顯得若即若離。
2. 在愛情中充滿掙扎和矛盾，接近了就因不符合理想而不滿、失望；離遠了卻思念。總在追求遙不可及、得不到的夢想。
3. 他容易遷就人，欲言又止；害怕被拒絕、遺棄，因而引起情緒動盪。
4. 容易感情用事，難分真假；又會美化對方來安慰自己。以致在人際關係上容易受創傷，又或者到處留情，傷害他人。

如何相處

1. 讚美他時，不要着重成就果效，要欣賞他的品格及特點。切忌批評他的為人，只要說出自己真摯的感受、觀察、觀點、期望。
2. 容許他情緒起伏，但不要強迫溝通，他察覺到你的真誠，自然會溝通。間接、象徵地表達接納、同情、關愛就足夠了。經常表達愛，喜悅他，對他不離不棄。
3. 他情緒高漲時會絮絮不休。情緒低落時，只需要聆聽、陪伴，他需要你關懷和穩定情緒。
4. 他會不停深入地自我解讀，來避免情緒困擾，偶而會出現精警的哲學式智慧，但有時會抽離感情，自我切割。
5. 無須解決或停止他的痛苦，只須開導，給他清晰具體指引，使他不致陷入情緒漩渦。留意他對事情主觀的詮釋，鼓勵他搜集客觀資料加以核對，信任他的能力。
6. 不要強迫他參與社交活動、交際應酬；但要協助他建立兩三知己的持久關係。
7. 不要高壓或過分呵護他，只要態度堅定作清晰指引。

愛的言語

愛是用心用情相待，送禮着重意義、象徵、紀念價值及情感價值，例：情深的信件、詩詞、心意卡；親手製作的禮物、葉子、石頭等等，最好能常常說中他的心意，形容他的為人，能讓他感到被了解、被愛。陪伴他感歎人生，與他共鳴。

5

1. 雖然他需要家庭溫暖，卻害怕情感束縛和親密關係帶來的要求，總以為建立關係、介入他人生命是危險的，所以勉力維護個人空間。
2. 他用腦多於用情，所以與愛侶相處一段時間，就會感到疲乏，想抽離和反省一下。
3. 他總有一個自我世界，不喜歡交代、被干涉、解釋，甚至說話，配偶不要誤會這些表現是自私和冷漠。
4. 他愛人的方式就是觀察，在沒有被要求下付出。

如何相處

1. 他害怕配偶絮絮不休，亦不喜歡強烈情緒，配偶說話前要先想清楚，只說重點，像高手過招，不要暗示、測試；內容要有理有據，符合實際。
2. 配偶要把對親密關係的需要轉化為合理的知識及可行的行動，給予五型人選擇。配偶可表達內心需要作為他反省的知識和題材，不要告訴他「應該」怎樣做，否則他會立即自我關閉。
3. 要保持家庭氣氛和睦與寧靜，因為五型人需要許多時間和空間去思想。
4. 不要期望他參與你的世界，探究你的感覺、動態、需要；配偶要培養個人興趣，與朋友分享。
5. 若要求他做什麼，要給予充分的時間和理由。
6. 不要勉強他參與社交活動，更不要故作新奇、新鮮，不要隨意更改節目，什麼花巧節目或慶祝會對他都是沒有意義的。
7. 協助他定期有計劃地調節情感世界，因他內心空虛寂寞而不自知；與他定期分享人際關係和情感世界的知識，開放地討論事物的屬靈意義。

愛的言語

愛就是聆聽他，明白、重視及欣賞他的意念、見解和思維能力，多稱讚他，給他機會實驗想法。擁抱他，表達你喜歡他。給他私人空間和自由時間。不要浪費金錢。

6

1. 六型人需要長期觀察才能建立對人的信任，有了信任才會投入感情，有了感情就不易放棄。他們感情豐富，易受感動，處處為對方着想，全力付出。
2. 不容易相信別人的稱讚，也害怕期望、挑戰。
3. 容易不知不覺把個人恐懼、懷疑、擔憂投射到配偶身上。
4. 基於上述兩點，他們容易令配偶左右為難，配偶的恐懼會使六型人的為難更加深。

如何相處

1. 對他公平、誠實、守諾言，用行動去愛，不空口講白話，切忌利用他的忠誠；有問必答，資料清楚，可以使他有安全感。
2. 遇到困難時，他容易思想混亂，幫助他有建設性、有步驟地思想和分辨來自焦慮的胡思亂想。
3. 不要逃避衝突，語氣要平靜、友愛、溫和；當他發怒時，雙方都要退一步，告訴他你願意解決問題、解決的步驟和方法。
4. 他恐懼時會查根問底或提出無理要求，要聆聽、接納，並給予具體指引，但不要加深他們的憂慮。
5. 肯定他，提醒他曾有過的正面表現，幫他信任自己，支持他作決定，陪伴他們承擔後果，加以鼓勵和分擔。
6. 他若在情感上受騙，被人欺壓，或自己做錯事，都會掉入惡性糾纏，要儘早循上述方法陪伴解難，否則愈纏愈負面，甚至陷入自卑、抑鬱、固執之中。
7. 鼓勵他休息和運動；說話要幽默，引導他開懷大笑。

愛的言語

愛就是在生活上以行動去愛他，勝於口頭說「我愛你」。匯報行蹤，清楚交代計劃和事情的始末，與他有商有量，提供解決問題的有效方法，記掛他的困難，陪他渡過。容許他思前想後、焦慮和困擾，保證不離不棄。

7

1. 喜歡接受挑戰和新事物，充滿活力、知情識趣、見聞廣博，很有魅力。相戀時，會為對方不辭勞苦、任勞任怨，搞搞新意思，令對方感到幸福無比。
2. 若沒有經歷過困難而結婚，婚後生活的患難和壓力，會令七型人生厭、恐懼、逃避。
3. 害怕配偶的情感依賴和期望，尤其害怕要分享、分擔內心的負面情緒。
4. 重視、喜歡家庭，肯做家務、買菜做飯，但不可限制他的活動方式和自由。
5. 討厭既定的生活方式，表面看來像不負責任，對於規則常心有不甘，例：如何陪孩子默書、如何作好父親等，他們總想自創一格。
6. 在追求目標時他們最有毅力和決心，若失去挑戰和目標，毅力和耐力就無以為繼。

如何相處

1. 聆聽他的故事，陪他進行天馬行空的激情對話。他可能自顧自說話，忽略了聆聽，如你感到不耐煩，可做其他事分散注意力。
2. 他不喜歡互相倚賴，無謂向他分享感受，只要鼓勵他體會喜、怒、哀、樂的滋味。不要批評、拒絕、討厭他，他心靈脆弱而不自知。他太自誇、自欺、掩飾，請尊重他們的自衛方式，勿拆穿。
3. 他點子太多，你可以陪伴他，但他喜歡保留選擇權，分分鐘改變，不一定陪你。要諒解這是他的個性，並不代表他不珍惜你。
4. 當他無禮、性急、放縱、狡滑、轉空隙，不要讓他得逞，可直言相勸，堅定表達要求，然後給他下台階，但仍要表示愛意。
5. 說話要誠懇，一針見血，用溫和友善的態度幫助他面對和表達痛苦、憤怒和驚惶，給他建立安全感。
6. 他不喜歡時間表和約束，容易逃避、說謊、放棄。要求他做到最基本就好了；不要批評他見風轉舵，反而建議他用各種方式履行責任，他會儘量遷就，才可達致雙贏局面。
7. 若要他合作完成責任，切忌大講道理，要堅持要求，劃清界線，激發他承擔責任的動力、好奇，可為他分析事情的有趣和良好的一面。

愛的言語

愛就是給他驚喜，陪他嘗試新事物，常常表示喜悅和讚賞。即使反對他的意見，也要圓滑、幽默，不要掃興。不要批評，給他擁抱。協助並鼓勵他專心完成一件事，讓他享受真實的成功感。

1. 大部分八型人都重視及保護家庭，不惜一切維護家人利益，例：努力賺錢買樓、爭取自己在親友中的地位等，使自己有很大壓力。
2. 對配偶「盡力」、「盡興」，期望配偶和家人絕對順服，永遠對自己投贊成票，給予崇拜和掌聲。
3. 期望配偶按他意思處理家事，好好教養兒女，減少繁瑣；不能承受些微挫折，這代表了配偶背叛或無能。
4. 對工作全情投入，最怕配偶礙手礙腳。
5. 不怕爭吵，喜歡爭吵、發泄來解決問題。
6. 凡事要清楚解決，不認同眼淚、情感，覺得感情「婆婆媽媽」。

如何相處

1. 讓他們做決定，主持大局。
2. 配偶要識英雄重英雄，欣賞和誇獎他的實力、信心、正義感。
3. 向八型人表達熱情，與他溝通要簡潔、直接、有重點；也鼓勵他表達、説出想法，以事論事。當八型配偶蔑視你，切勿分享感受；倒要蘊釀張力，一針見血表達，清楚説出底線，要求他聆聽。在他落泊、沮喪時，給他鼓勵、慰藉。
4. 不讓他欺善怕惡，在重要事情上據理力爭，一是不上陣，一旦上陣，戰鬥到底，讓他知道你的實力，就不會踩過界，安於本位。
5. 若與他衝突，當他上火時，要立即退後，以免「燒傷」。切勿胡亂道歉，也不要討好，讓他自然息怒；切忌挑戰、恐懼，他的性情是戰鬥格，好説使人難堪的攻擊言詞，情緒幼嫩。所以當他發怒，配偶不用上心入肉，若你暴跳如雷，只會成了「自我洗塵」的核武。
6. 衝突後要給他機會獨處，再肯定他，表示你重視並愛他，但不喜歡他的行為，並提醒他大部分人都不愛衝突，但要聆聽他內心的軟弱。

愛的言語

愛就是聽從、佩服他，給他話事權，讓他帶領，常常在眾人面前讚揚他。陪他活動歡暢，一起經歷失敗和恐懼時，助他反省。

1. 喜歡和重視家庭，樂於執行任何家頭細務，他相信最好的關係是彼此接納，最好的家庭是相安無事。
2. 內心有感情，但怕別人對他有任何期望，不渴望激情，不愛表達，喜歡舒服，按慣性行事。
3. 喜歡和維護配偶，遷就對方需要;但若對他太多期望，便會退縮;若配偶常加批評，便會積怨，忽然情緒爆發。
4. 為保持安寧，他們不喜歡面對和弄清楚問題，也慣把大事小事遺忘。
5. 常以配偶的需要為個人需要，融入對方生命，全力協助、支持，不嫉妒對方成功。

如何相處

1. 幫助他發掘「自我」，聆聽及協助他表達自己，發問問題讓他了解自己真正的想法和感受，鼓勵他發牢騷。
2. 要他作決定時，給予充分時間，清楚預告限期，切忌施壓、挑剔和抱怨，他會消極抵抗。
3. 對他要有耐心、語氣柔和婉轉，切忌命令吩咐，也不要批評他。儘量維持平靜和諧的氣氛和環境。
4. 欣賞他的和善、仁慈、耐心，而非成就；給予他關注、讚美和擁抱，留意他們所做的事，多加接納。
5. 鼓勵他訂下目標，培養良好習慣；但不要干涉、勉強他去做。
6. 陪伴他一起玩笑，輕鬆減壓。

愛的言語

強勢的語調和氣勢會給他無比壓力，無論對他說什麼，都要保持體恤、接納、柔和的語調。若他感到壓力，會退縮、恐懼，什麼也聽不入耳。多鼓勵他、表示你愛他，告訴他你需要什麼，當你快樂，他就很快樂。

2　各型夫婦的相遇與相撞

本章內容是怎樣得來的呢？先是觀察輔導室裏不同的配偶配搭，記錄不同配對，如一型對一型的有 X、Y、Z 等人；一型對二型，有 A、B、C 等人；然後又記下他們的互動、誤解、惡性循環、改變要訣，分析當中的情理。

如何分析？靠閱讀有關書籍、閱讀朋友、閱讀人生，閱讀《聖經》；靠直覺、靠悟性，糅合各種零碎片段，加以理解消化。

所以，這些整理和分析，既是客觀事實，亦蘊藏筆者主觀的經驗和心得。原材料無窮無盡，分析也無日無之，若當中見解，能給你洞察和智慧，感謝天父；若當中見解，你並未十分認同，那也很好，可以一笑置之。

天下浩茫，世事萬象星羅棋布，能理解萬物奧妙之千分之一，已經是一大恩惠，已經很好。

11 一型與一型

相遇

1. 雙方都有相近的思維模式和認知世界系統，做事尋根究底、認真努力、不易滿足、盡善盡美，這些相近質素若然產生現實成果，就會形成吸引力。例如，其中一方由於傾向完美，成為專業人士，擁有博士學位，或擁有物業、事業有成；又或樣貌娟好，打扮整齊秀麗，儀表出眾，也會對一型人構成吸引力。雙方會被對方認真勤懇的態度吸引。
2. 在追求階段，追求的一方會因為責任、義務、好勝精神鍥而不捨，造就持久的戀愛關係。
3. 在戀愛階段，雙一型組合容易出現矛盾衝突，可能因大事小事的執著而意見不合，但由於雙方喜歡據理力爭，宣泄過後氣消了，反而心情舒暢；由於雙方都要保持優越，會以合情合理的方式紓解悶氣、怒氣，這也使雙方彼此吸引。

相撞

1. 這是一對各有主見的夫妻，而且非常重視是非對錯，所以在生活任何一個範疇，例如財務安排、教養兒女、姻親關係，甚至家務，都有機會造成衝突，各執一詞。
2. 雙一型夫妻爭吵時，言詞尖刻，毫不留情，在各自內心的邏輯，連自己也不為意，認為是理所當然的：「我愛你所以特別留心你，也有責任提醒你改善自己……你我摯親，無分彼此，你是我的一部分，我苛待自己，所以無意中也苛待了你……我在外界社會環境生活，要保持修養，規行舉步，給人留下良好印象……回到家裏，自然要鬆一口氣，所以你應該配合我、協助我，你做得不夠好，不能怪我批評你。」由於以上種種隱藏的想法，雙一型夫妻對配偶特別苛刻。
3. 雙一型夫婦的衝突模式是：為芝麻小事各持己見，據理力爭，希望對方認錯屈服；若雙方怒火中燒，會錯口傷人，又或在情緒高漲時引退，冷戰一場，過幾天情緒平復，自我反省。縱然知道自己有錯，仍執著對方也必須認錯，於是，舊事重提，惡性循環，多番挫敗，心力交瘁，獨自傷心……
4. 他們容易在一些重複的議題上衝突而累積不滿，雙方頑固執著，因對方感到絕望、沮喪，關係上傷痕纍纍。

5. 雙一型夫妻負責任守規矩，可以在家務和實際生活上彼此配合承擔，可是倘若遇上生活壓力，例如孩子出生、轉工、升職、家人去世、資產調配，會對追求完美的一型配偶產生極大壓力，若然壓力不能紓解，便會形成焦慮，或更多情緒投射，導致許多無理取鬧的惡性衝突。
6. 一型配偶良心敏銳，往往感到生活各事都事與願違，自相矛盾。內在愈多焦慮，外在愈多脾氣。脾氣本身是一種求救信號，表示需要鼓勵扶持，但以發脾氣表達，成了指責和排斥，於是雙方形成更大的距離，內心更加寂寞無依，將這些情緒向外投射，雙方更如受傷的箭豬，感到很大的挫折，各自失落和沮喪。

調節

1. 雖然活在漫長的衝突中，但因雙方都追求完美及持守信念，有良好的價值觀、正確的婚姻觀、平衡的人生操守，都是維持夫婦關係的維他命。
2. 雙一型夫妻有相似的盲點和焦慮、相似的爭取和限制，容易成為冤家，雙方都感到內心沮喪，肝腸寸斷。倘若這對夫婦要過渡危機，必須在重複又重複的鬥爭、討公道的循環中，尋求內心寧靜，徹底謙卑下來，接納自己的軟弱，認識人生的不完美，建立對配偶的同理心，這是關係轉化的關鍵。
3. 雙方要定期自我省察、退修，反求諸己，覺察自己的「自動投射」、「改變他人去解決內心矛盾」等等模式，這樣可以防止惡性循環。
4. 因雙一型夫婦太着重完美，堅持分辨對錯，雙方要學習有效而雙贏的衝突處理步驟和情緒管理方法。
5. 由於雙方都怕在家庭大事上做錯決定，於是做決定時傾向拖延。定期開家庭會議，商討家庭問題，不拖延不諉過，彼此監察，實事求是，共同承擔，對順利解決家庭議題和處理意見分歧很有幫助。
6. 保持心境開朗，時常減壓，學習一些不求輸贏、對錯的輕鬆運動和身體舒展活動。
7. 雙方容易由於精神緊張和執著對錯，影響感情流動，甚至阻礙性生活，須要開心見誠，彼此體諒，學習輕鬆面對。

1 2

一型與二型

相遇

1. 雙方都是好心腸，守規矩。第一型喜歡慈善、公義、互助，第二型樂於助人、慷慨付出，在價值觀上容易認同。
2. 雙方在九型人格上雖然是鄰近的型格，但各自有不同動力源頭，互相吸引。第一型羡慕第二型溫暖、熱心、樂助；第二型欣賞第一型實際、勤快、做事清楚利落。
3. 雙方都外向和喜歡行動，在生活實務上可以共同進退和互補不足。

相撞

1. 一型配偶重實際，凡事講求原則、絕對標準，有時會忽略他人感受和現實環境，要罵就罵，不理會那是茶樓食肆、公眾場所；二型配偶投入處境，敏感他人感受，凡事用心用情，對此會感到格外難堪。彼此常感到被對方委屈窒礙，易產生挫敗感。
2. 二型配偶對所有人都盡心付出，內在有時十分枯乾，渴望獲得配偶的諒解和滋潤；一型配偶在責任上會盡力而為，卻毫不善解人意，使二型配偶感到失落和空虛。
3. 當二型配偶情感失落，會努力爭取注意；一型配偶認為對方是情緒起伏，反而更加固守原則，絕不動容，二型配偶便愈煩惱失望，形成僵局。
4. 遇上親密關係的壓力時，一型配偶愈加自衛、自義、不肯就範，寧願投入工作和瑣碎事情，務求內心安寧；二型配偶看見對方埋頭無謂瑣事，更感到被拒絕和冷落，內心積蓄憤怒，忍無可忍，容易因小事爆發事端。
5. 面對關係的壓力和矛盾，一型配偶傾向自責，憤怒過後是絕望、沮喪和憂傷；二型配偶用盡方法爭取關愛而不果，會在苦境中經歷生命沉澱。倘若雙方能在苦情中彼此相遇相惜，互生憐愛，容易重燃愛火。否則各持己見，惡性循環。
6. 二人在家庭生活決策上會有困難，一型配偶尋求完美，不易滿足，怕做錯決定，裹足不前；二型配偶着重關係，注意細節，儘量遷就配偶願望，忽略全局。結果一型配偶覺得伴侶思想瑣碎而混亂，二型配偶覺得好心沒有好報，雙方抱怨和憤怒，跌入委屈申辯的罵戰中。

調節

1. 一型配偶要理解在對與錯、是與非之外，人還有一個情感世界。憤怒時的二型配偶，不管行為好壞對錯都要讚賞和認同。一型配偶要學習説溫情、體貼的話和表達情意，以免伴侶落入徬徨孤單之中。
2. 二型配偶要明白伴侶思想簡單而直接，要學會表達具體的需要，甚至指引他如何愛護自己。
3. 一型配偶需要留意自己的古板和執著，要學習以平常心接納二型配偶的意見和付出，減少批評，才是好妻子或好丈夫的行為。
4. 二型配偶要信任一型配偶雖然苛刻，但心地良善，在盛怒和苛責時，學習平靜地接納和提醒對方，這就是對他最大的愛心和關懷。
5. 二人因性格差異頗大，需要時間溝通，坐下來訂計劃和協議原則。也要騰出時間享受浪漫、溫馨。
6. 在家庭決策上，雙方要認識彼此的弱點，互相扶持，切勿以為對方故意為難自己。可以求教專業竟見，增加對問題的客觀具體解難能力，作適切決定，不互相埋怨。

13 一型與三型

相遇

1. 雙方都是外向、活躍、勤力，以行動為主，重視成就，初遇時會被對方的毅力、效率和魄力吸引。
2. 他們都透過工作去尋找和肯定自我身分，在生活的動力上很配合。
3. 他們基本上是透過活動作為接觸點，例如：一起學習、進修、旅遊、社交、舉行家庭聚會，以及一起完成目標計劃，促進彼此聯繫。
4. 二人在戀愛時會欣賞對方的態度積極，或學業和事業的成就。他們容易為對方的成功和努力感到自豪，喜歡對方有所作為。
5. 這對夫婦喜歡社交活動，第三型風趣閃亮，第一型大方得體，在羣體中容易惹來豔羨目光。

相撞

1. 雖然二人都勤懇工作，一型配偶喜歡事後回顧、反省和檢討；三型配偶較注意實效和成績，事過境遷，過眼雲煙，又向新的目標進發。一型配偶會要求對方改善，三型配偶願意改善策略，卻不喜歡別人直斥其非，支吾了事，彼此暗藏不滿。
2. 雙方都很着重別人對他們的看法，但表達形式很不相同。一型配偶喜歡比較，嚴謹區分表面功夫和真才實學，對自己和別人的成果都會反復檢視，吹毛求疵，討厭膚淺浮誇的行為。三型配偶比較重外觀、形象，有時為了博取良好印象，不介意稍作浮誇，而且也不大意識是否有真實內涵，有時不自覺地自欺欺人，以保持面子。
3. 三型配偶重視「叫座」，做別人讚賞的事情；一型配偶重視「叫好」，做正確的事情。由於這個分歧，一型配偶會責怪和藐視對方虛浮；三型配偶會感到受傷和難過，因而更自衛和反擊，更加掩飾自己。
4. 一型配偶義正辭嚴，趨向窮追猛打；當三型配偶感到被攻擊時會即時撤退，想保留面子和自尊心，不願求情，一型配偶為宣泄憤怒（有助清洗內心焦慮煩惱），更加鍥而不捨，形成惡性循環。
5. 一型配偶力求人格完美，不斷反省錯誤，誠實改過，追悔過往；三型配偶最怕反省和追悔，負面情緒會令他們失去動力。一型配偶對人對己都是同一模式；不斷檢討，不斷認錯，徹底改過，三型配偶害怕這種咄咄逼人的模式；最怕認錯，過去的由它過去，不要再提。

6. 這對夫婦在任何日常大小事情都可以落入上述惡性循環，一型配偶認為要協助伴侶誠實反省，堅持釐清問題。三型配偶會感到自尊心及自我形象受損，因而迴避、否認及沮喪，忍無可忍就會憤怒反擊。一型配偶感到對方不肯承認錯誤，不肯面對現實，愈加憤怒，義正辭嚴，三型配偶走投無路，會感到內心空洞無聊，更將精力轉移工作、外觀、享受去舒緩壓力。一型配偶討厭這種作風，對伴侶更加輕視和不信任，雙方感到挫敗。

調節

1. 雙方需要創造共同的遠景和尋求一致目標，有助發揮彼此的實力，向前邁進。
2. 一型配偶常常反省和追討責任，是負責任的行為，對配偶也甚有助益，但要明白人有軟弱，學習諒解和保護對方的自尊心。每次檢討只針對一件事情，不要泛濫追究，針對事也要體恤人。三型配偶要明白一型配偶只是愛之深，責之切，純粹一片好心；所以要學習面對事實，不迴避自己的軟弱，學會自我鼓勵，失敗乃成功之母。自知臉皮薄，怕面對真相，要訂出空間，學習虛心自省，才能變得表裏一致，人人喜愛。
3. 一型配偶要明白對方注重外觀和社交手腕，不完全是虛偽，人生有很複雜的面向，要多作了解，一型配偶要從伴侶身上學會尋求更深刻的人生智慧。
4. 三型配偶要學習欣賞對方力求改善的個性；一型配偶要學習先肯定讚賞才作適切批評，平衡兩者，才是愛護配偶的好方法。
5. 這對夫婦很容易受外界活動分心，忽略情感與親密的交流。最好多安排週末和假期活動，到渡假屋或酒店輕鬆減壓，促進二人的親密交流。
6. 這對夫婦要學習就彼此分歧，想出有助解決問題、協調的實踐步驟，這樣三型配偶會較容易接納意見和作出改進。

14 一型與四型

相遇

1. 第四型追求真、善、美、愛，第一型追求正直、公義、世界大同，在高層次的追求上，彼此欣賞和認同。
2. 第一型追求完美，凡事竭力認真；第四型追求卓越，對重視的人或事盡力而為，倘若二人有共同目標和意義感、方向感，會情意相投、相得益彰。
3. 第一型在實務上具體清晰，事理分明；第四型重視內心世界、抽象意義和情感經驗，在婚姻生活中，可以各展所長，互補不足。
4. 第一型在壓力和焦慮時，會退到憂鬱、沮喪、自苦的情緒；第四型可以對第一型表達同情和體諒，給予鼓勵和扶持。第一型的理性、認真對第四型有啟發作用，有助他突破自我困局，健康成長。

相撞

1. 一型配偶全副精神着重改善外在環境，日常行為多集中於實務和理性層次，對自己內心感覺毫不察覺，四型配偶常常感到無法溝通，不被了解。
2. 四型配偶善感多情，容易情緒動盪，普通健康程度的四型配偶容易情緒起伏，甚至出現戲劇性的極端情緒，以表達內心的空虛孤寂，凡此種種，都會嚇怕一型配偶，使他們迴避、恐慌和抽離。感情是一型配偶不斷自我壓抑的部分，結果四型配偶不斷經歷不被接納和被排斥的孤單感。
3. 倘若一型配偶未達到健康程度，同時又着緊配偶，就會諸多批評，以嚴格要求來表達愛意，反而令四型配偶自卑、自憐、苦惱和難過。
4. 四型配偶真摯的情感流露長期受到排拒和批評，只有三條出路：
   - 部分四型具有較強一型質素（參第二章），會自責自苦，委屈自己，更加頹喪，甚至患上抑鬱病，或離家出走加以逃避。
   - 比較任性和自我的，會抵抗、批評，甚至向配偶還擊，造成衝突。
   - 在屢次失望後，四型配偶會洞察人情關係之軟弱不足，轉向追求高層次心靈境界，形成超脫的智慧。
5. 一型配偶感到四型配偶飄忽難測，極度挫敗，常出現以下想法：
   - 認為對方有情緒病或精神病，需要醫治。
   - 認為對方犯錯、不成熟，要加以抵制和約束。
   - 覺得自己不是完美的配偶，抑鬱、挫敗、逃避。

6. 一型配偶害怕混亂，凡事要按部就班；四型配偶喜歡隨從感受和直覺，自由奔放，無拘無束。雙方一起行動的時候，會彼此排斥，一型配偶感到伴侶即興混亂，毫無組織和章法；四型配偶感到伴侶呆板固執，毫無情趣。
7. 四型配偶十分着重愛情、浪漫和親密關係；一型配偶卻重視世界的規律和準則，輕視情感，浪漫而空虛的四型配偶很容易發展出婚外情。

調節

1. 這對配偶相處，彼此都感到無奈、難過和失望，卻因此更深刻地達致自我認識和自我成長。倘若四型配偶有強烈道德操守，一型配偶又比較保守、循規蹈矩、負責任，給予四型配偶安全感，他會在關係中經歷甜酸苦辣的旅程，先是自卑、羞愧、頹喪、抑鬱，甚至憤恨、矛盾，至終看破世情，發展出天真、深刻、喜樂和創意靈感等性情。倘若四型配偶敢與伴侶衝突，一型配偶也樂於自省，發現一直非黑即白的思維模式有所不足，在焦慮頹喪的循環中領會更深刻的智慧。
2. 四型配偶樂於付出感情和體諒，一型配偶樂於實務安排。這種模式導至雙方感到不滿足。四型配偶逐漸枯乾疲乏，情感抽離，一型配偶會認為對方自私怠慢，對自己不公平。但在失望當中，雙方會領悟親密關係，原來暗藏「強者付出，不求回報」的定律。
3. 衝突中，一型配偶急怒時，會橫蠻無理，甚至借題發揮，胡亂遷怒配偶；四型配偶會膽怯難過，胡亂發泄，結果兩敗俱傷。一型配偶若感到違反他內心的公平定律，會記仇記怨，懲罰對方。四型配偶會走極端，迴避抽離。所以一型配偶要學習體察內心情緒，處理壓力和憤怒，自我鬆弛，不諉過他人；要明白自己的憤怒不是因對方犯錯，只是自己挫敗和焦慮的情緒信號。四型配偶要學習內心寧靜、獨立堅強，洞察對方憤怒背後的是恐懼和焦急，待對方情緒平復，要持平公正向對方追討原因，藉此啟發一型配偶的思考，脫離焦躁的盲點。
4. 一型配偶在人生追求中不斷接觸到人生的不完美，四型配偶也同時覺察人生的缺陷，彼此在失望和痛苦中互相共鳴，大徹大悟，一起了解人生真諦，學會在簡單的喜樂中重遇。
5. 四型配偶能善用靈感、聰穎、活潑和幽默感，為對方減壓；一型配偶也要刻意發展輕鬆的活動和情趣，可以減輕這段關係的沉重張力，邁向成長。

15 一型與五型

相遇

1. 第一型喜歡第五型的知識和智慧，第五型擅於客觀、冷靜、持平，樂意聆聽第一型的立場論點，彼此尊重，互相吸引。
2. 第一型處事公正、有原則，獲得第五型信任。第五型對信任的人樂意讓出主導權和決策權，第一型感到舒服，令第五型省卻麻煩。
3. 這一對看來很相似，都是獨立處事、不任性、守規範，約束魯莽的感情。
4. 這對配偶生活很現實，不會花很多時間在形式和象徵性的浪漫；很能分工合作，彼此配搭，共同組織有秩序的家庭生活。

相撞

1. 五型配偶的內心世界深藏而自足，可以長時間抽離關係，都能自我滿足。一型配偶需要接觸、了解和安全感，對五型配偶的抽離感到焦慮。
2. 五型配偶不多言，說話精簡，認為多一事不如小一事，不明白人際關係需要傳情達意；若對方不明白，寧願退縮或放棄。但一型配偶求知慾強，必須掌握環境和關係的資訊，感到不安全時會窮追猛打，使五型配偶更加煩厭和退避。
3. 五型配偶認為人間瑣事並不重要，重要的是真知灼見，所以視一切淡如水。但對一型配偶來說，改善社會，改善人生十分重要，時刻找出自己和別人的不足加以改善，十分認真進取。一型配偶誤以為五型配偶的淡然代表不投入、不認真，因而又憤怒又焦急。
4. 一型配偶較難明白五型配偶的空虛、苦惱，看見對方不多言、爭取休息和空間，會誤會對方躲懶，而加以催促。久而久之，五型配偶感到壓力，會形神出竅，使雙方疏遠。

調節

1. 五型配偶重實際、重思考，忽略情感交流，形成心靈乾渴。大部分一、五型配偶都不善以語言或花巧心思表達感情，反而容易在身體接觸上直接感受對方的愛意，二人要經常保持身體接觸的親密。同時學習減少「理論」和「討論」，單純關懷和問候對方，也要多安排輕鬆玩樂的時間去調劑生活。

2. 五型配偶十分公道，十分精確，可以看清一型配偶認真投入的熱情和付出，不妨學習多用語言表達情感和稱讚，促進親密，減低一型配偶的焦慮，彼此滿足。一型配偶獲得肯定時，心情便會平靜安穩。

3. 一型配偶要學習放鬆自己的標準，不急於回應，多理解五型配偶的觀點，肯定對方，然後作出雙贏的計劃和決定，這樣彼此的溝通會更順暢。

4. 五型配偶要學習堅持，多表達意見和憤怒。五型配偶可以用自己的冷靜、知識和智慧，給伴侶許多重要的提醒和實用指引。這樣一型配偶會感到伴侶實在一點。

5. 五型配偶不停思索，不容易下結論，也不喜歡固定必然的框框。一型配偶雖然也喜歡思考，他很有目標、步驟、立場，喜歡固定而有結論的邏輯思維。雙方思考進路有別，在生活決策上會出現困難。倘若雙方都能夠廣泛閱讀，增加廣博知識，聚焦共同關注的課題，彼此在思想交流上便會飽足流暢。

6. 五型配偶需要許多空間去思考和追尋自己喜歡的課題，自我表達時也需要對方充滿興趣地發掘，耐心聆聽和對等回應，否則並不多言。一型配偶要學習掌握對方的節奏，放緩步伐，輕鬆對話，保持心境安詳，才能與伴侶舒暢及滿足地對話。

16 一型與六型

相遇

1. 雙方都是忠誠竭力的人，願意一齊「捱世界」，為共同目標努力，彼此吸引。
2. 第六型十分同情弱小，第一型也熱心改革世界的不平、不義，所以二人容易一起為改善社會、救助貧困奮鬥。
3. 第六型傾向猜疑，第一型容易看見事物的缺失和錯處，所以他們很容易一同以負面思想運作，得到共鳴。
4. 因為雙方都不畏艱難，勤懇努力，一起經歷人生的掙扎，一起收成。
5. 關係良好時，他們可以一起捱過難捱的歲月，彼此都感到對方信實可靠，可以並肩作戰。

相撞

1. 一型配偶追求完美，六型配偶諸多顧慮，所以雙方傾向拖延行動和決定，彼此責怪。這對配偶會感到關係時好時壞，在日常大小決定和行動都容易感到挫敗。
2. 六型配偶比較謹慎，害怕失誤；一型配偶會對伴侶諸多挑剔，加添他們的惶恐遲疑；六型配偶愈是遲疑，伴侶愈感不滿，產生惡性循環。
3. 一型配偶常集中宏觀思想和精確評論，對人際的微妙感情很難掌握，在配偶情緒低落時，一味按腦海中的道理行事；若對方不領情，就會焦慮急躁；若被挑戰批評，更容易急怒暴躁，陣腳大亂。
4. 一型配偶內心其實充滿焦慮和自責，傾向緊張、缺乏耐性和看似想操控環境；六型配偶先思想後行動，一旦敏感到環境的壓力，嗅到伴侶的怪責，就會失去安全感，思想更加混亂打轉，內心更加猶疑不定，自信更弱。一型配偶不明白對方內心需要，以為對方故意作對，或會鄙視對方懦弱無能，有聲無聲的怪責，使六型配偶更加退縮，或寧願「認錯」去結束僵局。一型配偶因而更易將不滿投射對方身上，更想馬上改造對方。彼此在僵局後心裏懷怨；六型配偶敢怒不敢言，一型配偶則內心矛盾，借題發揮，理直氣壯泄憤。

5. 惡性循環使壓抑的情緒不斷累積，彼此會常經歷措手不及的關係張力和情緒爆發。
6. 雙方都注重實際，缺少心靈空間，但又傾向隱藏內心的焦慮、恐懼、憤怒，或把情緒投射到對方身上，因而雙方都覺得對方嫌棄自己，不愛護自己。這是關係出問題的罪魁禍首。

調節

1. 要突破關係中的惡性循環，雙方要訓練自己在壓力、焦慮中暫停行動、說話，回歸寧靜，接觸自己內心的猜疑和憂慮。
2. 一型配偶性急，在情感上後知後覺，常常給表面道理遮蓋內心真相。一型配偶需要有同性傾訴對象，而且經常訓練默想、深呼吸、寧靜、反省，操練接觸內心感情，當發現自己躁進時，勇於認錯。
3. 六型配偶謹慎，事事計劃周詳，在一型配偶性急的帶動下，會常常感到被欺負和委屈，因而沮喪，消極抵抗，自暴自棄。六型配偶要操練獨處、信心和喜樂，不要受一型配偶過分影響自己的沉實穩定。
4. 雙方要學習信任對方行動背後都是出於良善動機，回想當初欣賞和愛對方的內涵氣質，克服疑慮。六型配偶要學習信任伴侶挑剔背後是要追求美善，也要學習觀察他的急躁底下是憂慮和無能感。一型配偶要學習信任伴侶審慎處事的優點和實力，多加讚賞和鼓勵，也要體諒他性格多疑，加以疏導和開解。
5. 這對夫婦要學習停下來，穩定情緒，回歸心靈，輪流聆聽對方，按部就班，實事求是討論，尋求共識和分工合作，就能發揮個人優點，化解許多衝突。

17

一型與七型

相遇

1. 這是一對互補的配偶。第一型羨慕第七型機警、輕鬆、靈活，令自己心情開朗。第七型也欣賞第一型有抱負、勤懇、自律，為信念而努力。
2. 第一型的想法實際、計劃具體，可以使第七型五花八門的意念有着落，開花結果。第七型活潑靈巧，使第一型開懷大笑，輕鬆減壓。
3. 第一型遵循內心規律生活，第七型最害怕遵守規律，容易彼此相撞，除非第一型建立的內心規律是：做人要自由奔放，或者生命的規律就是沒有必然規律，這樣二人會十分配合，否則很難互相吸引。
4. 第一型因為半生勤奮努力，已獲得事業成就，累積財富；又或者嬌美可愛，第七型傾向喜歡這類配偶，認為可以共同享受人生。

相撞

1. 這對配偶互補之處也是互損的地方。一型配偶鄙視伴侶缺乏自律和節制、投機取巧、虎頭蛇尾。七型配偶對伴侶固執呆板、墨守成規，沒有一點彈性和趣味反感。彼此互相排斥。
2. 當一型配偶強迫伴侶面對現實，實務實幹，七型配偶會抵抗和反叛。在壓力中，七型配偶會指責、挑剔和滿腔憤怒，於是二人怒火中燒。
3. 一型配偶最討厭別人不負責任，不辨是非，若一型配偶用非黑即白的邏輯，會感到伴侶不負責任、自私和搗蛋，更加要嚴懲他。
4. 在爭執中一型配偶愈來愈固執，七型配偶則愈來愈打岔；七型配偶輕視問題，一型配偶則更加認真進取，結果兩敗俱傷或不歡而散。

調節

1. 很多時候，這對配偶會拿對方沒法子，勢均力敵，各行各路，各自各精彩，互不相干。若二人能給予對方空間，彼此尊重，或可相安無事。
2. 在家庭實務中，一型配偶凡事認真盡力，容易勞苦和出現怨氣，七型配偶神龍見首不見尾，只會到處散心，避之則吉。二人需要現實的協調，以免一型配偶過勞過累。
3. 一型配偶要建議家居、旅行各方面的實際架構、組織和程序，七型配偶則負責在架構中增加趣味和創意，二人會相得益彰。
4. 在衝突中，一型配偶一定要學習實事求是，適度的退後、讓步，以免情緒激動，嚇跑伴侶，情況更加惡劣。
5. 一型配偶要明白條條大路通羅馬，既然伴侶渴望趣味，就以輕鬆有趣的比喻，提醒、啟發對方，才能收效，同時有助自己成長得更通達。
6. 七型配偶若重視家庭，有良好的道德價值，就會在經歷與配偶多番折騰和痛苦後醒悟過來，明白一切趣味和變化終會過去，珍惜眼前人，切實生活，才是真幸福、真樂趣。

18 一型與八型

相遇

1. 雙方都充滿動力，着重環境和實際生活，快人快語，爽直自在。
2. 第一型喜歡第八型強大的能力、膽色、勇氣、充滿自信心；可能是具男子氣概、或者佩服對方巾幗不讓鬚眉。
3. 第八型喜歡第一型整齊清潔、善良、有秩序，感到可靠和安全。
4. 雙方對不公平的事都會義憤填膺，敵愾同仇，俠義精神使他們彼此欣賞和吸引。

相撞

1. 若果雙方有共同價值觀和目標，能彼此佩服，將會發揮強大力量；否則，他們是最火爆的一對。
2. 八型配偶重視地位和實力多於是非曲直，傾向支配他人及操控環境，一型配偶會不服氣，容易產生不滿和衝突。
3. 若雙方能在領導權和是非觀念上協調，會十分愉快；若一型配偶擇善固執，八型配偶感到領導權受威脅，會不惜一切保衛自己的勢力，產生衝突。
4. 八型配偶愛發脾氣，傷害別人也絕不在乎，比一型配偶更獨善其身，且連續發動攻擊，咄咄逼人。而一型配偶捍衛自己認同的是非對錯，視死如歸，鬥志頑強，雙方絕不退讓，引致激烈對抗，甚至焦頭爛額。
5. 雙方都不太認識自己的內心感情，情感較難交流；若果分歧太多，出現不止息的惡性循環，會元氣大傷；若一型配偶情感脆弱，甚至會情緒抑鬱，這時只要不是與伴侶對着幹，並保證愛意，會激發八型配偶的英雄感，挺身保護。

調節 1. 雖然雙方容易衝突，但因都是直率、簡單、快人快語之人，一陣爆發過後，發泄一道悶氣，就會舒暢。所以，雙方要協議對事不對人，絕不作人身攻擊，説錯話肯道歉，才可以保護關係。

2. 若在衝突時嚴守尊重和道歉的規矩，也可促進雙方成長。當一型配偶被強勢壓迫，可以學會為自己爭取及敢於呈現怒氣。怒氣泄盡，反而感到輕鬆一點。這亦能教曉八型配偶無論如何霸道頑強，仍要遵守基本事理和準則，促進八型配偶反省。

3. 雙方若能個別自省，糾正價值觀和學習道歉，吵一場、笑一場，也是易怒的人的情趣。

4. 這對配偶最脆弱一環是情感連繫，八型配偶要學習呵護妻子或敬重丈夫，一型配偶要學習支持丈夫，或友善提醒妻子，達至和諧。

5. 雙方培養共同興趣，定期約會、飲食、郊遊、跳舞，有助維持良好關係。

19 一型與九型

相遇

1. 他們有許多相似之處，都是認真負責，循規蹈矩；並且注意環境、着重關係、負責守禮、孝敬親友。
2. 雙方都喜愛有秩序、和諧、舒服的家庭環境，倘若有一方主理家務，二人會找到共同安舒的落腳點。
3. 第九型隨和及順其自然，易接納和鼓勵人，能夠安慰第一型的焦慮、緊張。第九型經常經歷飄忽零散的感受和思緒，會很感激第一型的系統策劃，給他有所依循。

相撞

1. 二人表面平和溫文，內心都容易不滿憤怒，一型配偶不察覺，九型配偶則壓抑及累積。可是二人都不善處理憤怒，只會壓抑和迴避，累積的不滿會從生活瑣事中借題發揮，宣泄出來。一型配偶會諸多挑剔，出言諷刺，配偶會感到受傷，更加退縮麻木，或者冷戰抽離。這對配偶最大的危機是累積怨憤，累積到滿瀉的程度，九型配偶會忽然醒覺，一百八十度轉呔，絕情的離一型配偶而去。
2. 雙方做決定都有困難，九型配偶搖擺不定，難有絕對清晰立場，慣於跟隨和被動；一型凡事諸多考慮，力求盡善盡美，被諸多細節分散精神，害怕犯錯，很難落實一個最好的決定。
3. 雙方都傾向拖延解決核心難題，九型配偶傾向迴避，怕別人受傷、怕後果嚴重。一型配偶傾向將最難最重要的事情暫時擱置，想做到最好，不斷作資料搜集以和緩內心緊張情緒，在重要關頭難決斷行動。
4. 若二人各自生活，會相安無事，一旦一起行動，就會產生很多衝突矛盾。
5. 一型配偶性急、期望高、節奏快，會批評和不滿伴侶安舒悠閒、慢吞吞的個性；而九型配偶則不滿伴侶給他諸多提示、要求和壓力。
6. 當一型配偶遇到壓力，對自己和親近的人會十分苛刻，九型配偶感到壓力和不被接納時，會消極抵抗，陽奉陰違，甚至固執反對。

7. 當雙方壓力加強，一型配偶會對伴侶更加不滿、批評、施壓，迫使伴侶說出他的具體選擇和期望；九型配偶遇到壓力和要求，會立即退縮，更加茫然失措，麻木飄忽，產生惡性循環。

調節

1. 九型配偶感情深厚，很有能力付出感情，讓伴侶感到溫暖。若九型配偶能學習穩定、內心持平，可以鎮定伴侶的焦慮情緒，安慰他恐怕做錯事的心情。
2. 九型配偶要了解伴侶擅長事務，不擅長察覺感受和人情，領會一型配偶用行動、批評來表達善意、愛意。一型配偶要克制自己的言語，語氣溫和，減少爭持，放棄辯論，多以感性說話、身體接觸鼓勵配偶。
3. 九型配偶要放棄無謂的期望：不要期望伴侶不單在行動決策上領導，而且供給感情，反而要感化對方和示範如何開拓情感的領域。
4. 一型配偶亦要放棄對伴侶無謂的期望：不要期望他做事有目標、有計劃、坐言起行，也不要勉強壓迫，要知道對方壓力愈大，反抗力愈大。要給予空間、鼓勵、愛護、支持及充足的時間去考慮。九型配偶在安全和接納下，會為所愛的人死心塌地付出而不計較。

22

二型與二型

相遇

1. 這是一對充滿熱力的組合，好比暖爐，使人溫暖，溫馨愜意。
2. 第二型善解人意，善於憐恤，有時會在壓力和難關中鼓勵扶持、不離不棄因而產生愛意情緣。
3. 第二型善於讀心，也理解對方的困難，一場眼淚、一場擁抱，就能互相饒恕，泯滅恩仇，天長地久。

相撞

1. 雙二型配偶相撞也是相親之處，當雙方都善解人意，處處呵護，有時反而缺少了趣味。
2. 二型男性有大男人傾向，在社交場合已不停付出，回到家中對家人期望特別高，要求家人體貼關懷；倘若二型女性亦擁有傳統信念和美德，在家從夫，千依百順，那麼二人會融洽相處，恩愛纏綿；否則，二人會處處碰壁，全不順心。
3. 二型配偶最大相撞，是二人無用武之地。雙方都希望為對方服務，又希望將對方推向台前，自己在背後支持。一旦走到台前，成為別人焦點，又害怕別人的眼光和反應，情緒起伏很大。於是，二人你推我讓，一時在情感世界爭做主角，一時在現實世界爭做配角，結果，徒勞無功。久而久之，雙方精力會轉向各自社交圈子和家庭以外的關係和社會事物，去調整複雜不舒暢的心情。
4. 二型配偶在社交圈子十分活躍，同時也十分疲累。他們在社交關係中不斷付出，藉此感到自己重要和充滿快感；在不停付出過後，偶然會感到失落乾涸，渴望回家倚靠配偶，獲得慰藉。然而回到家裏，誰先作關係中的最大付出者會成為主要難題。談戀愛時難題沒那麼明顯，因為約會完畢，可以各自回家投靠親人。結婚以後，戀人成了親人，雙方都高度敏感，互相感染對方情緒，自動猜想對方需要。感情付出中不知進退，一時間誰先表達愛已經是一大難題：我愛你，所以我願意先表達愛意，可是，若你也想表達愛意，自己只好退讓。結果，雙方開了口，一齊說：「我——」又一齊住口，又一齊說：「你講先。」又一齊尷尬地笑；待了一會兒，又同聲說：「不如你講先——」這就是大家都相愛，也都想犧牲，寸步難移的微妙。有時甜在心裏，有時苦在心頭，蒸騰醞釀成抱怨和脾氣，雙方都感到挫敗和內疚。

5. 雙二型配偶在現實生活的決定上也有困難，因為雙方受情緒主導，事事為對方着想，很難客觀公允地作出決定，在生活大小事上，如生孩子嗎？搬屋嗎？轉工嗎？買樓嗎？容易彼此牽絆，不知如何做決定。

調節

1. 雙二型夫婦在情愛路上要靠莫名其妙的挫敗和失望來成長。他們有時會吵架，但不會太重傷，也不會有太明顯具體的難題。但很多時有冤無路訴、有苦自己知、自作自受的微妙感覺，重複又重複以後，就會促進自身反省，自我成長。
2. 雙二型夫婦要學懂將焦點由配偶轉移到自己身上，聆聽自己的內心世界，了解自己，無懼憂愁、不抱怨、不張狂、不抱幻想。獨處時，操練另一雙眼睛觀察世情，在失望、幻滅的盡頭，重新認識喜樂。
3. 成長得愈健康的雙二型夫婦，愈少情感倚賴。早期或會十分悽惶，晚期就愈感滿足。
4. 雙二型夫婦要自我尊重、自我激勵、重視自己、建立自己。他們須要建立共同人生目標，然後大家的熱情慷慨才有輸出口，在共同進退，互相守望中，分享喜怒哀樂。
5. 二人要定期開會，輪流說話，溝通需要，達成共識，互相滿足，減少進退失據的挫敗感，經營溫馨浪漫的幸福感。這樣調節滋養，二人感情壽命會很長。

2 3 二型與三型

相遇

1. 這對夫婦同是心動力型，容易察覺及回應別人的感情，當雙方互相關注時，情感上會感到十分滿足。
2. 第二型喜歡付出愛心，善於欣賞和讚美；第三型喜歡讚美，善於調和環境。倘若第二型產生仰慕或欣賞之情，第三型會感到十分滿足亦願意為對方奔走、幫忙。
3. 第三型注意事業和成就，倘若第二型認同對方追求的目標和理想，這目標將會成為連結二人的重要橋樑：第三型努力，第二型打氣扶助。
4. 二人在行為表達上十分相似，外人會看見一對形影不離、相得益彰的夫婦；可是，雙方內在動機不同，第二型為了獲得愛護而努力工作；第三型為了獲得讚賞而努力工作。
5. 第二型傾向依戀和崇拜第三型；第三型喜歡接受崇拜，但害怕依戀關係會阻礙前途。第三型內心容易有難言的矛盾和張力，但又想經營成功的婚姻，兩方互相拉扯，第三型會轉向工作，抽離關係，或表面和應拖延。二人要互相體諒，給予雙方獨處的空間。

相撞

1. 倘若二人各懷不同的目標和價值觀，二型配偶並不佩服或認同對方的行為，雙方會出現矛盾、失望。當三型配偶過於成功，會忘形地專注工作和事業，冷落配偶，這是關係危機的開始。
2. 倘若三型配偶風采出眾，在工作世界贏取異性的垂青和羨慕，二型配偶會感到威脅而妒忌，因而有意無意報復，或者形成身心病痛爭取對方注意。
3. 三型配偶一旦感到向前進步的力量與家裏的力量拉扯，內心十分不滿，但傾向隱藏，沉醉工作忘記困擾，抽離關係。三型配偶傾向否認失敗和內在矛盾困難，使難題累積，二人貌合神離，甚至踩入婚外情的陷阱。

4. 這對夫婦着重人羣的認同和掌聲，忽略內心世界。有時以工作代替關懷，以行動代替檢討，生活步伐太快，失卻寧靜，形成衝突。

5. 這對夫婦思想發展不足，家庭的大、小決定易被外在榮譽感支配。榮譽感是這對配偶的最大滿足，同時，虛榮心也成為他們的重大要害，以物質、成就、外來認同支配家庭行為；變得外在輝煌，內在空虛。

調節

1. 這對夫婦整體是和諧、滿足的，有時二型配偶會過分依戀和倚賴，需要時間操練獨處，定期退修自省。也可以一起參加自我認識工作坊幫助二人成長。

2. 這對夫婦傾向外望，同時關注幾件事情，容易減損冷靜、智慧，趨向情緒化、盲動、自欺和自圓其說，要求教誠實有智慧的前輩導師，協助平衡他們的弱點。

3. 這對夫婦容易因成功而自滿，須要定期溝通，學習表達負面情緒，接納誠實的批評。共同操練謙卑，接納失敗，否則不自覺的驕傲和自滿會使問題累積，形成家庭困擾。

4. 基督徒三型配偶緊記，「休息」也是上帝的心意，心靈淨化是更大的成功，要學習注意感情，關心對方。二型配偶容易視伴侶為偶像，要緊記上帝比配偶更大，要以上帝為中心，也要協助配偶以上帝為中心，那麼祝福就自然會臨到。

24 二型與四型

相遇

1. 這對配搭同屬情感動力型，都是敏銳、善感，善於鼓勵別人，表達感情。
2. 第二型喜歡體貼和照顧伴侶，較為自我陶醉的第四型會感到愜意，倘若第四型能感受並加以讚許和回應，第二型會愛得更加死心塌地。
3. 這對配偶容易對美感、文化藝術產生共鳴。
4. 共享側翼三的第二、四型會為共同目標奮鬥，可是若未能協調主導／從屬地位，將會產生惡性競爭。

相撞

1. 雖然同屬情感動力型，但四型配偶內省，二型配偶向外撲，形成許多拉扯、互不接納的無形張力。
2. 這對配偶容易爭做感情關係的主角，因而失望、氣餒，造成情感傷害。
3. 這對配偶對於空間的需求分歧很大，二型配偶喜歡付出，在親密關係中需要很多接觸、表達和回應；四型配偶常常留意人生的平凡與缺憾，在親密關係中常感到失望和退縮，需要很多空間調整情緒。
4. 當雙方相處互不協調時，四型配偶會感到被干涉、被支配而退縮反抗；二型配偶因四型配偶退縮而感到被拒絕，心存憤怒。雙方常常你追我走，彼此感到很大壓力。

調節 1. 雙方要學習信任和委身，不要胡亂測試、發怒和拒絕。

2. 二型配偶要尊重四型配偶需要空間，自己也要學習接觸內心世界，與自己和平相處，而不是盲目討好或期待別人。

3. 雙方都須要清楚表達自己具體需要，學習妥協，和客觀理性地解決衝突，不要老是感情用事。

4. 四型配偶要學習將目光放在他人身上，訓練自己體貼關懷，並約束自己的情緒起伏。

5. 雙方要建立共同目標，一起努力。

2 5

二型與五型

相遇

1. 這是互補的一對。第五型是最收藏的性格形態，第二型卻是最能向他人流露的性格形態，雙方被對方沒有的特質所吸引。
2. 第二型被對方的沉實、內斂、自足所吸引；第五型被對方的溫暖、博愛、熱情所吸引。
3. 第二型佩服第五型自主、自覺和自持的個性，不介意他人眼光；第五型欣賞第二型慷慨、熱心、多情。
4. 這對組合看似完全不同。第二型外向，喜歡接觸人羣，嘗試新事物，可以增進二人日常生活閒談的內容。第五型內向、喜歡抽離人羣、冷靜觀察，獨立思考，生活平順時二人可以各自滿足及互補不足。

相撞

1. 在社交場合，二型配偶是這對組合的社交大使，主動發言，代五型配偶説話。五型配偶則會忍耐等待一個思考性的話題才發言。倘若五型配偶內心不愉快，或場面有壓力，會出言挖苦、嘲諷，雙方都感到難受。
2. 當二型配偶心裏不安全，竭力追求情感接觸，而五型配偶卻收藏和退縮，兩人便會感到鬥爭和緊張，一個追一個走，彼此都感到困乏。
3. 二型配偶傾向滿足他人需要來尋找自我身分，會鍥而不捨去克服關係上的困難，促使五型配偶回應。五型配偶本來不介意，但在壓力下會有情緒起伏，感到雙重壓力。
4. 二型配偶會覺得五型配偶的簡樸、省力收藏的生活是匱乏難過的；而五型配偶則覺得二型配偶的情感追求是情緒動盪，是不成熟的。有時五型配偶會感到被追逐，被壓迫而反擊、反感。
5. 當五型配偶須要二型配偶協助，安排生活起居作息細節，雙方都感到滿足。若五型配偶拒絕和抽離，厭惡被干涉，二型配偶會感到不受歡迎、被嫌棄，因而更加追求與配偶情感接觸，產生惡性循環。

6. 五型配偶害怕複雜的情感世界，最難應付的，是二型配偶傾向以表情動靜猜度對方動機和想法（mind-reading）。若心意被看穿，會感到缺乏私人空間及安全感。

調節

1. 這對配偶的相聚點是行動。二人要培養共同興趣和活動去促進溝通。五型配偶可以運用智慧安排時間，主動設計討論雙方情感關係的方式。
2. 二型配偶要學習管束自己的情感需要及對他人的過分關懷，容許五型配偶有充足的空間去孕育感情，自我表達。
3. 五型配偶在親密關係中要學會即使情感上不太舒暢，仍舊能與別人共處一室。要學習捕捉和接納感受，不要輕忽看待；要學習表達、重視和面對感情，不再抽離退縮到自己的思維世界。

26 二型與六型

相遇

1. 第二型敏感他人需要，樂於助人。第六型不太敏感人事關係，樂意受助。
2. 第二型熱情、陽光、外向、自信，正正補足第六型思前想後、退縮和自我懷疑的性格。
3. 第二型善於表達關懷愛意，第六型在溫情中獲得安全感，也善於與第二型合作，順着配偶的心意而行，成為十分熨貼的一對。
4. 二人對受苦者和弱勢人士都具有同情心，在情感上容易彼此認同。

相撞

1. 二型配偶很需要讚賞和認同，否則會自憐、煩躁及發脾氣。六型配偶實事求是，不太善解人意，面對配偶的脾氣會恐懼失措，更加軟弱抽離，或者消極抵抗。
2. 六型配偶善於迎合他人緩衝眼前危機，當他明白二型配偶需要鼓勵、安慰，可以依照對方期望而行，以求解決問題。可是當二型配偶執意要對方自動自覺，去測試對自己的真情，六型配偶會感到走投無路，甚或盲目對抗。
3. 二型配偶十分慷慨，為他人不惜付上一切，六型配偶比較實際和着重利益，在經濟預算上可能會產生衝突。
4. 當二型配偶掉入煩躁、焦慮和自責的網羅，會令六型配偶感到陌生、束手無策。二型配偶急需鼓勵肯定，情緒混亂而激烈，若伴侶感到不安退縮，二型配偶會憤怒急升，雙方出現暴力行為。

調節

1. 二型配偶要體諒六型配偶的恐懼與不安，他面對危機時變得負面、敏感、猶豫不決，是因為他內心有困難，並非故意為難。明白這點，二型配偶就能流露愛心，甘願付出。
2. 二型配偶容易懷疑不安，極需要配偶的讚賞和肯定；六型配偶要學習表達正面的情感和讚賞，擁抱和安慰，對安定配偶的情緒十分有效。
3. 六型配偶要學習認識自己的需要和勇於表達，不要把憂慮收藏，在腦海盤旋，二型配偶會誤以為被拒絕，產生更大焦慮。
4. 這對夫婦喜歡活動和趣味，二型配偶最好能策劃各種促進二人親密的活動，鼓勵六型配偶了解活動的實際利益，例：行山、郊遊、散步、游泳，都能減低憂慮煩惱，促進感情。
5. 二型配偶要培養個人興趣和活動，不要單倚賴配偶去滿足情感。六型配偶喜歡簡單生活，樂意給對方具體支持。雙方的期望適當，便可各取所需。

2 7

二型與七型

相遇

1. 第二型性格如陽光般溫暖，第七型疏爽、風趣；第二型喜歡羣體生活，第七型喜歡新奇、趣味、戶外活動，能互相吸引。
2. 第二型被第七型的有趣主意吸引，能引發自己的能量，將第七型的主意付諸實行。第二型不惜為所愛赴湯蹈火，會投入情感為第七型完成夢想和鬼主意。
3. 雙方都活力充沛，熱情開朗，善於投入和享受多元活動。第七型計劃多多而第二型能熱情參與，在玩樂中帶動彼此的雀躍情緒。
4. 第七型在人羣中散發的魅力會吸引第二型着迷和引以自豪。
5. 第七型無窮的慾望正好吸引第二型想「為人付出」的需要。付出過程中，第二型能獲得第七型的注意，便感到滿足，而第七型亦因實現所想和慾望而得到滿足。
6. 在活動、浪漫、熱情、幻想中，二人趣味相投，對將來充滿積極盼望。

相撞

1. 當二型配偶將焦點全放在伴侶身上，七型配偶會感到受約束、受限制，便編造故事，以諸多藉口逃避束縛。二型配偶發現對方的借口和謊言，會失去安全感，由輕鬆活潑，轉為神經緊張；七型配偶恐懼麻煩，則更加逃避。
2. 七型配偶害怕失去自由，會更投入活動及追求享樂去紓解內心的惶恐，二型配偶因而感到被冷落，更熱烈追求與配偶在一起，更聚焦於對方，留意他的一舉一動、情感變化，期望配偶更多關注自己。
3. 七型配偶在期望中感到壓力，初時會耍花樣安撫二型配偶的不滿情緒，然而仍陽奉陰違，不斷尋找快樂，想掙脫束縛；二型配偶會開始懷疑伴侶對關係的委身，感到不滿，甚至會發泄在配偶身上。由此，衝突會加劇，產生惡性循環。

4. 當雙方壓力急升，七型配偶會移向一型的情緒反應；二型配偶在壓力下，會移向八型的情緒反應，出現一、八型的火拚衝突（解離狀態，參第二章），雙方都情緒受傷。

調節

1. 中國古語云，「好天積存落雨柴」，在二人舒暢浪漫、如魚得水的日子，要發展共同興趣，培養情感深度，為關係建立穩固根基。
2. 二型配偶傾向聚焦他人，忽略自己；七型配偶傾向尋覓新奇外物，忽略及遺忘個人內心，雙方須要學習獨處及安寧，接觸自己及對方的感受。
3. 二型配偶要發揮善解人意的力量，明白伴侶因害怕面對負面情緒及責任要求而逃避痛苦，害怕束縛和失去自由，這是對方須要成長的地方，並不等於不愛自己。二型配偶可用有趣的方式清楚表達自己的需要和情緒，不要發脾氣或指桑罵槐去求取所需，讓七型配偶在不太為難的情況下明白和遷就自己的願望。
4. 這對夫婦要學習情感接駁，七型配偶學習耐心聆聽，多向伴侶表達感謝、欣賞；也要學習不逃避配偶的不滿情緒，明白情緒背後的需要，給予肯定。只要配偶夠體貼，二型配偶自然會赴湯蹈火，給予支持，雙方得以有良好的交通。
5. 這對夫婦在多番矛盾、失望、掙扎下學習成長，七型配偶會變得更深沉世故，二型配偶會變得更忍耐、溫和、容易滿足。

2 8

二型與八型

相遇

1. 第二型愛滿足他人需要，第八型聚焦於滿足個人需要，若彼此的需要吻合，便能情意交融。
2. 第二型透過不斷付出來回應配偶需要，而第八型則以其有力的領導和保護來表達。第二型感到被愛、被保護，也樂於在關係上跟隨第八型的領導，雙方十分滿足。
3. 二人能彼此欣賞對方的慷慨，也透過為他人服務來表達感情。在中國社會，二人都喜歡照顧和供應雙方原生家庭的需要，在家族中很受歡迎。
4. 這對夫婦熱情如火，都渴望全情擁有對方，令關係融洽、激情。
5. 當第二型以柔情專注對待第八型時，第八型享受得到注視和愛，會感到自豪，給予對方回饋、歡樂，使對方感到備受重視，更加投入和全力支持配偶。

相撞

1. 由於雙方都透過服務他人獲取滿足，在決策和主權上會產生誤會和衝突，往哪裏吃飯、點什麼菜、宴請什麼朋友等日常小事，都會形成一場關乎自尊心的微妙障礙賽。
2. 當八型配偶竭力用自己的方法去支持和照顧伴侶時，二型配偶喜歡被愛，卻不喜歡受助，會感到不習慣，認為八型配偶在操控自己。二型配偶會耍臉色、暗示不悅；而八型配偶未能達到自己理想的計劃和效果時，更要支配，不肯罷休。
3. 倘若二型配偶無法坦誠接觸自己的情感需要，而八型配偶又傾向掌控事情，二型配偶會積聚憤怒、脾氣來取回主控權，雙方因而爆發衝突。
4. 當二型配偶感到八型配偶辜負和輕視自己的感情和付出，會感到關係被八型配偶利用，內心產生憤怒和報復心態，然後重複測試對方的真情。而八型配偶遇強愈強，更加不肯就範。

5. 倘若二型配偶的自尊受損或被公然拒絕，會變得歇斯底里而不顧對方顏面，八型配偶會感到被伴侶操弄、出賣。雙方都表現激烈、盲動，兩敗俱傷。
6. 在自尊心破損和負面思想的惡性循環下，二型配偶會與伴侶關係決裂，將感情轉移到其他人身上。

調節

1. 八型配偶要學會感謝、欣賞二型配偶的付出，給予對方感情肯定。八型配偶須要明白伴侶害怕感情被拒絕才作出反擊。
2. 在相處上，八型配偶要幫助二型配偶理解自己的真正需要，表達體諒和關懷。也要學習謙虛，讓伴侶在某些地方作主。
3. 二型配偶要學習客觀理性，明白和坦誠地揭露自己的真正需要，學習接納配偶的付出。
4. 二型配偶要認識自己為何憤怒，不要輕易下判斷和揣測對方的動機。雙方若能冷靜、謙讓、柔和，就可以恢復昔日的和諧甜美。

29 二型與九型

相遇

1. 第二型以服務他人為己命，第九型自然地融入，二人會不自覺地滿足對方需要。
2. 滿足時，雙方情感交融，如膠似漆。可是，容易情感掛鈎，被對方的表情、動靜、情緒嚴重影響。
3. 第二型以無私的愛灌注配偶，來尋獲自我價值和位置。第九型很喜歡被人照顧和呵護，感到十分滿足。
4. 在最佳狀態下，二人對親密生活十分滿足。第二型有能力帶動第九型的情感和激情；而第九型則寬容公正地接納對方各種表現，協助第二型接納和認識自己的真正需要。

相撞

1. 九型配偶一般比較溫和寬容，容易接近，吸引了感性的第二型。不過進一步接觸後才發現他們不似二型配偶那麼善於流露情感，在壓力下甚至收藏退縮，二型配偶便會感到失望，或誤會被對方拒絕。
2. 當二型配偶極度渴求被肯定，在關係上諸般參與和服侍，九型配偶在節奏和表達上無法適應，感到受操縱（被支配），而產生抗拒；甚至有時誤以為對方用強大的感情壓倒他人的真正需要，便會下意識抽離及消極抵抗。
3. 當九型配偶抽離，二型配偶會感到疑惑，當九型配偶消極抵抗，二型配偶會怒火上升及以激烈情緒去贏取注意。二型配偶逐漸感到走投無路，被迫發脾氣及攻擊，認為九型配偶破壞自己慈悲的願望，後悔與他結合，甚至變得激憤，認為對方拖垮自己。
4. 九型配偶面對二型配偶的情緒氣勢和壓力，內心怨忿，會自動結冰；二型配偶感到九型配偶看似無動於衷，會更加抱怨、焦慮、激動，由此出現惡性循環：

- 二型配偶發出強烈要求→九型配偶退縮→二型配偶激動、混亂和攻擊→九型配偶更加退縮、消極抵抗，變得固執→二型配偶感到失望，無計可施和感到被拒絕。
- 九型配偶持續退縮、固執，冰封→二型配偶頹喪、絕望，想脱離關係→九型配偶重情，想挽回關係→二型配偶憤怒及報復，更加抱怨→九型配偶持續退縮……

調節

1. 這對配偶都太注重對方而忽略自己，引致嚴重惡性循環。所以雙方都要學習接觸自己的願望和需要，善待和肯定自己，惟有如此才有能力進入親密關係。
2. 二型配偶要接納伴侶節奏較慢，需要許多空間和鼓勵。九型配偶要認識伴侶有如獅子般咆哮的表現，底下隱藏着惶恐、自責和脆弱。九型配偶要學習克服恐懼，直接表達自己的困難，在情緒穩定後盡力肯定對方。
3. 二型配偶是情緒的帶動者，須要懂得節制和自控，清楚地發問、澄清，提防自己猜測和慣性的讀心（mind-reading）傾向，慢慢動怒；並同情九型配偶的弱點、限制，相信對方的情意，這樣才能發動愛的能量去包含伴侶的煩惱。
4. 二型配偶須接納伴侶並不如想像中那麼精靈敏捷，善解複雜情緒，也不一定在每一方面都有能力保護和帶領自己。九型配偶要接納伴侶雖然善感多情，但有時過分焦慮失望，會退到「八」型的攻擊型、報復型（解離狀態，參第二章）的狀態，這時最需要冷靜指引和溫暖肯定。

3 3

三型與三型

相遇

1. 第三型喜歡競爭、出眾、被注意，所以很少成為配偶。倘若成事，大概是由於雙方生活態度相近，積極進取，又或者擁有共同目標，因而彼此相愛。
2. 因第三型聰穎進取，可能會受對方某種出色的成就和專長吸引，同時雙方節奏明快，可因鬥嘴而感到有微妙的挑戰性。
3. 倘若第三型彼此吸引結合，在目標相近之時可以互相補位，成為模範夫妻；又或者共同創業，成為成績彪炳的專業人士，令人羨慕。
4. 雙三型夫妻勤勞拚搏，也懂得享受人生，會奢華宴樂，到處旅遊，生活寫意。

相撞

1. 雙三型配偶的衝突面顯而易見，雙方都喜歡爭取主導位置，都想成為注意力的中心，因此容易互相競爭。
2. 雙方都喜歡和諧歡愉，很少爭吵，在壓力下只會暴躁、逃避、自圓其說。
3. 倘若雙三型夫婦感到壓力，有時會退去「九」的不健康狀態，各自做麻醉自己的快意事情，例如購物、飲酒、宴饗、揮霍金錢；在互相怪責或自責自苦下，他們害怕負面情緒，會藉消費享樂逃避，甚至惹上債項。
4. 雙三型夫婦倘若有共同目標，例如建立家庭、累積財富，或者成為模範夫妻，共同進退。如遇上衝突，自會圓滑地避開，各自佔據家庭的一個領域，或者在自己的社交圈子或專業上各領風騷，只在重要的日子，如家長日、畢業禮、情人節才鵲橋相會。
5. 第三型最渴求別人的肯定和讚許，他們心思聰敏，懂得以小聰明、小策略贏取掌聲。但雙方熟知對方的小把戲，在配偶面前難以施展，容易掃興，會在自我形象和情緒上感到挫折，又無從發揮，只好遷移目標，久而久之，關係疏離。

調節 1. 雙三型配偶有永遠做不完的目標、任務、會議、宴會、計劃、挑戰……所以在生活快車上有效率地穿山過嶺；到了中年才忽然發現一生在活動繁忙，身心疲累心靈乾涸，不知道生命的意義和內容，感到白活一場。只能在家庭危機、經濟壓力、健康耗損等等困境中忽然蘇醒，痛定思痛，大事革新。

2. 三型配偶以任務為本，在潛意識裏一起遺忘自己、遺忘感情；也可能在空虛蒼白的覺醒後，返樸歸真，回到心靈自省，深入和更新。

3. 三型配偶容易追求外物，忽略心性的培育和深化，如能把心靈活動、定期退修納入人生計劃之內，會大大造福夫婦感情。

3 4 三型與四型

相遇

1. 二人都屬情感動力型，容易體察和理解微妙的感情世界。第四型有能力挑動第三型的內心感情；而第三型會對第四型細心呵護。關係親和時，可以激起獨特的情懷。
2. 第三型重視成就和被肯定，第四型敏感別人的接納和拒絕，所以二人會在關係美好時彼此肯定和關懷。
3. 第三型比較自信、樂觀、積極、務實；第四型比較有氣質、悲觀、抽象。第三型會被第四型的善感多情吸引，想保護他們，給予安全感；而第四型會倚賴第三型給予成就感和自尊心。
4. 第四型思想深刻獨到、想像力豐富，在第三型的接納和保護下，會特別靈活多情，第三型享受多情浪漫和被需要的感覺。

相撞

1. 兩人雖然都同屬感情取向的人格型態，但三型配偶重視現實世界的具體事情，例如：人生成就、家庭資產、個人形象；而四型配偶卻側重內心情緒流動和抽象渴望、幻想，在生活重點上迴異。
2. 三型配偶重視成就，容易被工作佔據心神，甚至閒暇時也想着工作和任務，成為工作狂。若他們視處理感情關係為人生的成就或任務，就會全情投入關係，否則大多數沉迷工作。
3. 三型配偶外表溫文爾雅，十分吸引四型配偶；但四型配偶對情感渴望很深，常常覺得有所不足。所以容易出現兩個現象：
   - 三型配偶為滿足配偶情感需要，內心疲累，容易感到挫敗。
   - 四型配偶常常感到三型配偶是海市蜃樓，一接近就拿捏不實，感情中喝不夠、吃不飽，持續失望。
4. 這對夫婦常遭遇情感不滿足和感到失落。四型配偶需索，三型配偶答允，然後迴避；四型配偶為了「得不到」的更熱烈追求，在得失挫敗間會感到惶恐、激動和憤怒，因而大哭大怒、飲泣、絕望，這些行徑初時會引起三型配偶同情和擔憂，後來卻會害怕、抗拒和厭煩，產生惡性循環。

5. 當彼此懷疑和抗拒時，就是關係的危機。

調節

1. 這對夫婦需要較長時間適應和調節。因三型配偶不容易得罪人或不容易狠心違反對方意願，常常採用拖延的應酬策略，使四型配偶接收許多假象。
2. 四型配偶容易跌入自製的情感泥沼，欠缺合理客觀的程序處理，常常在極度興奮和完全絕望中搖擺，令配偶難以招架。這對配偶要擺脫自我世界的運作方式，學習進入對方的生活模式。
3. 四型配偶要學習冷靜、觀察、不走極端、合理地迎合他人的願望、節制個人需要，調節感情。此外，接受三型配偶無法完全滿足自己一些必然願望，多藉追尋心靈智慧和欣賞人間平凡瑣事去獲得滿足，性情才能變得穩定可愛。
4. 三型配偶要學習明白抽象事物的價值，如真、善、美、情感、正義，嘗試接觸複雜感情，要想通二人同甘共苦，風雨同路，也是人生重要的成就，必須艱苦經營；不單看眼前的浮華，也要耕耘人生的深度。三型配偶要學習有主見、有定向，肯表達自己的限制和堅定說「不」，也要學習在關係上正直、真誠。三型配偶要了解和接納伴侶的反復搖擺，是基於恐懼失落；不要迴避，不自欺欺人，給對方適當的指引，是就說是，不是就說不是，持之以恆，四型配偶就會明白你的界限和底線，卻仍然感到安全。
5. 當二人不再以對方為人生的全部，卻重視、尊重對方，堅守承諾，才能在穩定和安全感下，雙方都感到自由、創意、靈活、浪漫、多情。

3 5

三型與五型

相遇

1. 第三型外向，第五型內向，剛好互補不足。第五型喜歡靜態觀望，第三型喜歡積極行動，於是容易各就各位，第三型領導，第五型樂於跟隨配合。
2. 第三型喜歡事業、成就和工作，第五型喜歡獨處及個人空間，於是他們互不侵犯，各取所需，自在合拍。
3. 第五型喜歡用沉默和行動去表達情意，例如：靜靜地留在家中打理家務，分享資訊，旁觀配合；第三型喜歡進取，常寄情任務，於是他們有無言的默契，較少爭吵。
4. 第三型喜歡投資時間和精力去表達情意，第五型喜歡觀察思考，容易察覺第三型的關懷。第三型的熱情活潑，剛好補充第五型的先天不足。
5. 第五型慎思明辨，獨具見識，正好補充第三型間中衝動自欺的不足；第五型的寡言和老實，也使第三型感到安全可靠。

相撞

1. 三型配偶喜歡戶外及社交活動，結交朋友；五型配偶卻喜歡保護私人空間，規律生活，不受干擾。三型配偶若熱情冒進，勉強不善自我表達的五型配偶出席各種活動和應酬，會產生衝突。
2. 五型配偶喜歡靜態，為思考留力，不介意常獃在家中；三型配偶卻喜歡把生活填得密密麻麻，五型配偶會提出抗議，三型配偶會稍為讓步。及後卻不自覺又增加許多工作任務，社交應酬，五型配偶會因而感到被忽略、被遺棄，失望而退縮，抽離現實，退回自我的小天地，不肯付出感情。三型配偶察覺到對方不愉快，又難以滿足，不停累積失敗感，會自圓其說，轉移目標，把感情埋葬在工作之中，又或透過購物、享樂麻醉自己，形成惡性循環。久而久之，二人容易由於逃避壓力和衝突，長期疏遠而出現婚姻危機。

3. 五型配偶比較重視金錢和安全感，不愛花費在物質；三型配偶靠感官、外貌、別人讚譽去尋求滿足，樂意花費，也會造成衝突。

調節

1. 這對配偶不輕易爭吵，很容易迴避壓力和困難，所以最好定期作出計劃和協議去促進關係。
2. 三型配偶不易披露內心感受，也害怕示弱；五型配偶盡在不言中，不介懷別人需要，認為各人要為自己負責任，彼此都不喜歡談情說愛。為免二人情感關係枯乾，二人必須決心把關係培育「成功」。二人可計劃定期一同活動，亦須協議為活動訂優先次序。
3. 五型配偶要學習為二人關係犧牲私人空間，向伴侶表達需要，三型配偶一動慈心，便全情投入；三型配偶也須要學習沉着靜思，深刻反省，與五型配偶共享知性交流和靜靜共處的時光。

3 6 三型與六型

相遇

1. 他們生活的重點常常窒礙對方，因此很少結成配偶，可是若能作出重大調節，卻剛剛成為彼此的助益。
2. 第三型追求地位、成就，若在青年期已經取得專業地位和經濟成就，第六型會感到對方安全可靠，很有吸引力。
3. 第六型勤奮誠信，喜歡進修學習為人生打算，未雨綢繆，看在第三型眼中，也感到大有可為。相處後才會漸漸發現雙方雖然行為相近，但出發點完全不同，互不認同。
4. 第三型喜歡尋找出色得體、美貌或英俊的對象，享受在朋友面前的榮譽感。第六型為了在社交上獲得認同、安全，會悉心打扮，注重儀表，成為第三型結交的對象。可是，結婚以後，才發現彼此的基本信念並不相同，雙方會感到失望、受騙。

相撞

1. 三型配偶好自我表達，發揮潛能，求取成就和進步，渴望獲得配偶的表揚和欣賞；但六型配偶實事求是，對表面成就絕不信任，三型配偶在六型配偶面前，好像常常被抽後腳，非常泄氣。
2. 六型配偶情緒緊張時，最喜歡研究彼此關係和難題，但三型配偶最怕浪費時間討論關係，更怕發現自己可能有什麼缺點要加以改善。三型配偶只會表面附和、看準形勢、找借口迴避。
3. 六型配偶起初會信任三型配偶的改善計劃和各樣天花龍鳳的借口，久而久之，三型配偶那副隨時轉換保護色的生存伎倆，會完全拆毀伴侶的信任。
4. 三型配偶外表穩妥，內在脆弱，極需肯定、支持和婉轉的提醒。六型配偶凡事觀察，充滿疑慮，常用懷疑測試對方，透過查根究底、每事猜疑去獲得保障，令三型配偶泄氣。若對方失業、欠債、惹官非，就會超級緊張，全盤質疑，產生惡性循環。

5. 三型配偶最迴避六型配偶的懷疑和焦慮，六型配偶最不信任三型配偶的外表形象、表面成功和虛浮的自誇，所以經常彼此挫折，產生惡性循環。

調節

1. 六型配偶要學習控制疑慮、保持喜樂、信任配偶、訂好時間表，在對方樂意時才討論關係問題。
2. 三型配偶要學習不太執著表面成敗得失，學習注意及了解六型配偶仔細觀察、尋根問底的特質，正好補充自己的盲點，建立真正穩固和成功的人生。
3. 三型配偶要學習減少自戀，理解六型配偶不願隨便鼓勵自己，甚至經常窒礙自己，乃因對方底層有許多不安和疑慮，三型配偶須要誠懇正視，學習實話實説，不推搪、不掩飾，才會贏取真正的成功及別人的敬重。
4. 倘若三型配偶認定，有能力了解配偶才是成功，他一定能勝任有餘。
5. 六型配偶要接納三型配偶的興高采烈和喜歡自我表達、不太掛慮成敗、專注任務的性格；六型配偶在疑惑時要表露內心困難，向他人求助，不要胡亂擴大困難，杞人憂天，把壓力投射在配偶身上。
6. 六型配偶要學習多讚賞三型配偶的勇氣和毅力；三型人得到同情和鼓勵，才會感到安全。

37 三型與七型

相遇

1. 他們在性情上有不少相似，例如：彼此都屬於高能量、步伐快、反應快、機警、靈敏、順應時勢。
2. 在社交場合中，二人都容易成為焦點人物，散發魅力，彼此欣賞及吸引。
3. 由於二人都着重活動多於關係，只要目標配合，在活動中非常投緣，如魚得水。活動為第三型帶來認同、肯定和榮譽感，又為第七型帶來刺激和新鮮感，共同享受不少成功經驗。
4. 二人傾向展望未來，對未來都樂觀，不喜歡談負面經驗和情緒，所以彼此交往時多沉醉於成功及愉快的經驗，永不言悶。
5. 由於第三型着重成功經驗，凡事以目標為本，而第七型享受新奇而趣味豐富的事物，雙方都專注個人愛好，不須經常彼此相伴，只要間中向對方匯報生活，分享樂趣便感覺良好。雙方都能容讓對方有足夠的自由和空間各自發展。

相撞

1. 這對配搭的相處方式也是危機潛伏之處。由於三、七型配偶對現實過於樂觀，容易輕視困難，疏於計劃未來；彼此又會助長對方的空想和過分樂觀的情緒，因而對生活轉變和危機未能作出適當準備。
2. 家庭變遷，總會遇上壓力和危機，他們都期望對方有效解決問題。當要正視難題，七型配偶會感到很大壓力，下意識逃避，自圓其說；若三型配偶退到「九」的解離位置麻醉自己，不向七型配偶施壓，雙方都逃避問題而自欺，問題會日益加深，最後可能殃及無辜，需要親戚朋友協助解決。其中最常見的是財務問題，雙方都愛宴樂、擺面子、好花費，因而出現財務危機。
3. 二人都是自戀的人物，一旦人際失利，或事業失敗，會向對方求安慰。三型配偶會瞧不起伴侶虎頭蛇尾、工作馬馬虎虎、不負責任；七型配偶也看不慣伴侶為求贏取掌聲拚命工作。雙方感到被蔑視，不歡而散。

4. 雖然二人相處時有不少困難，到了壓力極點，避無可避，會忽然爆發脾氣，互相指責；然而這對夫婦卻可以維持長久的關係，由於三型配偶怕關係失敗付上沉重代價，而七型配偶一旦建立家庭，會以此作為人生的基地，極力保持穩妥，好讓自己四出探索。暴風一過，雙方又會往好處看，自得其樂。
5. 二人容易受社會眼光影響，倘若各自對婚姻和家庭未建立穩固的價值觀，很容易人云亦云，於價值顛倒的社會求認同，拍散拖、交換配偶，引致關係破裂。

調節

1. 這對配偶聰敏活潑、具潛質、有動力，只是容易急功近利、欠缺深度、失去方向。又因個性相近，難以看見對方盲點，最好多閱讀、進修、反省，找生命師傅引路，自我激勵，各自成長後會成為對方的激勵。
2. 二人先天重視形象、樂趣、成就，輕視情感，雙方須突破自己逃避負面經驗的傾向，學習在感情上深入接觸，從對方的接納裏，勇敢面對自己的限制，在關係中共同成長。
3. 這對配偶喜歡迎接挑戰，若把改善關係定為目標，並列出具體的實踐計劃，例如：定每月其中一日為拍拖日或驚喜日，設計點子取悅對方。若七型配偶能享受過程中的樂趣，對伴侶表達欣賞，便能帶動對方；三型配偶得到七型配偶的讚賞和鼓勵，很會製造愛的情調，促進雙方感情進展。
4. 二人必須就經濟財務、家庭計劃，作出具體規劃，以防兒女叛逆、入不敷支等等壓力造成家庭災難。
5. 不過有時夫婦一方過分逃避現實，反而迫使另一方在重重教訓之後，踏實成長。

3 8

三型與八型

相遇

1. 二人都重視別人對自己的看法，有主見、有作為，屬於實力派的強者，很少結合。能成為配偶，屬於少數。
2. 他們最相似之處是着重行動，講求效率、實務、目標、結果。倘若雙方目標相同，互相幫助，會相得益彰。
3. 第八型容易遺忘內在感受，第三型也傾向脫離內在感受，所以彼此實事求是，能在生活活動和實務方面分工合作。倘若生活順利，雙方會感到關係十分成功，第三型會為婚姻成功而沾沾自喜，第八型會為自己能帶領配偶（男性）或扶助配偶（女性）而自豪。
4. 第三型喜歡供應家庭所需，第八型喜歡保護全家老幼，倘若雙方感到被欣賞、被重視，感到安全，這對配偶可以排除萬難，所向無敵。
5. 倘若二人價值觀正確，品性單純，就能發揮所長，成為模範夫妻。

相撞

1. 二人各自在自我認識上有許多盲點，三型配偶傾向自欺，八型配偶傾向魯莽衝動，有時需要逆境的衝擊，才會在急速的生活節奏下煞掣，醒悟過來。
2. 在家庭生活逆境中，二人都傾向否認內心的脆弱和無能，下意識將問題外化，互相責怪。
3. 雙方都需要被肯定、被重視，一旦意識對方輕視或者對自己欣賞不足，會老羞成怒，形成憤懣及衝突。
4. 倘若二人都重視家庭，會在此大前提下機警收兵；倘若二人更重視名利、地位、面子，二人的衝突可以惡化成世紀戰爭，永無寧日，甚至離婚收場。
5. 兩人都屬於操控者，在決策和權力分配上必須達成共識，否則會在大小決定上累積不滿和怨恨。

調節 1. 這對配偶在患難時比較容易共融，一起抵抗外敵；但生活順利成功，就會墮入貪得無厭的陷阱——

- 雙方太投入工作，把工作成就等同自我價值，忽略家庭、兒女。
- 雙方在事業成功和順利時獲得掌聲和擁護，不自覺也在家庭中要求配偶佩服和賞識，暗中競爭，為了爭一口氣而互不相讓。
- 雙方除了爭奪在家中誰為大，更會暗暗領功，若感到對方貶抑自己、瞧不起自己，更加捍衛自我的領土，成為敵人。

故此二人要學習在侵略性、爭贏和自負中退下火線。

2. 這對配偶要在逆境中接觸自己的無能和脆弱，在許多眼淚中降服，降服後才獲新生。

3. 八型配偶要明白三型配偶是以心為動力的人，需要許多情感肯定、無條件的愛、尊重、接納和欣賞。三型配偶要明白八型配偶遇強愈強，在不安全中更盲目火拚，要付出愛心和恰當指引，使對方感到安全，雙方才有下台階。

4. 無論順境、逆境，二人都要定時靈修、退省，學習順服更高權威，自會變得柔順和諧。

5. 雙方須定期自省，向對方認錯道歉，亦要學習原諒，不記舊仇、檢視自己眼中的樑木，携手相愛。

39 三型與九型

相遇

1. 第三型擅長討好別人，容易捉摸如何給第九型留下良好印象，令對方着迷。
2. 第三、九型彼此融合時，第三型會鼓勵第九型去完成人生的目標，有所發揮。第九型在沒有壓力下，經歷到接納和諒解，很容易與相愛的人情感配合，樂意追隨愛侶的目標和行動，在既定的工作責任和角色中落力盡責。
3. 第三型非常善解人意，第九型在溫暖和接納中會體貼付出，毫不計較，二人在情感上可以安全溫暖。

相撞

1. 三型配偶對自己和配偶有很高的期望，若果聽到外在環境和別人的批評，會意識到九型配偶怠慢、鬆懈、不思進取，加以指責、壓迫和催促，九型配偶在壓力下會退縮和消極抵抗。
2. 三型配偶受社會眼光影響，會下意識瞧不起九型配偶的慢動作和「無能」、優柔寡斷；九型配偶一旦感受到對方鄙視和不接納，會退縮、膽怯、迴避，產生惡性循環。
3. 三型配偶在社會逆境和人際競爭中有時失利，也會退縮到「九」的位置，自憐、得過且過、怠慢、任性，這個時候希望獲得九型配偶的推動扶持，九型配偶可以在情感上給予安慰。但在人生具體目標上，雙方都會悠閒散漫，隨遇而安，失去方向，一起跌入消極迷惘中。
4. 若九型配偶是男性，在領導上會有困難，他隨意的作風會使三型配偶很不服氣。其實三型配偶才能為這段關係掌舵，不要期望九型配偶忽然雄糾糾走出來做領導，否則只會失望，更加恐懼、頹喪、憤怒，因此三型配偶須要甘心樂意接納領導的角色。
5. 若九型配偶是男性，過了一段時間，或會忽然察覺人生大部分的目標和主意都來自三型配偶，下意識反感，不斷反問人生，自怨自艾，這是關係的大危機。即使九型配偶是女性，她們也喜歡遵從自己的節奏生活，不一定接受別人的領導，雖然樂意附和，卻不喜愛強迫，因為九型人是五十年不變的超穩定系統。
6. 九型配偶喜歡隨遇而安，跟着人生的舊習慣生活，若配偶對他有要求，會誤解為被配偶拒絕，變得緊張、退縮、自衛。三型配偶懂得人情心意，起先會刻意寬容鼓勵，九型配偶在溫和鼓勵下，作出初步嘗試，很快又返回先前的慣性。結果惹起三型配偶的怒氣，九型配偶在壓力下，更加盲目反抗，雙方感到失望。

7. 在人生壓力難題中若沒有轉化，三型配偶會走自己的路，九型配偶受到忽略會自暴自棄，使三型配偶更加鄙視，九型配偶則更加麻木。這對配偶可以毫無爭吵，毫無先兆，忽然疏離，形同陌路。若三型配偶在外間很有工作成就，十分繁忙，這段關係的危機更大。
8. 三、九型配偶在人生目標、追求和節奏上都有很大距離，雙方都感到挫折。三型配偶有可能更加埋首工作，逃避問題，或發展另一段情緣，這或者能推動九型配偶正視問題，一起作出改變。
9. 九型配偶在沮喪和失望中會輕看成就，使三型配偶十分失落。

調節

1. 這對配偶在生活理想上有一定的矛盾，雙方要學習欣賞和接納對方。三型配偶要完全接納伴侶節奏慢、決策猶豫，需要空間考慮和不斷鼓勵，即使獲得鼓勵，也不一定產生重大改變。三型配偶要了解伴侶的限制，加以同情和鼓勵，也要認定九型配偶缺乏目標正好給三型配偶許多空間去帶動和發揮，彼此建立。
2. 三型配偶不喜歡深刻反省，有時不明白伴侶為何感到人生困惑，卻又不懂用語言表達，三型配偶會感到無謂和不耐煩。九型配偶要學習自我勉勵，不輕易放棄和沮喪、敢於面對和克服困難。
3. 三型配偶一生都在尋找成就和發揮，九型配偶在溫暖和安全中會加以支持。可是九型配偶一生在尋索自我位置，但節奏十分緩慢，二人要彼此體諒，為對方的尋索加以無條件的支持，彼此又會再度擦出溫暖愛火。
4. 三型配偶容易美化和輕看問題；九型配偶則傾向逃避和否認問題，雙方最好能有成熟的朋友，成為自己客觀反照的鏡子，並定期檢討，以免問題惡化仍不察覺。
5. 三型配偶是關係的掌舵人，而九型配偶卻是關係的後防實力和燃料。倘若二人能找到雙方認同的目標，一個掌舵、一個輔助，會有很好的效果。

4 4 四型與四型

相遇

1. 這是十分罕有的配搭，四型人很容易成為知己良朋，但很少成為配偶。
2. 二人在情感世界中都有深刻和豐富的體會，能覺察和分享個人的感知、嗜好文化藝術，一起追求人生品味。若二人背景品味相投，容易有共鳴及和應，淚中有笑，笑中有淚。若二人相知，會有被了解的感覺。
3. 第四型追求不平凡的愛、熱烈真摯的感情，嚮往獨特品味，喜歡感受憂愁、懷古、傷感……等等觸動心靈的情懷，倘若二人都性格健康、知足而情感獨立，接納平凡中的不平凡，可以在平靜的相處中，彼此交流靈感和創意。

相撞

1. 四型配偶最容易察覺人生的欠缺和遺憾，常常發現關係不足而感到沮喪，可是另一方卻不能務實和理智地加以平衡，因此會經歷更強烈的挫敗、失望和沮喪。
2. 四型配偶常常觀照及分析自我，很喜歡分享內心世界，一個感觸會引發許多情感和思維，須要配偶重視和注意，所以二人會下意識爭做關係的中心點，又會因感到對方沒全心注意自己而失望、沮喪、矛盾。
3. 雙四型配偶的矛盾是十分微妙的，他們的感情偏向嫉羨（不是妒忌），所以在情緒失落時，不愛爭取，也不愛表達。若配偶是其他個性，就會察覺情緒的變化；可是對方也是四型配偶，就沒有空間去察覺對方，而誤以為對方已不在乎自己。
4. 雙四型配偶不善表達和爭取，內心常常比較衡量，容易妒忌和退縮，互相觀察和閃避，心裏很不暢快。
5. 雙四型配偶追求卓越，很容易在感情和情緒層面互相批評挑剔，在主觀和敏感中彼此傷害。
6. 雙四型配偶須要明白對方在關係最甜蜜又最痛苦之處十分相近，看見對方有如看到自己的影子，有相同的限制和軟弱，像兩個傷殘兒童，彼此都無能為力。

調節

1. 雙四型配偶要在情感渴望中學習節制及豁達，防止陷入暗地批評怪責的惡性循環。
2. 雙四型配偶害怕比不上別人而遭受遺棄，因此極度沮喪。又怕被嫌棄而提早抽離，與人疏遠，但過於疏遠又激起思念和感情，然後軟化和歸回，來來回回。雙方必須對關係持有堅強信念，感情和關係才會永不止息。
3. 雙四型配偶須要建立共同的焦點和遠象去帶動這份關係，避免情感沉溺。
4. 雙四型配偶必須開拓同性的知己朋友關係，給予他們客觀的回應，幫助他們達致平衡，得着情緒上的紓解。
5. 雙四型配偶十分渴求屬靈世界的真、善、美、愛，雙方必須保留自我空間，所以要設法定期獨處、退修，然後走在一起，分享心靈的洞察和創意，更新自我然後更新關係。

4 5

四型與五型

相遇

1. 雙方都比較沉實，獨立自處，各自擁有一個內心世界，需要個人空間。
2. 四型而側翼為五的人，在思維能力上能與第五型互相交流，對社會觀察、對人生的見解，感到難得地投緣，暗中彼此傾慕。
3. 這對人談戀愛，會充滿揣測、推敲，神祕而浪漫。
4. 第四、五型都重視追求人生意義、對人生充滿抽象的象徵理解，雙方都不滿足於表面和膚淺的東西，不屑隨波逐流，喜歡追求平凡表象下的深層意義，這份使命感使他們彼此吸引。
5. 第五型思想敏捷，第四型活潑多情，彼此補足，互相吸引。

相撞

1. 這對配偶過了神祕的捉迷藏階段，便會開始經歷矛盾失望。五型配偶的內心世界聚焦抽象知識和冷靜精確的概念思考。四型配偶的內心世界聚焦內在情感和情緒的高低流動。由於五型配偶重「腦力」，四型配偶重「心力」，腦和心是完全不同的器官，雙方常常感到被誤解。四型配偶會感到伴侶是沒有「心」的人，而五型配偶認為自己滿腦子想及被愛的人，已算是十分相愛了。
2. 雙方的表達符號截然不同，面對落日餘暉，四型配偶會驚歎而感慨人生短暫，五型配偶也許感到腦子可以休息一會是一份幸福。四型配偶渴望共鳴，在靜默中彼此了解，五型配偶則覺得沒有兩個人完全相同，也不必相同。四型配偶想進行情意交流，最終會變成字義的爭拗。
3. 四、五型配偶都不愛爭執，寧願沉默不了了之，有時雙方就如夜航的巨輪在星夜中靜靜擦身而過。
4. 五型配偶的能量大量耗費在智能思維上，在其他方面能量不繼，下意識會「慳力」保護自己，他們很介意花時間與人相處，經常撤退，靜靜地儲蓄能量。

5. 四型配偶很需要對方注意，在親密關係相依相纏，而且浪漫地以為親密關係會「自然」熾熱，抗拒實際安排相處時間，但順其自然必然沒有什麼發生，於是感到極大失望。
6. 五型配偶感到對方對親密關係的期望不同，會「民主」地各自根據自己的生活，互不侵犯，以為這是平等關係的標記。結果五型配偶，覺得關係無風無浪，沉醉追求思想智慧；而四型配偶多番付出，以為感情會燃點，對方依然故我，使四型配偶無計可施，感到被拋棄在絕望和孤寂之中。
7. 倘若四型配偶誤會伴侶花大量時間休息和思考，等於對自己失去了感情，會形成極嚴重的關係危機。

調節

1. 四、五型配偶可說是在痛苦中彼此成全的一對。他們其實是目標相同的倒影式配偶，他們最獨特之處，是對方正是自己的良師，以自己所有去造就對方所無。若能自我調節，獲取對方的精華，就能成為情理兼備的整合的人。
2. 五型配偶可以向四型配偶學習感受微妙的感情世界，培育感情的領域，救他們脫離人生乾澀、孤絕、抽離，學習同感心，慷慨地付出愛，與愛侶產生真正的連繫。
3. 四型配偶可以向五型配偶學習精確的思維和貫徹的系統思想，使他們混亂的世界有客觀而具「宇宙性」的深度。
4. 五型配偶要學習從對知識的貪婪中放手，嘗試進入冒險、起伏的矛盾人生狀態中，體會更立體有血有肉的人生，獲取屬靈智慧。
5. 四型配偶要學習從對情愛的貪婪中放手，適當的投入和抽離，才能獲得超然的寧靜，自足安詳，進入深度的屬靈境界。

4 6

四型與六型

相遇

1. 第四、六型在沉實的友愛中相逢。
2. 六、九特質較強的第四型與八、七特質較強的第四型，表現迥異。前者較為含蓄、怕事；後者較為任性、反叛。前者與六型配偶較容易彼此吸引。
3. 第四、六型傾向退縮、自省，雙方都了解驚惶的滋味，彼此共鳴。
4. 第四型容易悲天憫人，第六型憐貧扶幼，雙方都明白何謂人間苦難。
5. 保守的第四型與忠誠友愛的第六型對事物持有類近的觀點。
6. 雙方都樂意為有意義的事情受苦，分享同一命運。在人生的災病困擾中，分擔憂傷和同享歡愉。
7. 第四、六型在愛情關係中都願意犧牲，維護對方，同甘共苦。

相撞

1. 當彼此都感到膽怯時，會變得僵硬，無法行動。
2. 這對配偶傾向倚賴，四型配偶容易幻想配偶完美無瑕，倚賴對方帶領；六型配偶在決定中容易思前想後，裹足不前，需要求證和肯定，下意識需要配偶多番認同和保證。四型配偶直覺強，不接受配偶猶豫不決；六型配偶在焦慮中會把拒絕的情緒向配偶投射。結果，雙方會感到對方使自己自卑怯弱，甚至懷疑對方的愛情不夠真切。當感情進入呆滯期，彼此會竭力證明自己不是對方想像般差勁，結果卻捆綁在上述惡性循環裏。
3. 他們都愛倚賴對方採取主動去挽回信心，這對配偶會經歷一段時間的關係決裂，然後再度緩和。
4. 雙方的惡性循環是這樣的：當四型配偶感到自己的欠缺被配偶看穿了，會在難過中下意識埋怨指責。六型配偶期望對方無限的忍耐和支持，於是對四型配偶的羞憤和抽離大感失望，進一步指出伴侶的缺欠。當惡性循環到達頂點，雙方會消極悲觀，感到關係到了盡頭，灰心失望，寧願放棄。

5. 在極度沮喪和失望中，雙方表現會一反常態，四型配偶不肯正視自己的弱點，變得固執，致力證實對方的不是；六型配偶也會變得頑固，一味持反對意見，把對方打沉。

調節

1. 雙方在惡性循環和冷戰時期須要及早冷靜下來，共同撤退靜思，不再與對方的情緒掛鈎。
2. 四型配偶從關係中抽離，冷卻，重獲空間，一段時間後，會思念對方，懷念對方的優點。但六型配偶不容易信任對方的委身，在期望破裂後，需要配偶持續的安慰、保證，才有勇氣再次復和。
3. 雙方須要明白對方的難處和弱點，六型配偶要明白四型配偶在親密關係裏容易若即若離，以助調節期望和失望的困擾。四型配偶要明白六型配偶對於親密關係是在信任和懷疑間搖擺不定，以安定內在的焦慮。雙方一旦能夠諒解對方的難處，便能維護及同情對方。
4. 雙方在惡性循環中，須要各自靜修默想，建立內心堅強獨立的安全感。
5. 雙方需要對關係委身有很強烈的信念，置諸死地而後生，在親密關係中敢於冒險受傷，重新投入關係，才有復和的生機。

4 7 四型與七型

相遇

1. 這對配偶由於相異而互相吸引。第四型由情感推動，第七型由理智推動，二人都喜歡活潑創意，分享人生，在雙方情緒喜樂時，相處十分多姿多彩。
2. 二人不同處卻能互相平衡。二人都很有個性，彼此都能尊重對方的特點，互相輝映。第四型很渴望情感接觸，深入的感動；可是第七型的情感疏離，卻引起第四型更大的願望和渴想；因他們總依戀得不到的人和事，產生情感牽連。
3. 雖然第四型對情感失落感到沮喪，但由於第七型不易被別人的情緒牽引，反而能穩定第四型的動盪情緒，若第七型有一個創意的天空，更會引發第四型的羨慕和尊重。
4. 第七型的樂觀精神與第四型悲苦哀愁的內心世界絕不配合，但卻又能克制第四型自苦自傷的情緒，取得平衡。

相撞

1. 四型配偶極需要對方情感上深度的投入和回應，否則會引發負面情緒，自憐、自苦、沮喪、失望。七型配偶最迴避負面感情，令四型配偶感到被遺棄和被輕視。
2. 四型配偶會不斷要求七型配偶分享和討論內心世界和深切感受，而七型配偶愛迴避複雜而抽象的情感問題，認為浪費時間，不切實際。當四型配偶感到對方不斷迴避內心交流，無法把對方固定下來，會感到失落。
3. 七型配偶懂得靈活地應酬四型配偶的需要，多姿多彩的活動和體驗可以分散四型配偶的注意力及改善情緒，但及後相同的困境再出現，四型配偶不滿足的感覺又會重臨。
4. 一旦不愉快的循環重複，七型配偶會感到局促和窒息，而彼此既不善於改變對方，也不認為要改變自己，於是七型配偶會逃避關係、説謊及出現矛盾的行為。

5. 雙方都不容易放棄個人願望，也不容易理解對方完全不同的世界觀，只能常常拉扯糾纏，時好時壞，然後又自圓其說。
6. 四型配偶在長久失望之後，會抨擊對方情感膚淺；但七型配偶不願聆聽負面評語。倘若七型配偶受傷，會立即自我安慰，當作若無其事；四型配偶一旦能敏感到伴侶內心驚恐，就不忍心要求或埋怨，二人又再回復先前的疏離僵局，無法解決問題。
7. 這對配偶在愉快時十分深切，否則彼此會十分疏離，各自各精彩。
8. 第七型喜歡多姿多彩的事，對人的內心世界沒有耐性，令第四型十分沮喪。

調節

1. 關係出現困難時，除非其中一方在關係中感到過分痛苦，他們才會面對問題；否則會美化和輕視問題，問題不容易浮面。譬如四型配偶過分寂寞，沒有良好社交生活，又不認同對方的社交圈子和朋友，負面情緒高漲。七型配偶在四型配偶的傷心悲痛的要求下感到太大壓力，忽然想一走了之。到達這種極端境況，問題才有望解決。
2. 這對配偶雖然十分相異，卻可相生相剋，二人要一起成長。七型配偶要學習接觸人生痛苦和負面的一面，培養深度。四型配偶要學習客觀抽離，不太在意內心情緒的得失，才能鼓勵七型配偶面對問題。
3. 二人傾向累積問題，要學習實事求是，協議定期傾訴，分享矛盾。分享時四型配偶要學習容易滿足，得些好意就停手，接納伴侶解決問題的取向和不能深刻理解自己的感情。
4. 七型配偶要學習委身、投入和不迴避問題；四型配偶要學習尊重客觀規則，不以負面情緒表達自己。
5. 二人要經常計劃有意義和活潑的活動，關係便會生動起來。不過不適宜一起從事藝術活動或工作，否則，雙方會在潛意識裏彼此競爭和互相排斥。

4 8
四型與八型

相遇

1. 二人都率真有個性，由於對方的個性魅力而互相吸引。
2. 二人都有潛質表達濃烈激情，不介意世俗眼光和想法，第四型在親密和安全的關係中會奔放任性；第八型敢於嘗試、冒險，在情慾上放任不羈，因而雙方容易擦出火花。在情感的摸索、冒險和觸覺上，會感到刺激、痛快和滿足。
3. 第四型着重達至超卓的人生；第八型着重個人的威信、實力、才幹，雙方在和諧時會互相欽佩和欣賞。
4. 第四型重視感情，善於表達強烈的喜怒哀樂；第八型喜歡挑戰，也不怕經歷極端情緒。在感情方面，着重佔有和保護，第四型的倚賴和脆弱的感情找到了靠山，第八型的強悍不屈找到了支持。四型女士很容易成為八型男士的金絲雀；四型男士很容易成為八型女士的白老鼠。

相撞

1. 四型配偶重視品味、優雅的表達和細緻的感情；八型配偶粗枝大葉，對細膩感情一無所知，衝動自負，膽量蓋過了羞愧，彼此在情感的期望上相撞，四型配偶經常感到矛盾和失望。
2. 四型配偶對藝術、美感、情感、表達風格，有很高的內在標準，具批判性，不易滿足；而八型配偶習慣自主和話事，很容易視四型配偶的情緒表達為瞧不起自己的表現，感到被踐踏，繼而自衞，無情地懲罰攻擊。四型配偶受到攻擊會痛苦、受傷、反擊；或者自欺、逃避。反擊型四型配偶會與八型配偶產生激烈的戰鬥；恐懼型四型配偶會逃避、自苦，或美化對方，形成病態共生拖累症的虐待關係。
3. 八型配偶有時會在四型配偶的固執和要求中失去安全感，一時反擊一時討好，反復測試，以求獲得最後勝利；四型配偶會隨着感受變化而退縮、遷就、討好、反復回應，若即若離。雙方矛盾痛苦，耗費大量元氣，有時感到被玩弄，但又自投羅網，彷彿互相揑緊，直至窒息死亡。

4. 有時八型配偶看見伴侶頹喪、憂鬱，會動憐憫之心，去救助保護；四型配偶感到伴侶奮不顧身，鍥而不捨，又重燃愛火。八型配偶感到成功和安全，佔有了伴侶的感情，就轉移目標，出外闖天下，再次把四型配偶拋在失望的谷底，四型配偶因而變得情緒化或極度抽離，八型配偶一旦察覺失控，又再陷入上述惡性循環。
5. 這對配偶蘊含許多悲劇元素，有極度的歡愉，也有極度的挫折和憤怒、極大的力度的苦和情，彼此消磨耗盡。

調節

1. 八型配偶衝動，四型配偶任性多情，雙方都須要學習節制和抽離。四型配偶須要多表達自己的現實需要，讓伴侶有可掌控的安全感；八型配偶要學習寧靜謙和，體恤配偶複雜善感的心理需要。
2. 八型配偶的原始和樸拙迫使四型配偶脫離幻想，接觸人間的實際和人性的粗野、無情，若能真誠接觸，四型配偶會培育出人性的深度。
3. 四型配偶的多情夢幻迫使八型配偶反省人生真諦，發現自己的横蠻底下埋藏着許多不安全和脆弱，從而學習憐恤。
4. 四型配偶會在徹底失望後，學會不再倚賴不可靠的人性，發展出獨立而有紀律的人生目標。八型配偶看似豪邁本事，實質粗疏衝動、魯莽；四型配偶看似柔弱無能，實質聰慧有洞察力，若四型配偶能確立有意義的人生目標，全情投入，伴侶就會甘願佩服和支持。雙方若能克服想「話事」的心理，會成為無可匹敵的好配搭。

4 9 四型與九型

相遇

1. 二人內心世界豐富，都重視感情，能體察他人需要，相依時有如兩張棉被，給對方帶來溫暖。
2. 第四型喜愛美感，第九型酷愛純樸、真摯、自然，二人都比較喜歡寧靜和舒閒，特別享受大自然生活，十分投契。
3. 第四型經常情緒動盪，害怕被拒絕；第九型情緒穩定，對別人，尤其所愛的人充滿接納和寬容，彼此互相滿足。第四型的活潑創意又能帶動第九型感受生命的活力和驚喜。

相撞

1. 在親密關係中，四型配偶害怕被拒絕和誤解，九型配偶也害怕失落、被拒絕和分離，有時雙方太受制於無形的恐懼而會變得僵化、被動。
2. 九型配偶不善表達內心世界，也不主動解決困難，比較安於現狀；每當四型配偶在矛盾中渴望支援，只會感到失望，被困於內心多重矛盾，不能說清自己的狀況。雙方都冷漠抽離，產生惡性循環。
3. 雙方在沮喪時，傾向逃避現實，變成一池死水。四型配偶渴望分享內心世界，九型配偶只會和應，但不懂辨認對方的感受和需要，令四型配偶感到平淡、沉悶和疏離，以致懷疑雙方關係薄弱；九型配偶在對方懷疑下會惶恐退卻。

調節 1. 四型配偶要學習接納九型配偶雖然體貼，卻未必有能力洞悉複雜的情緒。九型配偶比較沖淡和平、欠缺活力，面對的激情和壓力愈大，能量愈少，更加自欺和自我麻醉，所以要協助九型配偶認識內心世界。九型配偶要學習自信，明白伴侶雖然活潑，意見多多，其實內心軟弱，需要許多安慰、聆聽和肯定。

2. 四型配偶要忍耐九型配偶常常有莫名的焦慮，以鼓勵、引導和讚賞去啟發對方的能量，不要揭出弱點加以批評，否則會令九型配偶更加逃避。

3. 四型配偶容易陷溺於情緒深淵和逃避現實，要學習自律，不盲從情感流動，要嘗試：

   - 脫離自我中心，進入忘我境界，以他人福祉為中心。
   - 尋找最高原則為人生的指導，或為自己設立座右銘。例如：人生不在乎長短，在乎質量；真理由實踐開始；一點燭光照亮漆黑的原野等等。

4. 九型配偶要學習主動和堅持關係，也要學習表達不滿，不要把怨憤積藏心裏。四型配偶不要胡亂輕歎，用感受和情緒怪責他人，學習清楚表白自己的需要。這樣可以進入良性循環：四型配偶表達需要對方，配偶樂意付出；四型配偶感動，以感情回應，九型配偶大為振奮，更樂意付出。

5. 四型配偶擁有情感能量，能帶動關係。九型配偶內在世界穩定、堅固，如大水塘，資源豐富，為關係的指針和定向；四型配偶若能立定一個有意義的追求目標，雙方便可以互相支持和前進。

5 5 五型與五型

相遇

1. 五型配偶不愛主動，倘若結成夫婦，可能是朋友推波助瀾，或者在同一社團、課程、公司，無意中相聚，發生感情。
2. 五型配偶互相吸引的地方是彼此尊重，互不強求，雙方都獲得極大的空間和自由。
3. 他們的相處常常是靜靜地「在一起」，這已是愛的表示。他們可以一起行山、逛書局、看展覽、欣賞表演……節目豐富，但絕不會排得密密麻麻，讓大家都有充足時間回氣。
4. 他們的相處十分安靜，靜如深海，在安靜中孕育默契。
5. 他們結合最稱心的地方，就是減少無謂應酬，二人世界，幾乎沒有什麼朋友。

相撞

1. 由於二人都集中觀察、思考和內省，不單絕少吵鬧，在家裏也可以靜如深海。
2. 雙五型組合雖然害怕被自己或他人的情緒滋擾，卻不是對感情沒有渴望。雙方都是腦型，不善表達感情，會在關係中留下一個極大的情感空隙，這空洞冷凍的氣氛，使本來就易感到空虛的五型配偶更加空虛。
3. 五型配偶很渴望獲得關懷和愛護，倘若其中一方在後天培養了一些照顧人的技巧和習慣，自然會成為關係中的情感支柱，可是單靠一方是不行的。不久，雙方會各顧各，在外人看來，幾乎像分租的房客，相安無事。
4. 雖然五型人像仙人掌，少少水分已經足以生存，但毫無水分，一樣可以枯乾。五型配偶常常渴望對方比較主動、活潑，付出愛心；但即使察覺對方有需要，仍然空在腦海盤旋，心有餘而力不足，未能付諸行動，好像開了焗爐，卻沒有插電掣，不能烘焙香噴噴的蛋糕。
5. 五型配偶最大的陷阱就是雙方默許及容讓自己經常性退縮往自我世界，拒絕接觸社會人羣，變得只顧頭腦空想，更少面對人生現實。

6. 長期情感缺水，雙五型配偶常常感到被對方忽略，心裏不是滋味，會積蓄說不出的怨忿，彼此更加抽離。倘若沒有堅定的價值觀，容易遇上婚外情，或染上不良習慣，或強迫性儲存小物品，去調節心理空虛。

調節

1. 五型配偶要理解雙方的性格特徵，一起商量設計改善的藍圖，以獲得適當的情感滋潤，避免頭腦耗盡的危機。雙方都是心地良善的人，不妨一起設計愛的交響曲，例如多姿多彩的性生活、探索郊野遊蹤、尋訪名山大川、做義工、有計劃地結交朋友，使生活更加真實動人。
2. 五型配偶縱有計劃，但因思想過於全面周密，一開始計劃就無止境地聯想，結果只在思想世界盤旋，容易夭折或虎頭蛇尾。所以，必須知己知彼，互相提醒，避免個性帶來生活無止境的挫敗循環。

5 6

五型與六型

相遇

1. 二人都沉靜內向，簡樸知足，很少激情，交往時沉靜而溫馨。
2. 二人都是腦中心人物，容易作出思想交流。
3. 第五型尊重世間所有可能性，對世事人情比較抽離；第六型樂意為自己喜歡的對象效勞，以獲得安全感。第六型可以透過執行實務帶動這段關係，並且在適當時候表達溫柔的一面。
4. 二人都務實簡樸，容易一起捱過人生困境，同甘共苦，走過悠長的人生歲月。

相撞

1. 當五型配偶對人情世事抽離，不願意溝通分享，不願肌膚親熱，會使六型配偶焦慮惶恐，致緊張自衛。
2. 當六型配偶感到焦慮緊張，會變得苛刻或出言攻擊，甚至不斷懷疑追問；一遇壓力，五型配偶更加退縮、抽離，顯得不在乎。若六型配偶不能獲得資訊及彼此分享去增加安全感，會更惶恐擔憂，出現惡性循環。

調節 1. 五型配偶尊重人生各種可能性，尤其尊重能克制感情的人。六型配偶要學習控制自己的焦慮和多疑，保持冷靜。五型配偶會因而減少退縮抽離。

2. 遇到困難，六型配偶要學習調校想法：對方抽離並非嫌棄或遺棄自己，純粹是對方的風格和需要個人空間。五型配偶要學習表達自己，如「我暫時不想發言，因我需要空間，並非嫌棄你」或「我暫時未想通，未有答案」。

3. 五型配偶要學習體諒六型配偶在沒有交流時會十分恐懼。五型配偶宜運用解讀能力，閱讀六型配偶的追問、苦纏、不信任，了解對方內心的惶恐和對自己真摯的着緊。六型配偶要學習閱讀五型配偶以思考代表行動，他認真思考已經等同真摯關懷，學習接收對方無言的重視。

4. 雙方要學習客觀冷靜、自我調節期望和情緒，遇到問題記錄下來，約定時間討論，澄清疑難，解決問題，享受同甘共苦的溫暖。

5 7 五型與七型

相遇

1. 這對配偶擁有完全迥異的世界，很難互相吸引，若然結成夫妻，雙方的差異會迫使大家急速成長。
2. 第五型需要很多私人空間去接觸知識，第七型需要自由空間探索興趣，所以兩者都容許對方擁有充足的私人空間，獨立性高，無須經常彼此陪伴。
3. 第七型在社交上的輕鬆、融入，正好帶領不善應酬交際的第五型。
4. 第五型熱切渴求知識，第七型不斷接觸新事物，可引發第五型對一些事物的興趣。
5. 這對組合的親密關係建基於意念交流，若第七型能學習於某一話題、知識進深，就能與第五型深入交流；第五型對事物的深入認識及獨特見解亦可刺激第七型的好奇心。

相撞

1. 雙方都是不接觸情感的類型，五型配偶容易抽離，而七型配偶不會把焦點放在情感上；若雙方都專注關係以外的事物，顯示這對夫婦關係正出現危機。
2. 五型配偶喜歡進深研究和明白知識，七型配偶對知識往往蜻蜓點水，有少許掌握就非常滿意，二人很難進深話題。五型配偶漸漸感到不是味兒、關係缺乏深度，覺得對方膚淺；而七型配偶會覺得對方沉悶、欠生氣，關係欠缺火花，心底也漸生不滿，遂向外尋找刺激，使關係更加疏離。
3. 二人容易在金錢運用上有分歧。五型配偶以「最基本需要」為花費的原則，而七型配偶對一切新鮮事物着迷，會不惜代價去購買或嘗試，這種豪邁花費會令伴侶在生活上出現不安全感。若五型配偶在家庭財政上作出限制，會增加伴侶的焦慮，久而久之，七型配偶因怕沒有機會嘗試新事物，會更加貪新鮮，更想大肆享受，甚至向配偶作出反擊，影響彼此關係。

調節

1. 雙方要學習留意自己的情緒，尋找不滿的源頭，具體解決問題，不要以分析取代感受，以為分析了等於解決問題，結果將問題擱置，拖延不理。五型配偶冷靜分析過後要將想法付諸實行，在家庭發揮穩定力量，協助七型配偶面對問題。
2. 雙方都須要私人空間，在獨處中與自己接觸，明白自己的不安和懼怕，學習勇敢面對問題而不逃避。
3. 在相處中，五型配偶被動，會被七型配偶的樂觀豪情嚇了一跳，但卻能激發五型配偶發揮朝向健康發展的八型人格的實力，帶動情感關係，安頓家庭，建立秩序。穩定的家庭關係會為七型配偶帶來安全感，他一旦安身於家庭中，便會自願盡責維持，也為五型配偶帶來安全感，產生良性循環。
4. 這對配偶必須學會由彼此排斥到彼此學習，五型配偶要效法七型配偶活在當下，時刻享受新事物的驚奇，不怕嘗試，敢於冒險，與配偶一同探索新事物；七型配偶要學習五型配偶的鑽研精神，對知識、人生、學問深度體會，發展潛能。若雙方能夠謙虛，以對方為自己的良師益友，會彼此祝福，相得益彰。
5. 為免過分獨立，二人需要一些共同目標去維持關係，例如一起照顧家中的長者，或者為孩子追求共同遠象而努力。

5 8

五型與八型

相遇

1. 這是一對極其相異的夫婦，但卻是常見的組合。
2. 第五型沉靜專注，穩定、含蓄，與世無爭，又擅長思辨分析，對第八型有一份莫名的吸引力。倘若第五型人生遭遇困難，更易引起第八型鋤強扶弱的心理。第八型豪邁爽朗，膽大實幹，正是第五型所缺少及須要學習的方向，有一種吸引力。
3. 二人都不拘小節，對人情世故並不裝模作樣，容易彼此配合。而且雙方都不懂得微妙感情，在談情説愛方面感到較少挫敗，更多成功感。
4. 雙方都喜歡以身體接觸去表達感情，性生活容易滿足。
5. 第五型不喜歡干預他人，令第八型感到很受尊重；第八型不拘小節，喜歡在公眾場合主領場面，第五型不但不會感到被忽略，反而獲得更大的自主空間，各得其所。

相撞

1. 若果第八型是傳統外向的大男人，第五型是傳統深居簡出的小女人，家中沒有兒女，在關係中可以自得其樂，是一對絕配。可是倘若雙方對家庭婚姻有要求，矛盾就會凸顯。一般矛盾包括：
   - 八型配偶喜歡社交活動，五型配偶被迫參與，會感到勞累，私人空間受侵犯，久而久之，大感不滿。
   - 八型配偶愛面子，喜歡被公開讚揚；五型配偶最討厭繁文縟節，雙方都大感不滿。
   - 八型配偶好動，五型配偶好靜，互不滿足。
   - 八型配偶粗疏，五型配偶思想仔細，久而久之，五型配偶累積不滿，鄙視八型配偶；八型配偶覺察到對方的抵抗會發怒，產生衝突。
2. 衝突初期，五型配偶會忍讓，或者以事論事；久而久之，雙方彼此感染，交換了衝突模式，五型配偶比八型配偶更強悍不屈，八型配偶在高壓情況下，靜觀其變，爭吵如海浪般高低起伏。八型配偶不怕爭吵，怒氣泄了，更為舒暢；但五型配偶感到爭吵無謂，認為浪費生命，空間大受侵擾，元氣大傷。

3. 倘若雙方在「五」的位置相遇（八型發展出「五」的不健康特質，參第二章），雙方會各行其道，給對方最大自由，出現互不需要，互不理睬的局面，關係冷凍。八型配偶感到受忽略會提出要求、嘗試掌控，五型配偶感到被強迫則頑強抵抗，傷害關係，形成僵局。

調節

1. 二人都在關係中迫使自己面對生命裏最大的弱點。五、八型配偶在對方身上看見自己的強項和弱項，有時同情，有時抵抗，有時迴避，有時討厭，雙方情緒起伏，被迫面對自己最害怕認識的內心感情。
2. 他們像一對冤家，對方的存在勉強自己徹底改變。他們慣於倚靠自己生活，很難信賴上帝，若關係迫得窮途末路，自會存心謙卑，操練靈性，人生也有轉機。
3. 二人若在人生水窮處，存心信靠大能者，五型配偶會轉化出膽量和實力，敢於投入人羣，敢於衝突，擁抱生命；八型配偶則學會謙卑沉着，退居二線，忍耐寧靜，轉化為新造的人。

5 9 五型與九型

相遇

1. 雙方不愛爭競，不愛出鋒頭，不擅言詞，是一對沉靜隱形的配偶，一切盡在不言中，在寧靜和融洽的氣氛中相遇。
2. 第五型喜歡第九型寬容、接納、大方、不拘小節；第九型喜歡第五型沉實、不造作、有知識、對人沒有要求、沒有壓力。
3. 雙方都懼怕壓力和要求，喜歡不動聲色，不表達需要，只在活動裏接觸連繫，向對方表達內心的期望和需要。

相撞

1. 九型配偶常常留心對方的需要，有時將對方的感受化作自己的感受。五型配偶慣於做藏匿一方的觀察者，若覺察到配偶常常留意自己，會感到很不自在，下意識想脱離「監視」。
2. 九型配偶喜歡常常與人連繫，卻沒有具體期望和需要；五型配偶按事理生活，不明白九型配偶到底對自己和關係有何期望，九型配偶又難以辯解，雙方都有莫名的挫敗和失望。
3. 五型配偶漸漸留意到九型配偶並無具體要求，便會抽離，凝聚精神去思想人生；九型配偶覺察到對方冷漠抽離，會感到被拒絕、被遺棄，累積莫名的憤怒和失望。
4. 一般來説，九型配偶很難生氣，但在這個配搭中，九型配偶也會常常感到激動和憤怒，及後又內疚自責，十分矛盾。
5. 雙方都延遲接觸自己的感受。五型配偶慣於懸空感受不顧，九型配偶慣於後知後覺，所以雙方常常毫無衝突，但氣氛納悶，有莫名的情緒壓力。他們絕不大吵大鬧，卻在屢次挫敗失望後，各自發展人生目標和興趣，關係形同虛設，貌合神離。

調節 1. 這對配偶一定要重視情感世界的栽培，性生活是二人不用言語而可以彼此滿足、彼此重視的橋樑，須要加以栽培和重視。

2. 性生活以外，他們要設計定期的親密活動，以防疏離，如行山、釣魚、閱讀、聽音樂等等。五型配偶要學習表達自己的見解，九型配偶善於聆聽，可以藉此維繫感情。

3. 九型配偶可以照顧伴侶的生活。五型配偶可以指導伴侶，給予意見。雙方都要容許衝突發生，哭一場，吵一場，喚起生活的活力。

4. 九型配偶留意自己容易固執，傷害配偶的感情，要學會保護五型配偶的安全感。五型配偶要學習接受及表達情感，體恤對內心的希冀和善意。九型配偶則要學習具體表達自己的期望和需要。

5. 雙方要培養幽默感，九型配偶有能力帶動關係變得輕鬆活潑，五型配偶要學習欣賞讚美和投入關係。

6. 九型配偶要發展個人目標，不以配偶為人生焦點。雙方若能找到共同目標，自會增進「在一起」的親密感。

6 6

六型與六型

相遇

1. 沉實、追求安全感的雙六型，喜歡對方穩重踏實；雙方都有懷疑精神，喜歡彼此的危機意識，肯積穀防饑。
2. 第六型喜歡把事物思想透徹，奇妙的是當兩個充滿懷疑和不安全感的人走在一起，反而可以出現正面影響——當一方想得太負面，另一方反而不用再思想「負面」，有空間思想一些正面的事情。
3. 六型配偶喜歡同情弱小，鋤強扶弱，可以一起參加社會運動、慈善組織，協助弱勢社羣，會非常合拍。
4. 六型配偶喜歡一起計劃，如做財務計劃、子女升學計劃等等。他們非常重視家庭責任，享受天倫之樂；可是，倘若雙方都固執、堅持和產生誤會，會出現重大衝突和猜疑。
5. 六型配偶重視承諾、忠誠、守規矩和踏實，在外人看來有時比較沉悶，他們卻自得其樂；事實上，他們可以互相倚靠，患難相扶，相依到老。

相撞

1. 生活和經濟壓力等等都會觸動這對配偶的神經，他們會加速災難性聯想，傾向預測、過分防衛，甚至退縮、迴避，形成龐大的情緒壓力，影響睡眠和身體健康。
2. 買賣樓宇、搬遷、擇業、升學、投資等重大家庭議題，也是這對配偶的挑戰，一方感到難下決定，下意識希望對方作決定和負上責任。雙方在這種潛意識的倚賴和恐懼中拖延決定，引致情緒爆破或情緒投射，產生衝突。
3. 六型配偶非常害怕損失，因為損失和錯誤反映出危機四伏，使他們超級不安，然後會自責、自我懷疑，更甚是懷疑配偶、曾經信託的機構、家人、組織和權威，懷疑像雪球愈滾愈大，完全失控。他們很需要對方的調節和安慰。

4. 每當六型配偶遇到巨大壓力時，反而會施展出內在動力，沉着應付。可是，倘若一位是家中幼兒，備受寵愛，極度倚賴，又或者在家常遭貶損，性格自私、自卑、偏執；另一方成長時屢受驚嚇，形成抑鬱焦慮傾向，這些元素混在一起，雙方會糾纏、投射、壓抑、否認或累積問題，上述的關係張力會進入惡性循環。

調節

1. 雙六型夫婦的優點是肯正視和面對問題，亦肯閱讀資料和求助，他們可以學習解難方法，多請教良師益友、前輩，給予具體示範。
2. 雙六型配偶須從錯誤中學習，積極操練信心，建立內在安全感去應付問題，鎮定局面，否則，雙方會累積怨恨和負面回憶，引致惡性循環。
3. 六型配偶須要定期計劃輕鬆減壓的活動，如行山、郊遊、運動、散步、聽音樂，卸除壓力。
4. 若能在心靈上找到最終極可靠的心靈指引，在信仰上獲得至安穩的歸屬感，對關係是莫大的祝福。

6 7

六型與七型

相遇

1. 這是一對互補型的情侶。第七型輕鬆活潑、樂觀開朗，驅除第六型心底的憂慮和負面情緒；第七型的理想主義和新鮮多彩的念頭也能吸引第六型。由於第六型兼有七翼，容易吸引同類，能一起探險及歡笑。
2. 第七型喜歡第六型的好奇、警覺，能常常向他的智力挑戰。由於第七型點子多，但光想不做、不切實際；第六型的細心踏實，可以協助第七型具體執行計劃，是很好的助手。
3. 第六型忠誠、可靠、熱情、投入、善解人意，令第七型感到舒服熨貼。

相撞

1. 二人在觀點、處事手法、人生取向各方面都迥異，相處有不少困難。他們同屬惶恐組合，但處理手法完全不同。六型配偶會周密思考、兩手準備、全盤觀察、預測後果；七型配偶會分散注意力，見步行步、見招拆招，以樂觀精神去擺脱焦慮。相反的傾向（推測焦慮和擺脱焦慮）使雙方十分為難。六型配偶的焦慮更會因此加劇。
2. 二人的處事方式完全不同。六型配偶凡事作最壞打算，未雨綢繆，想像負面的未來；七型配偶則逃避煩惱，天馬行空猜想各種美好的未來。彼此的想像背道而馳。
3. 七型配偶傾向輕視和忽視六型配偶的憂慮，叫他往積極面去想；六型配偶的憂慮得不到承認和正視，愈加擔憂。雙方一味往相反方向走，產生惡性循環。
4. 七型配偶靈活多變，不會墨守成規，要求最大的選擇和最多的自由。六型配偶循規蹈矩，在秩序、計劃和步驟中尋求安全感。於是，在生活安排和大小決策上，七型配偶的變化多端會加劇六型配偶的多疑恐懼，使他憤怒反叛；但這才引起七型配偶嚴肅認真關注。
5. 這對配偶在承諾上也很困難，六型配偶需要對方保證和確實保障，才肯行事和決定；可惜七型配偶最討厭預先作承諾和保證，喜歡保留最大的選擇權，六型配偶會因此更加不安。
6. 六型配偶感到不安全的時候，容易凡事干預、查詢、質問，愈恐懼，愈干預；七型配偶害怕煩惱，會自動逃避，但又不察覺自己的逃避傾向。結果六型配偶成了招惹爭端的一方，卻得不到七型配偶的同情，內心更是恐懼、苦惱，獨自受苦。在這困局下，會發展出兩種傾向：六型配偶會自傷自憐自苦，充滿負面情緒；或內積憤怒，敵意挑戰和苦毒批評。七型配偶最害怕負面情緒，或者擔心失去喜樂，討厭這段關係，一是逃之夭夭或大發脾氣、自義和激動，二人糾纏不清，兩敗俱傷。

7. 在討論問題和解難時，六型配偶喜歡正視問題，迫對方具體、全面地研究和解決困難；七型配偶最討厭被迫和長時間嚴肅地面對煩惱；面對內心恐懼時，七型配偶傾向概念思想，把難題理想化，使六型配偶更加焦慮、矛盾不安。

調節

1. 這對配偶面對很多挑戰，卻因此促使雙方正視自己的弱點，達致成長。他們都是「腦」型人物，傾向被掛慮和愛好佔據心神，不懂得全心全意為他人着想。雙方要學習接納、欣賞和諒解一個與自己完全相反的人。
2. 六型配偶要諒解七型配偶害怕負面情緒，表達憂慮時要輕鬆簡潔，實事求是，不拉扯話題，不大肆發揮，點到即止。七型配偶要諒解六型配偶的恐懼焦慮，不輕視、不排斥，表示承認和肯定，願意與他一起處理困難。每當六型配偶不斷爭論，查根問底，七型配偶要學習鎮定，不逃避，表達關懷，不無謂爭論。
3. 雙方要節制自己的自衛本能。六型配偶在作決定和解決問題時，容易出現情緒投射，可以先安靜下來，鎮定自己，保持信心。七型配偶要留心自己愛把問題合理化，以幻想來逃避，要學習鎮定，憑藉自信，專心解難。雙方要學習信任和尊重對方。一般來説，六型配偶把憂慮打七折，七型配偶把樂觀減三分，可能最接近現實真相。
4. 二人因相反傾向，會有不少爭論和負面感受，六型配偶要看管舌頭，不要出言譏諷和尖刻批評；七型配偶要看管脾氣，學習凡事節制。二人要安排無憂無慮的歡樂時刻，去平衡關係，以免負荷過重。
5. 六型配偶喜歡陪伴，七型配偶喜歡逍遙。六型配偶要學習辨認自己的需要，以輕鬆柔和的心態表達要求；七型配偶要學習節制、節慾和沉實，對配偶多作口頭和行動的關懷、讚賞。六型配偶也須多作讚賞和鼓勵，讓配偶在平凡生活裏找到樂趣，精神振奮。

6 8

六型與八型

相遇

1. 第六型需要安全感和保護，自然被第八型的自信、敢作敢為吸引。第八型喜歡作主，與第六型忠實、可靠、順服的性格相合。
2. 第六型在求偶時會長期觀察，有足夠的信心和肯定安全才會委身。若第八型視這為挑戰，會更鍥而不捨，落力追求，達到目標為止。第六型會視第八型長久落力的追求為踏實可靠，因而穩定信心，肯定二人的關係。
3. 這是一對極匹配的患難夫妻，在患難或困境中，會連成一線，敵愾同仇。第八型敢於挑戰困境，而第六型忠誠不移，一起渡過患難。
4. 第六型需要第八型的自信果斷和勇氣；第八型需要第六型的細心觀察和具體行動策略，作為行動指引。他們互相信任，是最佳拍檔。
5. 這一對並非卿卿我我，花前月下的愛侶，他們實事求是，言出必行，以策劃和行動作為愛的連繫。

相撞

1. 這對夫婦一旦失去共同目標，容易出現許多矛盾。六型配偶心細如塵，會介意八型配偶囂張、魯莽、衝動、不顧後果。八型配偶一旦失去伴侶的絕對臣服，會嫌棄他膽怯、懦弱、凡事遲疑、舉棋不定，下意識流露鄙視之情。
2. 六型配偶需要保護和肯定，容易左思右想諸多探問，八型配偶會誤以為不被信任，激發怒氣。怒氣會使六型配偶失去安全感，忽然發現昔日保護自己的人原來會欺凌自己，於是更加自衞和不信任。久而久之，雙方冷戰熱戰，失望疏離。但一旦遇到家庭困難，二人又能自動連結。
3. 六型配偶對情感需索不大，不過需要配偶生活上切實付出和互相陪伴；不大喜歡痴纏，需要空間整理自己的疑惑和實務。八型配偶大情大性，有時感到配偶多疑，凡事保留，不夠盡情，容易轉移目標往外撲，使伴侶缺乏安全感，諸多埋怨，因而使八型配偶更覺得縛手縛腳，很不爽快。

調節

1. 這對配偶累積怨懟，然後爆發衝突，未必是一件壞事。八型配偶衝動、自信，以牛力去征服配偶，惹來對方更多自衛、猶疑和不安，直到六型配偶忍無可忍，提出垂死的決心，道破內心的憤怒、惶恐和不滿。八型配偶盛怒過後，明白對方的底線，又能回復彼此尊重。六型配偶以勇氣表達過後，發現一切完好無缺，重獲信心，雨過天晴。
2. 六型配偶有時膽怯，過分崇拜八型配偶，所以要學會認識自己的實力和對方的弱點，堅定自信，以誠實智慧的言詞提醒配偶，因八型配偶很需要這種支持。
3. 六型配偶要學習沉實冷靜處理焦慮，直話直説，作出明確要求，訂出明確界限。八型配偶要學習約束脾氣，不胡亂發怒，要記住自己認為是簡單小事，對別人可能有很大壓力，要學習彼此尊重。
4. 雙方容易衝動，失卻理智，要學習定期省察和彼此道歉。
5. 雙方不懂情感交流，需要定期約會拍拖連繫情感，培養身體肌膚之親。

6 9

六型與九型

相遇

1. 二人在九型人格中具有相同的成長路線（參第二章），容易明白對方的惶恐焦慮，諒解對方的猶豫不決。他們相處時，當第六型表達警覺、恐懼和疑慮，第九型則可充當安慰者。
2. 第九型的和暖、接納、包容，給第六型一份安全和溫暖的感覺，能夠解除各種外來的衝擊和困慮。
3. 如果雙方在三型的位置相遇（六型及九型都有向三型性格發展的偏向），積極行動，二人會感到精神振奮，活潑快樂。
4. 第九型遇到壓力，有時會忽然退到「六」的位置，感到緊張和疑慮。這時第六型比較容易表示理解和同情，因為這就是他本身的性情。

相撞

1. 在良好的情況下，這對配偶會彼此支持，有商有量；可是當雙方都遲疑不決，想為對方着想，勉強自己作決定和行動，結果只會纏結在一起，不能決定，也不能行動，並且彼此埋怨：「為何不是由你行第一步？」
2. 九型配偶喜歡以關懷配偶作為人生目標，六型配偶喜歡順服跟從他敬仰和喜歡的人，於是，彼此都為對方做事，結果，大家寸步難行。
3. 六和九型配偶會在「三」的位置相遇，傾向像第三型以行動掩蓋內心感受。九型配偶會變得麻木，而六型配偶在壓力中也忘掉個人感覺，只顧計算得失。
4. 有時第九型會跌入安靜狀態，遲延行動；六型配偶觀察到對方沒有積極行動，愛理不理，會感到擔憂，不斷推動配偶前進、工作、計劃、表達和決定。在壓力中九型配偶會消極抵抗，變得固執；六型配偶在觀察和測試中，一旦失去感情的肯定，會懷疑關係出了問題，十分焦慮，產生惡性循環。
5. 在僵局中，雙方都會自衛和發晦氣，六型配偶不動聲息，按章工作，不肯付出；九型配偶也會固執抵抗，怨懟伴侶斤斤計劃，感到非常失望。

調節

1. 由於二人都害怕劇烈情緒和憤怒，所以很難正視關係上的不滿，不滿累積，至終轉化為懷疑及無奈。二人都不會接觸自己的需要和感受，要假借對方的需要，來支持自己行動。雙方都要學習接觸和承認自己的感受和需要，清楚表達出來。
2. 若雙方都學習恰當表達憤怒，有如落一場大雨，可以消散翳悶之氣，幫助二人鬆弛張力，好好面對問題。當九型配偶悍恐，會怠慢、不動心，以紓解壓力，六型配偶要學習體貼諒解他並非對自己無情，只是需要接納鼓勵。
3. 若九型配偶能自我省察、訂出目標、積極行動，關係便會生動起來；要學習表達自己的困難，也要安慰和鼓勵配偶，不作消極抵抗。六型配偶要鼓勵支持，讓伴侶學習安慰自己的憂慮和擔憂，給予他空間和信任。
4. 這對配偶容易忘記昔日曾有過溫馨的日子，二人要回憶美好時光，學習重建信心。

7 7 七型與七型

相遇

1. 兩個七型人結成夫婦，他們會找到與自己相似的人，大家都是自由、樂觀、精力充沛、充滿冒險精神，共同分享歡樂和嗜好。
2. 歡愉的時候，雙七型配偶會海闊天空，妙想天開，非常滿足。

相撞

1. 第七型的優點也是弱點，由於他們喜愛變化，害怕沉悶，所以當關係過了第一階段的新鮮期，會立時感到沉悶而渾身不自在。
2. 其實七型配偶需要比較務實、重思想，或重感情深度的配偶去挑戰和約束自己的沉溺行為。雙七型的組合，缺乏提醒和挑戰，雙方只會在各方面不斷逃避，不斷退步。
3. 除非其中一方或雙方都在事業中有了成就或有其他責任約束，否則雙方只會在人生路途上不停旋轉，另尋刺激，不停後悔！

調節

1. 雙七型組合容易互相包庇，不停自欺，為自己和親友帶來禍患。
2. 若雙七型組合在家庭危機後痛定思痛，堅決長相廝守，建立穩固的家庭價值觀，以發展健康家庭為最新鮮有趣的挑戰。
3. 第七型需要側翼扶助，在困難中激發他們發揮八翼的憐憫心和六翼的解難能力，發展和修正自身的弱點，開開心心地解決問題，互相幫助。就能維持健康的關係，一生一世。

7 8 七型與八型

相遇

1. 二人的性情相近，都追求趣味及享受，有力帶動關係，讓關係充滿活力和多姿多彩。
2. 二人都需要自主和個人空間，能給予對方自由。
3. 二人都不喜歡被拘束，甚至為滿足一己之慾望而漠視社會規條，膽敢破壞規則，走法律罅，並喜歡從冒險中享受刺激和樂趣。
4. 二人能力充沛，充滿激情，能享受美好的性生活。
5. 第七型逃避負面情緒，第八型逃避軟弱。當彼此受傷，都會迴避及逃跑掉。

相撞

1. 當二人的目標或計劃不一樣，而八型配偶企圖要第七型跟隨他的計劃時，雙方便會開始角力。七型配偶會感到被八型配偶限制，設法逃避。
2. 八型配偶因七型配偶不正視他的要求而憤怒，內心的挫折化為對配偶的責備。七型配偶愈發逃避，八型配偶更加氣憤。七型配偶會因為感到受限制而憤怒，批評對方，雙方進入惡性循環。
3. 雙方容易逃避和否認內心情緒，若衝突得不到徹底的澄清和解決，只能表面上維持和諧，內心卻累積憤怒。

調節

1. 這對配偶要學習接觸自己內心的情緒，學習坦誠訴說，不要否定和退避。
2. 七型配偶須明白八型配偶大情大性，急於解決問題，討厭逃避，絕不容忍含糊處理。八型配偶的強勢姿態，會迫使伴侶明白逃避只會帶來更嚴重的後果，必須學習與配偶面對及商討問題。
3. 八型配偶須要明白伴侶內心恐懼和焦慮，責備和怒氣只會加劇對方的逃避行為。八型人須先明白伴侶的反應傾向，給予鼓勵，協助他明白後果，這樣處理問題時才能事半功倍。

7 9

七型與九型

相遇

1. 第九型喜歡自然、和諧及個人空間，不喜歡干預別人，很尊重他人的自主權。第七型也喜歡自由自在，對人對事沒有太多執著，適應力強，所以在自由活潑，沒有壓力的環境下，他們會相處得很好。
2. 二人相似的地方是大家都比較寬容大量，能夠包容廣闊的視野和多元化的選擇。
3. 在輕鬆自然和少壓力的環境下，他們喜歡一起探索新事物、多元化活動、結交新朋友，彼此都很愉快。可是，當時間和客觀環境出現壓力，第七型愛彈性處理，第九型為了遷就，會茫然不知所措，不知如何取捨。
4. 第九型喜歡舒服，第七型喜歡暢快。第九型被對方輕鬆、幽默、機警吸引，第七型則喜歡第九型沒有威脅感。
5. 倘若第九型沒有特殊愛好或興趣，會樂意追隨愛人的腳步，跟隨第七型進入各種新知新見新朋友；但第七型要留意第九型比較慢熱，須要細心關懷及協助他適應。
6. 若二人興趣不投，會發展各自各精彩的天地。

相撞

1. 這是最不會衝突的一對，就算有困難都會下意識迴避。七型配偶想保持彈性，九型配偶傾向拖延，二人無法作決定，一拖再拖，或一改再改。七型配偶害怕痛苦和人生的深刻苦境；九型配偶害怕不熟習的環境和人事，也害怕壓力，所以大家會下意識各自隨緣，不會給對方壓力，但暗地裏又會感到許多期望落空。
2. 二人在時間分配和作決定上常有障礙，又不愛衝突、易遷就、否認困難，久而久之，會無形中累積不滿。九型配偶傾向迴避憤怒，七型配偶傾向迴避痛苦，使困難累積。
3. 九型配偶喜歡閒適自然，七型配偶喜歡新鮮動感，難於策劃和安排共同活動。

4. 九型配偶傾向固守習慣和熟習的環境、朋友、活動；七型配偶愛吹無定向風，喜歡多類型朋友、活動、知識。九型配偶一旦不習慣，又沒有安全感，會寧靜地自我孤立，甚至內心情緒低落。但因不善表達需要，不喜歡爭取，也不愛衝突，問題長期被忽略，形成關係危機，七型配偶則懵然不知。
5. 這對夫婦獨立自處，各自擁有自由空間，較少接觸心靈世界，亦不懂如何表達需要，只順其自然游離變化，長時間忽略栽培關係，會出現危機。

調節

1. 七型配偶把注意力放在外在事物和活動上，活力高、適應力高，較少獨處和靜聽心靈的信息，要學習節制和聚焦。九型配偶集中將情感投入所愛的人，會忽視現實，自圓其說，自我滿足。加上雙方都喜歡順其自然，有時會失去確定的目標和紀律。
2. 婚姻最初幾年是建立彼此習慣模式的時期，適宜細心策劃。若二人能夠學習刻意設計婚姻生活，形成共識，長遠來說，可帶動婚姻活力。
   - 我們的理想家庭是怎樣的呢？
   - 我們的優先次序是什麼？
   - 什麼是我們的底線？
   - 時間安排上有什麼必要設定的界線，去保障關係呢？
   - 我們有什麼共同目標？要付什麼代價？有什麼承諾？

8 8

八型與八型

相遇

1. 若兩個八型人結合，很多時由於性格相近：自在、爽直、識英雄重英雄。
2. 他們會遵守內心認定的規律，例如女性要服從男性，因此可以找到各自認同的位置。他們一般很重視家庭，願意為家庭付出。
3. 八型人敢愛敢恨，熱情奔放，充滿衝動和精力，若有共同目標，又彼此佩服，可以共同作戰。
4. 八型人充滿熱力，重視朋友，喜歡大夥兒豪情暢聚；若情投意合，可以激情奔放、暢飲豪食、遊玩冒險，快樂而美滿。

相撞

1. 雙八型配偶性急衝動，精力過剩，容易因為事情不順利，工作壓力大而大吵大罵。
2. 有趣的是，雙八型配偶兩虎相遇，勢均力敵，會被對方的語氣字詞、力度所驚醒，反而會忽然煞掣，即使還未解決問題，未達至和諧，都可以忽然融化在對方的懷抱中，愛恨交纏，相愛相擁；然而一提及未化解的問題，又重新宣戰，劍拔弩張。
3. 八型配偶勇敢冒進，可以憑幾個小錢，白手興家；也可以因為衝動急進，一敗塗地。慘敗不會製造矛盾，反而會患難相扶。可是，若慘敗來自領導一方自負自恃，抉擇失誤，不聽配偶勸告，便容易埋藏怨恨。若一方一朝得志，改變起來，會變得自大、弄權、作惡、瞧不起人，若二人出現價值衝突，會忽然變成敵對的人，衝突就難以化解。
4. 雙八型配偶傾向以激烈爭吵去宣示主權，雖然言語激烈，但並非惡意侮辱對方；然而出言過激，也可以傷害關係。

調節

1. 雙八型配偶太相似，要靠側翼互補平衡，八型有九翼相助的會較為沉實，較少冒險衝動；八型配偶遇壓力時會傾向五型人的沉思，減緩衝動，在來回互動中找出平衡的方式。
2. 雙八型配偶很重視歸屬自己統領權的人，只要雙方各自找到位置，就能彼此配合。其中一方，主要是女士，會發展出二型人體貼服務的特質，關係變得滿意。
3. 雙八型配偶一般視關係以外的東西為人生焦點，例如財富、成就、榮譽感、自豪感。只要雙方目標一致，會較少執著，容易和合。

8 9

八型與九型

相遇

1. 這一對善於與周圍環境連繫，第八型調控環境，第九型適應和遷就環境，在團體中可以交朋結友。
2. 相處和洽時，二人都重視家庭，慷慨好客。
3. 第八型直率真情，滿足個人需要；第九型舒適悠閒，隨遇而安。沒有責任時，大家可以一起旅行、嬉笑，自由自在。
4. 第八型自信進取，積極豪邁，讓第九型感到沉悶生活中有一點色彩。
5. 第八型喜歡保護，第九型喜歡溫暖，十分配搭。

相撞

1. 因彼此做人處世的方式很不同，這一對容易默默醞釀衝撞。八型配偶是行動型，工作狂熱，先行動後思想，做什麼事都一馬當先，主觀、直覺、衝動行事；九型配偶是靜止型，以不變應萬變，認為只要順其自然，生活就會和諧美好。若二人對彼此沒有期望，可以和平相處；但在親密關係中，彼此會感到對方事事為難自己，蓄意作對。若八型配偶是女性，九型配偶是男性，困難會更大。
2. 八型配偶傾向排除萬難迎向挑戰，知其不可而為之。九型配偶迴避衝突，討厭壓力，在壓力中變得拖延固執，不自覺累積憤怒。
3. 若二人合力工作和做決定，會有挫敗感，八型配偶瞧不起伴侶「滋悠淡定」，很容易把對方要做的事都「攬上身」。九型配偶喜歡自由空間，厭惡被干涉和強權。夫婦像二人三足，互相窒礙。若無法調節，八型配偶會衝動、大怒，彼此暗鬥以致白熱化，關係決裂。

調節

1. 因這對配偶的行事方式截然不同，最好在生活行為及處事上，劃出各自的空間，按自己的節奏和時間表行事，彼此不批評、不干涉。分工清晰，放下期望後，二人反而容易配搭。
2. 雙方要察覺並迴避惡性循環：八型配偶愛操控和擅作主張，九型配偶則抵抗迴避，彼此挫敗。八型配偶要學習放慢速度，接納和聆聽配偶；九型配偶要學習省察自己，表達需要，敢於憤怒，積極進取。
3. 二人最好能培養深度的內省和靈修，八型配偶從事務中回歸心靈，九型配偶從閒懶、忘我中回歸自我接觸，各自省察自己的願望、需要。設計方法自我栽培，分享二人的成長歷程；但勿忘記要分配時間一起輕鬆和玩樂，滋潤關係。

9 9 九型與九型

相遇

1. 雙九型配偶正是好好先生和好好小姐的組合，雙方十分相似，二人融為一體。
2. 雙方隨遇而安，無條件接納，不求改變，步伐相近，自由自在，但求舒適自然。大家都輕易附和、贊同、支持、協助對方，常常為對方奉獻，絕少明顯爭執。
3. 雙九型配偶若然屬內向型，常常留居家中，做家務、煮食，會怡然自得，並不苛求。
4. 倘若雙方或其中一方屬外向型，生活會較為多元化，配偶也會貼身相隨，互相支持。

相撞

1. 雙九型配偶雖然彼此遷就，但由於自我意識不強，會感到莫名其妙的委屈、難過。又因顧全和諧局面而不願意面對自己真正的願望，會在潛意識中消耗許多精力。
2. 雙方都膽怯被動，期望對方激發和帶領。許多時在各種決定中，都充滿焦慮，又沒有反對的聲音，所以更加拖延，無計可施。
3. 雙九型配偶的矛盾很微妙，雙方設法滿足對方，希望藉此獲得滿足；結果雙方全神貫注按着對方的願望做人，兩個配角相逢，找不到主角，好像耗費心力而毫無結果，內心有說不出的煩惱，又不知可以怪誰，只有積蓄憤怒。在矛盾中，彼此盡力否認，結果內心感覺十分模糊。
4. 這對組合對愛情和人生有很高期望，不希望出現矛盾；可是當矛盾出現，自己又不能確定，惟有勉強接納、裝作無求，卻隱隱約約感到失望。
5. 在家庭決定上，他們會十分為難，由於自我否認並遷就對方，雙方都不知道如何決定，也弄不清應贊成抑或反對，十分模糊。有時為了保持和諧，延遲決定，維持現狀，反而使問題累積，無法解決。

6. 雙九型配偶在相處惡劣時，既不爭吵也不冷戰。雙方只會不斷將注意力從重要的事轉向次要的事，家庭生活呆滯刻板。

調節

1. 雙九型配偶要將眼光從對方身上轉移往自己，內省和獨處，由自我覺察開始，學習確認和了解自己在各樣事情上的願望和需要，探索個人特點和人生目標。
2. 倘若其中一人找到清晰明確的人生目標，配偶就可以給予無限量的鼓勵和支持。
3. 兩夫婦慎防太遷就對方或太固執己見，須要學習清晰地表述自己的願望和立場。
4. 雙九型配偶須要學習決策和解難，輪流做主角，學習接受讚賞、榮譽和承擔責任，勇敢地走到台前，經歷人生。

心靈親密篇

第四章　個性異同的啟示

1　向左走、向右走

2　家庭是一個道場

3　神聖的空位

4　夫妻心靈親密

5　不要太早絕望

6　從水中月到手中花

1 向左走、向右走

與幾米相約
在街頭
認真又虔誠地走了一圈
終於——
確定了
寄住在人間的情侶
的而且確
一個往左走
　另一個往右走

霍玉蓮

許多人（包括筆者）喜歡看幾米膾炙人口的城市繪本。筆者在輔導室輔導許多夫婦和情侶，一時感觸寫了上面一首小詩。在九型人格的性格異同描述中，這個「往左走，往右走」的觀察，對夫婦相處之道有很多啟示。

無論中國古代愛情小說、武俠小說，或是坊間言情小說，都把人類對親密關係的理想寄托在愛情故事上；於是，我們以為找到一個金童、一個玉女，就可以成就快快樂樂的愛情故事。

這個希冀不是錯誤的，人間必須有願望、希冀；愛情故事要有開花結果的情節，才夠動人。事實上，兩個個性平衡、穩定、健康的人走在一起，無論什麼性格相配，都可以奏起優美的旋律。可是，若以為找到一個白馬王子，或當一個白雪公主去結婚，一生自然快樂無憂，那真是一場誤會。兩個性格不成熟的人走在一起，固然是一場災難；甚至有時兩個相當成熟健康的人相處，也是冤家路窄，九型人格向我們描畫出各種「向左走，向右走」的故事。

一如筆者曾經在《情難捨》(2015 年版)一書(見第 3.5 章，頁 98)簡單介紹過，人類相戀有兩種基本態度，一個以自我需要(need-based love)為愛的出發點，為了自我滿足去找尋愛情；另一個是以恩慈相待(grace-based love)作為愛的出發點，就是察覺和發現自己的不足，也能憐恤和體貼對方的限制，以愛護、以欣賞、以恩慈、喜樂，讓愛向對方流動；在不計成本的恩慈中，愛互相湧流，才有機會窺探一下人類相愛的幸福。

所有經歷過結婚的人，都明白婚姻的苦與樂。明明是自己喜悦的伴侶，在婚後或者過了相戀的甜蜜階段，忽然變了另一個人，事事與自己作對似的，真是令人氣餒。在上一章九型人格的夫婦配對中，你會發現不同型格的夫婦如何有意無意地成了對方的絆腳石、眼中釘，好可憐啊！雖然所有人相處自有其獨特之處，不能簡化、一概而論;當我研究不同人相處的法則和路線，在輔導室觀察、推敲，應用起來，與那對型號的夫婦分享，有時他們會說:「怎麼竟然説得這麼準確？就是我們的故事！」當然也有些夫婦對各型相遇相撞情況部分認同，部分是大同小異。但無論如何，總可以給他們一些提示，去體恤對方的弱點、困難，理解自己的盲點、毛病。有了可以體恤的支點，少了怨氣，少了誤會，剔走惡性循環，就有重啟美好一頁的盼望。

2 家庭是一個道場

人人都渴望歸家，家是可以蹺起「二郎腿」自由休竭、充電、遮風避雨的地方，可是家庭不是靠幾十萬裝修就可以搞得和暖舒服的，當中最重要的配件是人。家庭是人的正能量。

世界氣候污染厲害，人類關係的污染也非常嚴重，能夠專心保護家庭的生態環境，就是為人類社會保育一片紅樹林，讓兒女可以在健康的空氣中棲息。

家庭是一個道場，即是我們修練人生大道的場所。主耶穌溫柔慈愛，謙虛和善，但有時祂會忽然說一些難聽的話，把我們嚇一跳。

你們不要想，我來是叫地上太平；我來並不是叫地上太平，乃是叫地上動刀兵。因為我來是叫人與父親生疏，女兒與母親生疏，媳婦與婆婆生疏。人的仇敵就是自己家裏的人。

〈馬太福音〉十：34-36

原來耶穌非常真誠坦率，的確，家庭可以是一個溫暖的場所；修道時，道行未深，也會成為刀光劍影，彼此傷害的地方。我們面對自己着緊的人，做最多愚蠢的錯事。人與人之間有一種陰陽相剋，此消彼長的關係。你勤力太甚，我就變得慵懶不堪；你慢條斯理，我就必須加點着急。在第三章，你會發現一些非常被動和內向的個性如五型配偶，遇上外向、強勢的八型、三型配偶，自然更加內向、退縮。可是，一旦五型配偶遇上另一個同樣被動的伴侶，如五型、九型、六型配偶，竟會迫出他的一些動力來；若與不切實際的七型配偶相處，更加會迫出危機意識，訓練自己成為務實的領導者。所以，此消彼長，是一種天地陰陽互動、剛柔並濟、明暗互依互存的自然法則。

人，原來並不十分可愛，也不是天生懂得去愛，在人與人親密相處的困苦折騰之中，我們才終於醒悟。在婚前，我們選擇所愛；在婚後，是愛我們的選擇，純粹是為了一份決心，為了一個對象，我們生死相守，造就家庭溫暖的奇蹟！有了這個愛的決心，不離不棄，在親密關係的困局中，我們才有機會領略一個奧祕 —— 救贖早已埋藏在關係之中。

3 神聖的空位

人渴望恆久的感情，需要安全、溫暖、被愛、陪伴，永遠被重視，在人生路上同甘共苦，這是人之常情。

婚姻關係具有現實層次、精神層次和心理情感層次的意義。

在現實上，家庭事務繁忙，二人合作好辦事；二人同睡，總比一個人暖和。在精神層次，兩夫妻可以把自己一生累積和體會的傳統、信念、智慧、技能傳遞給下一代。在心理情感層次上，人在相依和鼓勵中，有安全感和後盾，才會開拓出人生更高的視野、更闊的領域。

原來，婚姻關係在二人相愛和信守聖約中有這麼豐富的多層意義，但為什麼人在婚姻關係中時常「出走」呢？因為現代思潮，誤把「感覺良好」作為量度關係的至高準則。

我在輔導室看見許多痴男怨女，心裏暗想，為何婚姻關係這麼苦呢？事實上，人生故事未到大結局，不宜在中途胡亂謝幕。雨過天青，也可以看見許多動人時刻。所以，我們須要採取動感的眼光看人生，我想用一個比喻說明，婚姻關係有如烤焗蛋糕。兩個人的各種素質、家庭背景，全部摻在一起，放在焗爐裏，到了適當的時刻，叮一聲，香噴噴的蛋糕就會出現。

可是，當一切未能成形的時候，焗爐又熱又悶又窘迫，摻在其中的東西像是一堆爛泥漿，了無意義；但時間、愛心和忍耐可以化腐朽為神奇，只要夠火喉，時候到了，那美味蛋糕便成形。

二人戰場

佈道家葛培理（Billy Graham）說：我與太太露芙是最不能互相配搭的歡喜冤家（happily incompatible）。

印度聖雄甘地（Mohandask Gandhi）說：「我頭一次懂得非暴力精神（non-violence）是在婚姻關係裏學到的。」

的確，把自己交付另一個人，是一件最迷人，也最危險的事。耶穌洞察人心，「耶穌卻不將自己交托他們，因為他知道萬人；也用不着誰見證人怎樣，因他知道人心裏所存的。」(〈約翰福音〉二：24)

許多人生命負載沉重，走到筋疲力倦，加上在婚姻關係中種種失望，會問：「婚姻有什麼意義呢？」

親密關係的「贈品」是許多失誤、冷淡、挫折、破損和風波。為何如此？這麼重大的智慧，我們須要思考一下呢！

我們每個人的強項多半是配偶的弱項，我們全副心情的盼望，正正是失望的緣由，上帝十分公平，如果你仔細思量研究每一對夫婦互動、相遇、相撞之處，就會豁然開朗，正是各有前因莫羨人，各人的美好吸引之處，亦即是將來令你感到衝撞、失望、痛苦所埋下的伏筆！

《情難捨》(2015 年版）一書（頁 102）指出：

「在我的觀察中，我發現了一個關鍵性的金科玉律：每個人的自我個性特質常常是他的強項，亦是他最渴望別人也具備的特質。舉例說，一個情感細膩善感的人，敏感是他的強項，他自然而然地渴望別人對他也是一樣的體貼和敏感；可是，正由於這特質是這個性的強項，別人必然有所不及。正如一個慎思明辨的人，總是感到大部分人皆思想粗疏簡單、不夠全面一樣，於是他自己的強項必然是別人未能滿足自己的空虛之處。倘若他盲目地冀求伴侶滿足這方面的渴求，必然帶來困難、挫折、失望，對方亦會下意識地感到被批評、被蔑視、被排斥，無論怎樣努力改善，在對方心目中也未能及格，這是對愛的動力的最大折騰。」

所以，在相交的關係中，自己的強項就是自己將會失望的地方，這也是最弔詭之處。上帝有一個法則，就是「多給誰，就向誰多取」(〈路加福音〉十二：48)。

「親密關係的祕訣，不單在於欣賞對方的優美或強項，還在乎洞察對方的限制……故此，親密關係的一個真理，就是在自己的強項中，只求付出，不作虛妄的希冀要求，學習接納這份必然的寂寞和失望，去諒解對方，體會對方，調節期望。」(《情難捨》(2015 年版)，頁 102-103)

事實上，每個人在關係中，必然經歷失望。一位善解人意的妻子，渴望丈夫給予自己適切的安慰，丈夫是外向實務、理性主導，不擅安慰，甚至不理解為何小小事情都要安慰，實在小題大做；妻子常常失望，無處傾訴。又正如一位丈夫要求太太閱讀新聞雜誌、時事知識，對清潔衞生、國事時事，有清楚的判斷立場，最終只是屢次失望。在筆者實務的觀察中，原來一個人以自己性格特質的強項要求配偶，必然失望，因為這本來就是對方發展不足的弱項；即使對方積極發展，仍會有一段距離。更何況人類傾向怠慢因循，單單服從慣性，做自己喜歡做的事，哪會輕易改變，符合配偶期望？（其實每一對夫婦都要學會因應對方的性情作出一些調節和適應，筆者在第三章就各型配搭提供了「協調」方向。）

失望過後

在我們落空之處，我們的摯愛最有能力使我們傾家蕩產地失望。惟有失望和幻滅後的愕然使我們深深認識自己的真相。這個失望也成為生命中一個大大的空位。

也許，每個人都有一個「神聖的空位」，是人類自始祖離開伊甸園以後一個集體回憶。我們隱約知道，心靈深處所渴求的是又偉大、又明亮，能陪伴我們渡過黑夜，有能力安慰我們的愁苦；在春天給我們唱歌，在冬天教我們滑雪；在我們愚蠢的時候，微笑鼓勵；在我們美好的時候，歡呼拍掌。我們所渴求的也實在太美好，有誰可以擔綱？那其實就是上帝的形象，除非我們對這個形象追認、發掘、培育、修練、成長，不要期望別人，先要期望自己。

我把這個空缺，稱為「神聖的空位」，只因沒有人可以把它填滿，只有心靈源頭的慈親，造我育我的上帝才有充足的能力使我們飽足。因為祂使我們回憶到我們的本質，不過渺小如微塵，我們不過是血氣，是一陣去而不返的風！(〈詩篇〉七十八：39)

也許，在明日世界終結前，我們在家庭的道場上獲得一次生命的孕育、愛心的排練，這個排練是否精彩，就説明了你有沒有真正活着。

人實在是最冥頑不靈的，根底裏總不肯改變，除非是為了摯愛奉獻而犧牲；或者經歷深刻的痛苦，才可以脱胎換骨，看清楚自己的陰影，認清楚自己的容貌。中國古語稱為「大徹大悟」。

筆者二十多年的輔導經驗中，領略到人必須在失望，以致沮喪、絕望、幻滅，置之死地而後生，才可以看破紅塵，愉快成長。所以，又何必氣餒？生命比我們所認識、所了解的更加公道！

我的意念非同你們的意念；我的道路非同你們的道路。

〈以賽亞書〉五十五：8

耶和華不像人看人：人是看外貌，耶和華是看內心。

〈撒母耳記上〉十六：7

4 夫妻心靈親密

上文把夫妻關係描述得如此失望，究竟夫妻之間是否可以達致心靈親密，成為心靈伴侶（soul-mate）？我年輕時崇尚浪漫主義，以為細心耕耘，假以時日就可以造就夫妻的心靈親密。但年事漸長，多番揣摩觀察，明白了心靈親密，是一個境界，只可偶得，不可經營。這個境界，甚至基本上不屬於充滿雜質的人間，所以，不可能時刻出現，只會曇花一現。所以人間的心靈親密真是一刻值千金的寶貴時光（precious moment）！

不過，必先澄清一些誤解：

- 夫妻心靈親密不是時時刻刻開心，夫妻關係有苦有樂，卻沒有澀，沒有毒。
- 夫妻心靈親密不是分分鐘需要你，形影不離，沒有對方就活不下去的那種痴迷。這不是心靈親密，只是拖累症。心靈親密是有情有義，不離不棄。
- 夫妻心靈親密不等同模範夫妻、「示範單位」，心靈親密的夫妻在平凡生活中有真摯、有眼淚。
- 夫妻心靈親密不等同雙方毫無私隱，不過大家能活得坦率、光明磊落。
- 夫妻心靈親密不等同沒有爭執，卻是在爭執後，沒有累積怨恨。

疏離的年代

有什麼東西會障礙夫妻心靈親密呢？人不能與自己親密就不能與別人親密。

上世紀五、六十年代的香港，是匱乏的社會，大眾心靈惶恐、委屈。七、八十年代的社會，物質豐富、邁向富裕，大眾心靈解放。到了八、九十年代，在回歸和民主議題的紛亂中，移民潮又起，香港進入了一個無指向的年代，人心靈沮喪、放縱。踏入千禧，是一個失去信念的年代，從傳媒、網絡散播的信息去看，這是欺凌、嘲諷的年代，大眾心靈扭曲、失陷。

人在社會氣息中飄浮失陷，不能與自己親密，有何特徵呢？

- 情感麻痺；
- 狂熱工作、停不下來；
- 容易激動、躁火、大脾氣；
- 對指責過於敏感；
- 與他人的負面情緒掛鉤；

我們經過的日子，都在你震怒之下。我們度盡的年歲，好像一聲歎息。我們一生的年日是七十歲，若是強壯可到八十歲；但其中所矜誇的，不過是勞苦愁煩，轉眼成空，我們便如飛而去。

〈詩篇〉九十：9-10

親密何處來

試想一想，《聖經》從來沒有一個真人真事詳述夫婦的心靈親密，惟一描述的愛情故事是〈雅歌〉，不過這只是一個理想、一個境界、一個比喻，甚至是神人關係的喻表。《聖經》裏真實人物的夫婦關係，頂多是雅各和利伯加的邂逅。至於論述一生的人物，卻絕少花篇幅形容兩夫妻相處有沒有心靈親密。《聖經》中人所共知的人物，如亞伯拉罕、以撒、摩西、大衛，這些稱為神所揀選的人物，在情愛上許多失誤、挫折，看來都並非優良配偶之選。至於耶穌，從來沒有談情說愛，單身也並非不是良好選擇。

於是，在筆者的體會及從《聖經》領悟，上帝未曾應許人間達到「心靈親密」，卻曾應許「心靈富足」：「虛心的人有福了，因為天國是他們的⋯⋯」(〈馬太福音〉五：3-12) 耶穌還論及各種各樣的屬靈福分。人追求心靈富足，反而可以偶然淺嚐心靈親密降臨的珍貴時刻，這是人間通往富足的路！

我曾經歷，也多方見證，仍然相信人間有一條隧道，通往神聖的靈。與祂相遇，一定找到美善與歡欣。人不能與神親密，就無法與自己親密。

5 不要太早絕望

在失望的親密關係中，許多人選擇走上離婚之路。甚至在反對離婚的基督教圈子中，都有許多人問：「基督徒應否離婚？」

那是問錯了問題，離婚不離婚，不是律法的事，是生命的事。凡有生命的，不要殺害他；只有枯死的，才無法挽回，惟有哀悼。生命是沒有回頭路的，只可走一次，走的時候要專心！婚姻也有生命，婚姻的生命力雖然脆弱，但柔韌有餘，順其紋理，不易枯死。

我們不要苛責或隨意評論離婚的人，反而當尊重、體恤。每個離婚的人都有不為人道的沉痛故事；但同樣，不應歌頌或美化離婚，甚至勸告和催促別人離婚。沒有人因為近視太普遍而歌頌近視，大近視以致雙目失明是十分可憐的。

有人誤以為離婚是痛苦婚姻的解決方法，誤以為律法教條使人失去解決問題的自由；事實上，每段婚姻有一個複雜的故事，旁人不宜評論。然而，在婚姻裏痛苦，離婚又是否不用痛苦？追求痛苦免疫，是我們的迷思！

不歸路的走法

筆者一向關愛家庭，很希望了解為什麼許多家庭至終離婚收場？筆者曾經在一項研究中[1]，調查一些離婚人士的心路歷程，嘗試找出什麼因素才是婚姻致死的不歸路，讓大眾可以預防。

研究結果發現，一個人由萌生離婚念頭，直到作出堅決決定，採取離婚行動，可以是一段漫長的路，十年、八年不等。換句話說，離婚意念許多時候是一個求救信號，表達內心的痛苦，也誤以為離婚可以解決感情不滿足的狀態。殊不知人類感情不滿足是一個常態，用離婚解決，不過是由一場痛苦跳進另一場痛苦。固然，有些人離婚後，痛定思痛，大徹大悟，重新做人，那是一次值得慶賀的更新，然而，不是從此就免除痛苦。

再婚，然後再離婚的家庭案例，比第一次婚姻而離婚的家庭個案多出四分一倍，只要你看一看第三章所陳述不同的型號相處，有不同類型的痛苦和代價，你就會會心微笑。

人不要盲目相信婚姻，更加不要盲目相信離婚！請聽聽孩子悲哀的哭泣！在輔導室，看見這一代年輕夫婦，有許多不安、不信任、情緒病，在親密關係中過敏、猜疑、反擊，問起來，十居其九，上一代都是曾經離婚、破裂，或父母一方曾有過婚外情的。有時我想，倘若他們的父母預知孩子今天心靈悲痛的故事，當初會不會作出不同的抉擇呢？「百世修來同船渡，千世修來共枕眠。」古語有很深奧的真理！

人活着，要相信生命，更要相信人走的路，只要方向正確，一定會走出來的。

你要把你的重擔卸給耶和華，他必撫養你，他永不叫義人動搖。

〈詩篇〉五十五：22

警號響起

在上述所作的離婚歷程研究中，以下是邁向離婚的一些徵兆：

- 持續失望，缺乏有效方法正視問題。

- 二人互動出現惡性循環。
- 內心開始對配偶的誠信、品行起疑，選擇遺忘對方的美善，甚至持續以負面角度去判斷對方一言一行，加重對方弱點和黑暗面的傾向。
- 婚姻生活失去目標、方向、動力和活力。
- 其中一方持續出現精神毛病。

若然婚姻出現上述徵兆，必須及早求助，找一位對婚姻有信念、對家庭有承擔，又有良好婚姻家庭治療訓練背景的治療師，及早治理。否則，婚姻一旦出現惡性循環，損害配偶心靈、自尊，以及破損雙方的核心信念時，這段婚姻生命就岌岌可危了！

6 從水中月到手中花

中國古代文學典籍歌頌人間的親密關係，如花如月，可惜這花是鏡中花；這月是水中月。愛慾求、求不得……

所有動人的電影、文學、歌曲，都集中描寫人類欲求不得、或偶然遇見的剎那情懷，如《郎橋遺夢》、《齊瓦哥醫生》、《劍雪浮生》……

兩情相悅，牽手走進教堂，成親了，結合了，那往後的故事呢？沒有人去寫了，嫌它平凡？西方有一齣《金池塘》(*On Golden Pond*)、東方有一本沈復的《浮生六記》，只此而矣。

婚姻生活平凡嗎？絕不平凡！難道有些人就是天生一對，結為神仙美眷，從此快快樂樂地生活下去；另一些人，選錯了對象，憂憂愁愁地遺憾終生？

錯了！

本書速寫了喪掉生命的四十五種面貌，所有親密故事，都是同一個版本：由甜蜜到幻滅，從幻滅到死亡，從死亡到復活！

因為凡要救自己生命的，必喪掉生命。凡為我喪掉生命的，必得着生命。

〈馬太福音〉十六：25

親密故事，主題只有一個，置之死地而後生！只是往何處死？往何處生？

人類自從失落園以後，就像落難王孫，離開了富足無憂的繁華宮殿，尋覓自我，尋覓至親，以為在伴侶身上尋着了。豈知尋着的是鏡中花，水中月，為了否認這椿糊塗，於是人類在矛盾中為了稀薄的尊嚴而自欺、憤懣、掙扎，直到筋疲力盡，聽見窗外一記暮鼓晨鐘，醒了！不是削髮為尼，而是看見鏡是鏡、水是水，缺月仍然掛青天，鮮花未曾凋謝，原來鮮花不是死去，它本是幻像。人間情愛雖然美麗動人，卻不可靠、不持久，倘若偏執的心靈沒有得着淨化，人不能飲於真正愛的源頭，情愛在人生的實相中頓成幻影，織成一張網羅。踏實的，是換上一件稱為「愛」的新衣裳，謙遜忘我地重獲新生。

「離婚」是必要的，捨離舊的婚姻，但牽着同一個伴侶的手，再建新的婚姻。執子之手，與子偕老，盟約是崇高而無價的！

耶和華與敬畏他的人親密，他必將自己的約指示他們。我的眼目時常仰望耶和華，因為他必將我的腳從網裏拉出來。

〈詩篇〉二十五：14-15

註釋

1. Chan Fok Yuk Lin, Anita (1999). *"Unravelling the Riddle of the Decision to Divorce Through the Narrative Accounts of Divorced Women - An attempt on an Integrated Model of Divorce Decision Process to Inform Practice"*. Department of S. W. & Social Administration, HKU, Research paper series No. 36.

第五章　邁向靈性親密的路徑

1　自我成長的課題

2　成長與陷墮

3　眼睛明亮了？

4　回歸之路

5　從內在到外在的旅程

6　關係 —— 自我的伸延

7　邁向健康人生

8　美德的修練

9　回復孩童樣式

10 活在上帝裏

總結：恢復創造原貌

耶和華啊，你已經鑒察我，認識我。

我坐下，我起來，你都曉得；你從遠處知道我的意念。

我行路，我躺臥，你都細察；你也深知我一切所行的。

耶和華啊，我舌頭上的話，你沒有一句不知道的。

你在我前後環繞我，按手在我身上。

這樣的知識奇妙，是我不能測的；至高，是我不能及的。……

我的肺腑是你所造的；我在母腹中，你已覆庇我。

我要稱謝你，因我受造奇妙可畏。你的作為奇妙，這是我心深知道的。

我在暗中受造，在地的深處被聯絡，那時，我的形體並不向你隱藏。

我未成形的體質，你的眼早已看見了。

你所定的日子，我尚未度一日，你都寫在你的冊上了。

神啊，你的意念向我何等寶貴！其數何等眾多！

〈詩篇〉一三九：1-6；13-16

1 自我成長的課題

人，多麼複雜難測，《聖經》提到，人本身是一個難測的謎，誰能測透？

除了在人裏頭的靈，誰知道人的事？

〈哥林多前書〉二：11

九型人格學問，並非一套由人精心設計、科學檢定的概念工具；相反，是一套源遠流長，經歷時間洗煉，由許多人藉悟性和尋覓，通過自我觀照、彼此觀察及內心共鳴去印證，而留存的歷史遺產。筆者相信，這套遺產也是上帝留給人類，啟發他們成長的蛛絲馬迹。

成長的障礙

幾乎所有媽媽都會承認，每個孩子生下來，都有他的個性。多年前，迪士尼曾經拍攝一齣卡通電影《熊之歷險》，講述每一隻熊天生有一個圖騰，一生的意義就是要認領、完成那先天的圖騰設計。所以，一隻熊可以活出麻鷹的自由，或者活出雄獅的威猛。故事以熊喻人，人也有一種天然傾向，去邁向和完成自身先天的設計。

古以色列王，詩人大衛，就曾頌〈詩篇〉讚歎：

> 我的肺腑是你所造的，我在母腹中，你已覆庇我……我未成形的體質，你的眼早已看見了。你所定的日子，我尚未度一日，你都寫在你的冊上了。神啊，你的意念向我何等寶貴，其數何等眾多！我若數點，比海沙更多……
>
> 〈詩篇〉一三九：13,16-18

即使古人也能感應人身上的設計，完整、奧妙、高貴而獨特，沒有另一個人可以代替。進行自我認識，並非單憑幾個測驗，或將所有優點缺點加減可以得出，這是一個奧妙的尋覓旅程。

倘若自我成長是毫無障礙的，每個人「做回自己」，輕輕鬆鬆就可以邁向真善美愛，那該有多好！許多人都認為這些障礙主要來自外界環境，如不良的教育制度、不堪的家庭成長背景；是的，這都是真確的。但更根深蒂固的障礙，其實是來自內心：自相矛盾、自圓其說、自我掙扎，自己就是我們最大的敵人。

改良的成長取向

成長的學說有兩個傳統：一個是改善、改良、進步和修正的傳統；另一個是默觀的傳統。

第一種學說，背後的取向是將人看為一個自給自足的獨立個體，這個體要邁向一個完美的格局，把不完美的修整、改善，使他達至完善，是一種性格修造重塑的取向。

這個改良傳統，將有利個人發展的素質增生，甚至倍增，不斷改良、進步，亦即是今日所謂的「自我增值」；又將不利於自我發展的素質修剪、刪除。於是，將自己打造成最成功、最輝煌、最富裕、最快樂、最有效率，成為眾人羨慕的我。

這個改良傳統，深陷中西文化、資本主義，也成了我們居住城市的利益取向，增長、倍增、成效為本等等思維，深入文化脈絡的骨髓，甚至伸延至教會。改良和改善的精神，是十分可嘉的。上帝也會親手「修剪」祂呼召的人。可是，惟有上帝有資格修剪和雕塑，因為祂就是我們的設計者，每一下雕琢都不會損壞這塊祂手造的碧玉。

可是，改良傳統落在人的手裏，有兩個後果:第一是失敗，所謂「江山易改，品性難移」。第二是扭曲，一個人要跟隨一個標準，不停「刪除」自己這一部分、那一部分，將會成為符合社會期望的「四不像」；況且，時代的標準日新月異，今天溫柔貼服是最好的標準，明天有個性、標奇立異成為最高標準，於是，憑什麼去剪？依哪一個標準？在莫衷一是的分岔路上，至終將造成更多的人性扭曲和自欺。

人，愈追求、愈緊張、愈恐懼、愈自我捆綁。或者只有達到佛家所說：無慾無求，才能看透慾求不得、自我捆綁的道理。

默觀的成長取向

第二種成長取向是默觀，什麼意思呢？就是沉着、安靜地接觸、接納和深視自我，與自己的陰暗面做朋友，敞開自己，接納創造的淨化，回歸心靈本來美善詳和的本相，活出創造的美麗。

這個取向源於認識人的統合性，領悟宇宙與人生其實有深度的結連。人有光明黑暗、美善醜惡，好比一個銀圓的兩面。基督教相信，這也是人遠離了創造源頭的必然狀態。以九型人格為例，八、九、一型腹中心人物，關心人間的正義，鋤強扶弱；當目睹不正義，不公平而產生的憤怒、脾氣和攻擊，正好是銀圓的另一面。又好比二、三、四型心中心人物，關心他人，喜歡真摯、互愛、扶持的關係；但銀圓的另一面，就是目睹自己的短缺，看透他人裏外不一，而產生失望、沮喪、自負或自憐的情緒。五、六、七型腦中心人物，喜愛知識、道理和應用；卻因為世上眾多見解、莫衷一是，而感到緊張、不耐煩、退縮、懷疑。從各型的強弱可見，人的弱點激發強項，強項補充弱點，人必須靠誠實的觀察調和。無用之為用，至柔者至剛，生活和宇宙萬物原是一個和諧統一的整體，萬物互相依存、整合，邁向美滿的境界。

默觀的來源

默觀的傳統，在中西文化都有相類似的軌迹。古代就有三類屬靈操練傳統：

1. 苦行：在深山、森林退隱，藉生活在大自然中反璞歸真，這是身體方面的修練。(很適合腹中心人物，他們有大量能量需要消耗、淨化，與天地合一。)

2. 奉獻：脱離塵世，皈依靜修院，日夕祈禱唸經，神父、修女、和尚、尼姑，都懷着這份獻心的情懷。(很適合心中心人物，他們有豐富的情感要傾流出來奉獻給主、奉獻給貧病無依的人。)

3. 默想、靜思、坐禪、慢行、靜觀環境、圖像。(很適合腦中心人物，有助梳理及平伏太多雜亂思緒。)

默觀的屬靈操練傳統，與第三類傳統相近，是藉着造物源頭的視角，認識自己，深刻地接觸、接納自己，使生命徹底淨化更新。神學家加爾文 (John Calvin) 說：「人真正認識自己，才真正認識上帝」。人能夠接納早在母腹被造時的設計，就是上帝所命名的屬性、所領受的上帝形象，才能體會自己的偏差、幽暗，認識與神性有多少阻隔及距離，產生深深的謙卑、敬畏、愛慕之情。

2 成長與陷墮

上文提過，人是一個完整的個體，第一種成長方式採取將自己解剖，局部排斥、刪除的方法，只會引起內部更強烈的內戰。同理，對自己過度補償、放縱、否認、包容，同樣引起更深的自欺和內戰。

與陰暗面復和

心理學家容格，繼佛洛依德以後，開創了截然不同有關自我的學說，他認為人有意識的部分，就是人的「自我」，即是人會問自己：「我到底是誰？」「我現在活得怎樣了？」「為何我存在着，明天、後天依舊存在着嗎？」這個懂得自我觀察、自我意識的人就是「自我」。可是，人由於害怕被拒絕、被遺棄、害怕不符合別人的期望、害怕犯錯，自幼就極力將衝動、魯莽、沒有機心、糊塗、複雜或者較為脆弱的部分，壓抑到潛意識裏，不容許他活出來。讓自我變成符合社會要求的「角色」(面具)，這個被壓抑的部分稱為「陰影」。

莫伯凱特（Jean Monbourquette）神父，也是心理學家和牧靈學教授，他的著述《和陰影作朋友：接納自己不可愛的那一面》（*Apprivoiser Son Ombre*），對自我的整合過程有詳盡而細緻的描述，也提供重整陰影的必備條件與方法，以及靈性成長之路。讀者有興趣的話可以參閱原著。

筆者在未接觸容格的理論及這位神父的著作之前，從文學經典與人性的探討中，已認同人要正視自己的幽暗面，或者自己排斥的一面，以友善的態度去認識、接納自己。人必須與自己的「陰影」相認，做朋友；然後，將正、反兩面觀摩提攜，再提升、整合，才能達致健康完整的「本我」，邁向整全的綜合體。然而，這個歷程必須有外來的助力，莫伯凱特神父形容為「真我」參與，透過祈禱和創造源頭的協助，聆聽內在的指引[1]。因為惟有原創者才明白如何將手上打了腹稿的傑作（每一個人）設計完善，成為不朽之作。這與上文提過的默觀實有不謀而合。

光明與陰暗

以下我們試窺看這條成長之路：從陰影回到本我的一些關鍵點。當我們深入研究九型人格的時候，會發現一個極其奧妙的現象，每一種型格最健康與陷落到最不健康的地步時，剛剛是兩個完全相反的人格。舉例，健康的第三型真誠、率直、可愛，喜歡看見別人成功，鼓舞別人；不健康的三型虛偽、競爭、不擇手段，排斥人，嫉妒他人成功，不惜陷害人。不健康的第八型獨裁自大，鄙視他人，殘害生命；但健康的八型剛好相反，有偉大的抱負，慈悲為懷，扶助弱小，不怕艱辛，開拓新領域。

型格	最健康的狀況	最不健康的狀況
1	合理、智慧、寬容	執拗、怨恨、懲罰他人
2	慈愛、大公無私、謙和	自大、跋扈、監人賴厚
3	誠懇、真摯、鼓舞別人	自戀、傲慢、口是心非
4	喜樂、創意、洞察、平衡	自憐、自毀、自我放縱
5	真知灼見、敏鋭、專才	孤僻、抽離、冷漠、恐怖
6	勇敢、合作、忠誠	反叛、惶惑、自相矛盾
7	熱愛生命、多才多藝	顛狂、古怪、一事無成
8	克己、寬宏大量、濟世為懷	冷酷、好戰、報復心重
9	冷靜、沉着、聯繫眾人	自我解離、心不在焉、自暴自棄

圖表 5.1　九型人格最健康與最不健康的狀況

陰影何來？

里素（Don Richard Riso）及哈森（Russ Hudson）用了大半生，超過十年的觀察，發展出九型人格的九個層次，由健康到不健康的表現（詳細圖解可參考 *Personality Type: Using the Enneagram for Self-discovery*, Apperdix p.476）。這項研究有其精湛的洞察力和重大貢獻。筆者也曾參加他們在香港舉辦的四日三夜工作訓練營會。聆聽他們逐一解釋每型格由於恐懼和渴望 / 慾求（fears and desires）而產生的陷墮。里素曾經是耶穌會修士，當他建構九個成長層次，申論恐懼與慾求的相互推動力，很有依納爵靈修學裏強調省察渴想的痕迹。至於為何每個人都有這些慾求和恐懼，又為何被這些恐懼和渴想所支配呢？筆者參加完他們的訓練營會，仍未能獲得答案。

近年，他們將恐懼和慾求的觀念轉為九個主要心理需求（Nine Domains of Needs），仍未能合理解說，筆者感到是一種平面化傾向的退步。可惜！

筆者長年默想人類成長的課題，最近為了寫作本書，又作出默想，憑上帝的恩典，漸漸理出一條有關成長與陷墮的思路，在此簡略與大家分享，作為引發討論的起點。

3 眼睛明亮了？

人的成長與陷墮實根源於人類墮落之後的內視力偏差。怎麼說呢？每一個人都由上帝創造，領受上帝的神聖形象。《聖經》記載，上帝創造人，並將人安置在資源豐富的伊甸園，享用上帝的創造。可是，當人類始祖偷吃上帝禁止採摘的「分別善惡樹」的果子——

> 他們（亞當夏娃）二人的眼睛就明亮了，才知道自己是赤身露體，便拿無花果樹的葉子，為自己編造裙子。天起了涼風，耶和華神在園中行走。那人和他妻子聽見神的聲音，就藏在園裏的樹木中，躲避耶和華神的面。
>
> 〈創世記〉三：7-8

人類始祖偷食分別善惡樹的果子，眼睛就明亮了，開始了人類自卑、自憐、自欺、隱藏、退縮和躲避的故事。從前筆者愚鈍的心感到非常困惑，總不能明白，能夠分別善惡明明是好事，為何上帝不許亞當夏娃得到呢？上帝又豐富又寬宏，絕不會吝嗇，何況，吃了之後眼睛明亮，又有何不好？

當我默想九型人格啟示的人格成長問題，開始豁然開朗，原來每一類型人格的「恐懼」來自他們「眼睛明亮」。

九型人格的恐懼

上帝的形象，代表該型人格裹領受受造的神聖本質，但眼睛明亮後，卻看到使他們恐懼的情狀，也出現了要回歸這神聖本質的慾求。

第一型

上帝的形象：喜歡人生完整、完美。上帝也喜歡完全美好。我是全能的神，你當在我面前作完全人。(〈創世記〉十七：1)

眼睛明亮：看見人生到處都是缺陷不足;產生了**恐懼**自我不完善，世界不完美。

第二型

上帝的形象：喜歡人類彼此相愛。上帝也喜歡人與上帝相愛，人間彼此相愛。我們愛，因為神先愛我們。(〈約翰壹書〉四：19)

眼睛明亮：看見人與人之間冷漠、排擠、孤苦伶仃；**恐懼**不被愛。

第三型

上帝的形象：喜歡光輝、榮耀。上帝大有榮耀，也與人分享榮耀。耶和華的榮耀在山頂上，在以色列人眼前，形狀如烈火。(〈出埃及記〉二十四：17)

眼睛明亮：看見人間互相排斥，競爭，以成就量度人的價值；**恐懼**被人淘汰而失去自我價值。

第四型

上帝的形象：知覺在萬物中，惟有人按上帝形象創造。人算什麼，你竟顧念他，世人算什麼？你竟眷顧他？你叫他比天使微小一點，卻賜他榮耀尊貴為冠冕。(〈詩篇〉八：4)

眼睛明亮：看見了人的自我迷失，人生了無意義，人算什麼？**恐懼**自我渺小和失落。

第五型

上帝的形象：體察天地的浩瀚、遼闊、偉大，使人驚訝、欽崇。是誰定地的尺度？……你曾進到海源，或在深淵的隱密處行走嗎？……誰為雨水分道？誰為雷電開路……誰將智慧放在懷中，誰將聰明賜於心內？(〈約伯記〉三十八：5, 16, 25, 36)

眼睛明亮：看見了人的缺失、空虛，宇宙浩瀚淵深，難以測量；**恐懼**缺乏智慧能力，無法在人生立足。

第六型

上帝的形象：喜歡安全穩妥，忠心合羣；上帝造天設地、保護扶持。耶和華所親愛的，必同耶和華安然居住；耶和華終日遮蔽他，也住在他兩肩之中。(〈申命記〉三十三：12)

眼睛明亮：看見人間充滿虛偽，狡猾，世途險惡；**恐懼**失去安全感。

第七型

上帝的形象：變化靈活，喜樂豐盛；上帝創造是靈活萬變，豐富美好。耶和華啊，你所造的何其多，都是你用智慧造成的，遍地滿了你的豐富。(〈詩篇〉一零四：24)

眼睛明亮：看見了人的限制、無能，人間雖充滿多姿多彩的變幻，但也有苦惱，**恐懼**失去享受快樂的機會。

第八型

上帝的形象：喜歡公義公平，討厭欺凌；上帝本身是公義嚴明，恩威並重。耶和華不輕易發怒，並有豐盛的慈愛……萬不以有罪的為無罪，必追討他的罪……(〈民數記〉十四：18)

眼睛明亮：看見人與人之間有如原始森林，弱肉強食；若不自強，武裝操控大局，**恐懼**會被別人吞噬。

第九型

上帝的形象：喜歡與人與宇宙和諧共融、協調；上帝也是三位一體，和諧合一，所造萬物和平有序、四季分明。神造萬物，各按其時成為美好，又將永生安置在世人心裏。(〈傳道書〉三：11)

眼睛明亮：看見人間明爭暗鬥，充滿衝突和煩惱；**恐懼**失去舒暢平安。

從慾求到陷墮

「眼睛明亮」，結果是悲劇，看見自我的「赤裸」，貧脊不足，產生恐懼。這恐懼深入人的骨髓，形成持續的焦慮，也是一種缺陷痛苦、不足的狀況，也就是《聖經》稱為罪的境況。(「4 回歸之路」將有詳述)

由於罪惡、污染的環境，罪的氛圍和自我恐懼的籠罩，人總是不能夠冷靜下來，回憶、接駁內在的神聖形象（資源）及尋覓本來創造的原貌，於是那不斷起伏升沉的艱難旅程就開始了。

這種狀況惟一的解藥，就是承認人間活在斷裂和缺失之中，解決之道，是回歸上帝，與祂相認，獲取寬恕、保護和愛。可是亞當夏娃採取相反的路途，做裙子自我掩飾，然後逃避，躲藏，遠離創造他們的天父的面（心理的防衛機制）。從今以後，有如與至親失散，人類內心常存一種孤苦無依的失落狀況，自動自覺有一份尋覓的衝動，希望回到本相，相似創造原貌的渴想／慾求。人類遠離上帝去尋找自己本相，結果是一再沮喪，一再失望。

型格	恐懼	慾望	墮落
1	變壞、腐朽、咒詛、邪惡	完整	批判性完美主義
2	不值得被愛	被愛	想被人需要
3	不足、沒有價值	變得有價值	追逐成就
4	失去自我或個人重要性	尋得自我	放縱任性
5	變得無用、無能、不適應	有才幹、有貢獻	冷酷、非人化
6	失去支持與指引	尋獲安全感	依附 / 倚賴
7	怕痛苦、失去快樂	喜樂	狂熱、逃避現實
8	受制於人、被人傷害	自我保護	不斷戰鬥
9	與人割裂分離	內在穩定	固執、忽視自己

圖表 5.2　各型恐懼、慾望與墮落

陷墮路徑

里素及哈森發展九型人格九個層次的墮陷理論，實在有其真知灼見，在他們的書 *The Wisdom of the Enneagram*[2] 提到，「九型人格是心理學與靈性之間的橋樑」（p.28）；又提到，每一個人事實上都分享着一份神聖的光輝（Spark of the Divine, p.27），而「我們的真性情（true nature）沉睡了」，他們又將靈性 / 本性（spirit or essence）與靈魂（soul）及性格（personality）區分，並如此比喻：若然靈是水，靈魂就是溪流，而性格就是水的波紋。人的困境，就是與神聖本質（divine essence）失去了接觸，導致極大的焦慮，形成九型人格的偏情。

直到這裏，筆者非常認同他們的見解。但當他們進一步解釋人如何在性格的迷陣中失足，又忽然將全盤責任推委於家庭和社會，筆者就有所保留。

「這（性格堵塞）並非我們天生的錯誤，而是在性格形塑階段，被（父母）窒礙了成長。」（p.29）

家庭和社會豈不是由人組成的嗎？誰令家庭充滿問題？誰令社會充滿醜惡呢？有些人是犯罪者，有些人是被罪所犯（sinned against），然後反擊、沮喪，都同樣落在罪的境況中。把問題全盤推到家庭和社會上，也是內視力偏差的特徵，正如始祖亞當被上帝查問時，將責任推卸到夏娃身上。

他們的結論是：「當我們停止與我們的性格型格偏向認同，也停止以此定義自己，一個奇蹟就會自然發生；我們被造的本性就會自然而然冒升和更新我們。（our Essential nature spontaneously arises and transforms us.」（p.29）倘若人可以單單由於停止自我定義而自我更新改變，那麼，世上所有監倉可以改建為渡假勝地，再沒有婚姻破裂、商業醜聞、政治黑暗，也沒有孩子痛苦的哭聲，精神科醫生馬上失業，但願如此。

這個總結看來有點草率，其中超級樂觀的精神，使人難以置信。既說人類性格堵塞是由於與神聖本質脫軌，現在卻沒有提及如何復和、重聚、接駁，反而用一個奇蹟——人類不再自動與型格認同，停止自我定義，就自然而然改變更新——說法有點自相矛盾。在九型人格工作坊，他們仔細形容人性格如何墮落，繪影繪聲，發人深省，可是人如何由不健康層次回復健康，卻沒有清晰回答。

也許里素脫離了天主教和耶穌會以後，心裏還有未曾化解的矛盾，對人性的深思忽然在提升、更新中煞掣，既不提人的罪性，更不提及人神復和的路徑，無法全面開拓古老完整的靈魂智慧。筆者感到十分可惜，便為他們禱告，深切懇求上帝滿有恩典和真理的靈再一次感召他們。感謝上帝慈愛，在今年年初，筆者有機會觀摩哈森與另一講者里察．萊亞（Richard Rohr）主持的九型人格工作坊，哈森雖未提及人的罪，卻具體明顯地承認神聖本質是上帝、是主耶穌。哈森清楚承認人要回到上帝那裏才能獲得圓滿更新，至於更新路程，尚未詳加說明。筆者苦苦沉思默想，得着上主啟發，逐漸有一些領悟，初步整理出來。

4 回歸之路

「人類認識了善惡⋯⋯這種認識罪惡的經驗——也因此帶來痛苦——是上帝想保護人類不去經驗的，祂知道那會帶來傷害痛苦。」（《改變帶來醫治》頁 27）[3]

上帝把人逐出伊甸園，看來是懲罰，其實是更深的保護，埋藏了長遠的拯救。

「神立刻起而保護人類，免於永遠的孤立和長久的痛苦⋯⋯因此祂將他們自永恆中驅走，以基路柏保護永恆，而將他們安置在一個稱為『得贖的時間』裏⋯⋯在他們潔淨無瑕疵之後，重新將他們放回永恆中。」（同上，頁 28）

筆者細心推敲，恐懼的確會引來焦慮，駕馭人性，不過，這恐懼背後的眼睛明亮，也屬於一種悟性。本來，我們可以藉這悟性築橋去尋覓終極存有（Being）的呼喚，這是人類心靈自發的渴想、自由的選擇[4]，問題是許多人沒有在渴求、無助中尋覓創造本源，傾聽上帝呼喚；反而產生各項慾求，來鞏固自己性格的營壘。如此，人不斷脫離真我，自覺或不自覺地成為慾求的奴隸。也許，這才是問題的癥結。

上文經常提到「罪」，讀者聽來或會感到刺耳。基督信仰經常強調人的罪，然而不少教徒也有各種型格的失陷表現，有時太律法主義，有時又太姑息罪惡，有時又會排除異己，自以為無上權威。固然這種種傾向，都是我們要謙和自省、時刻悔改的罪況。並且，由於中文的翻譯問題，加深了中國人對「罪」的觀念，以為「罪」等同「罪行」、「罪大惡極」、「罪犯滔天」，反而誤解了「罪」的真相。(有興趣進深認識的讀者可以翻閱筆者另一本著作《心理與心靈的重聚 —— 從佛洛依德到米高維：婚外情個案演繹》第六章 6.3.7。)

何謂罪？首先，讓我們先認識創造的原意和計劃，「神看着一切所造的都甚好。」(〈創世記〉一：31) 上帝創造世界又創造人，讓人分享創造的美好。上帝的兒子主耶穌，降生成人，依舊在說：「我來了，是要叫人得生命，並且得的更豐盛。」(〈約翰福音〉十:10) 上帝對每一個人在母腹中就設計了一個美好的計劃，而這個計劃充滿恩典和真理。(〈約翰福音〉一：14)

可是，地球上第一代人逾越了界限，吃了分別善惡樹的果子，又無法承受看清善惡的後果，以致產生種種掩飾、逃避、謊詐、偏離，這就是罪，偏離創造美善的狀況。這種罪的狀況，就是使徒保羅說的：「立志為善由得我，只是行出來由不得我」(〈羅馬書〉七：18) 這種由不得我，是來自無法擺脱內心自我的慣性。原罪，就是這種身不由己的慣性。

里素和哈森的健康發展層次	筆者默想消化出來的流程
第一層	與上帝**連繫**，住在上帝裏 ▼
第二層	人**脱離**神聖**真我**核心 ▼
第三層	**眼睛明亮**：看見自己**赤裸**（各種欠缺不足） ▼
第四層	產生**自我掩飾、迴避、躲藏、遠離上帝** （人類逾千年文化歷史，形成了各種各樣**心理自衛**去掩飾自己，也不能接納自己的缺陷，形成各種**性格陰影**） ▼
第五、六層	性格陰影造成人際各種「罪境」（弱肉強食，爭競，排斥），在此生活產生極大**恐懼** ▼ 在人的陰暗性情裏形成自救策略，包括**慾望、執念、偏情** ▼ 這些自救策略獲得短暫果效，又因新的衝擊產生**更大恐懼** ▼
第七、八、九層	強化上述**自動反應**：鞏固慾望，產生更頑固的**執念**、**偏情** ▼ 於是，在恐懼和慾望的搖擺中，**自衛、投射**、**樹敵**，層層墮落 ▼ 進入**自我綑綁**的深淵，甚至患上**精神毛病**

圖表 5.3　人類陷墮的路程

分辨罪況與罪行

要再說明的是，罪行與罪況是不同的。比如說，我們常常認為自我讚賞就是驕傲，這個看來是「罪行」，但在不同型格的人身上表現出來完全不一樣。對於一個膽小、怯弱，又自卑、自貶的四型、五型、六型、九型人來說，能夠讚賞自己，完全是健康的自我肯定而不是罪行；一個不健康、又橫行霸道的八型人，不健康而虛偽自大的三型人，在人面前自吹自擂，才是罪行。所以，單從行為本身不能斷定行為背後的本質。《聖經》說：「耶和華不像人看人，人是看外貌，耶和華是看內心。」（〈撒母耳記上〉十六：7）。主耶穌在世上與人相處，往往看穿人背後的動機和心思意念，所以祂說，不是所有稱呼祂為主的人都必得救！

罪的狀況不等於一項或兩項行為，而是一種偏離真理的自我慣性。比如說，幫助他人，原是一種美德，可是助人者有時出於一種盲目慣性，這種美德就落在一種罪的境況中。例如，二型人日以繼夜、廢寢忘餐地助人，心底潛伏的慣性動機是：「我比你好一點，所以有能力幫助你；若你得不到我的幫助，一定無法生活下去。」又例如，九型人幫助他人，不計身分，不計錢財，惹人誤會，幾乎影響婚姻關係，他內心的慣性反應是：「我必定要滿足身邊人的期望，好叫我心安理得。」又例如三型人奮力助人，背後的慣性是：「讓我成功地完成這項助人計劃，贏取眾多讚賞。」相同的行為，表面上難以斷定是善行抑或惡行，又或者只是無知的愚行；惟有內心的動機和不自覺的慣性，使我們活在不由自主的罪的境況裏。九型人格中每一種都有防不勝防的自動慣性，去維護個人虛弱的自尊，以致跌入罪況中。

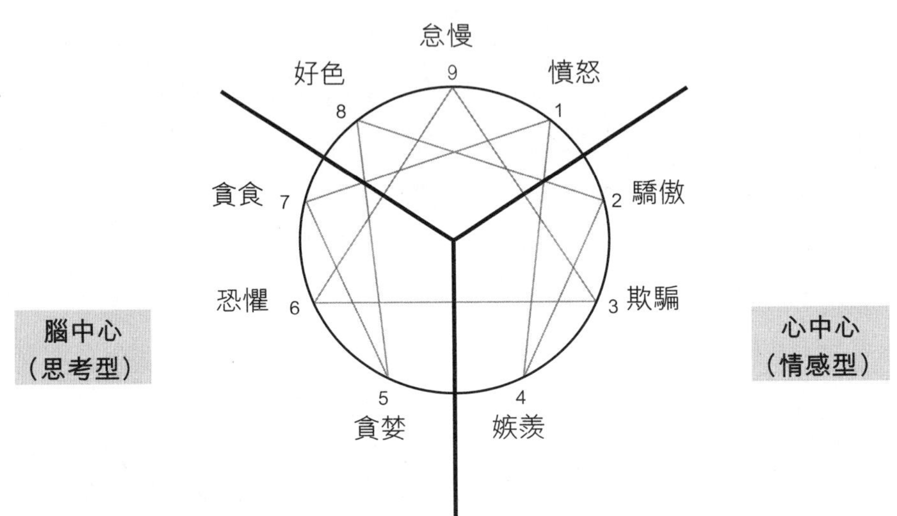

圖表 5.4　各型的偏情

寫到這裏，有些讀者可能會大聲抗議。如果我們生下來就有身不由己的慣性，以致犯罪，既是我們的宿命，這豈是公平？怎能怪罪於我們？

感謝你一番抗議和投訴，這反映你是能思考、覺察和反省的、有靈性、有意識的人，可以自我觀察。良知、良心和意識都來自相同字根（conscience / consciousness），這個「自我」，能幫助人脱離偏執偏情、選擇如何回應，也是主導自己價值行為的核心。

中國文化以「心」為統合全人、靈性、知覺的中心樞紐。所謂「仁心仁術」，就是善良的醫術發自良善的「心」。同樣，在猶太基督教傳統，「心」是人身體、情緒、智能、意志、道德力量的源頭；決定我們的性格，也是靈性的居所，同時也是我們感到疑慮、沮喪、恐懼的地方。[5]所以，猶太人古老的智慧勉勵我們：「你

要保守你心，勝過保守一切，因為一生的果效，是由心發出。」(〈箴言〉四：23)

心靈的律動，不是靠工作、努力、成就、往外撲，而是靠察覺、自省、內在整合和諧。處理「罪」的問題，要從靈修操練開始，讓人從外顯行為、身體知覺、慣性思想，回到內心深處。

撒種的比喻

筆者想用耶穌說過的撒種比喻，說明人的靈性如何影響他的人格健康狀況。耶穌形容真理如種籽，接受的人如不同地質的土壤，共有四種：

那撒在路旁的，就是人聽了道，撒但立刻來，把撒在他心裏的道奪了去。那撒在石頭地上的，就是人聽了道，立刻歡喜領受，但他心裏沒有根，不過是暫時的，及至為道遭了患難，或是受了逼迫，立刻就跌倒了。還有那撒在荊棘裏的，就是人聽了道，後來有世上的思慮、錢財的迷惑，和別樣的私慾進來，把道擠住了，就不能結實。那撒在好地上的，就是人聽道，又領受，並且結實，有三十倍的，有六十倍的，有一百倍的。

〈馬可福音〉四：15-20

第一種人，就是靈性完全密封、閉塞，處於一種無法接收真理的狀況，可稱為心靈沉睡，甚或死亡。這些人全部以己力自救，結果是不斷在恐懼、迷失中滑落。處於九型人格中的不健康程度。

第二種人，心靈有些柔軟，可以被觸碰，有機會蘇醒。不過仍容易被社會雜音、世事世物所吸引，忘記真理，也遺忘了自己的靈性。以信徒為例，或因一樁災難或危機，經驗上帝幫助，認識了信仰；但沒有持續在信仰上進深、栽培，沒有與上帝保持通話，信仰熱情冷卻。生命裏神聖真我的核心（與上帝結連的靈性）枯竭了，很快就隨從過去的偏執繼續生活。這個境況等同與上帝相遇、相認以後又流浪天涯，沒有活出本來高貴的生命。仍停留在九型人格中的普通健康或不健康程度。

第三種人，心靈柔軟，接納真理。真理如種籽在他裏面生根長大，可是長成了，卻困在荊棘蒺藜裏，難以生長，無法結果。教會裏有一撮信徒，與上帝相識相遇，一直保持通話，認識真理，按真道生活。可是，到了中年危機，憂慮錢財、住屋、孩子，失去與上帝的聯絡；縱然熟悉真理，但因忙於進修、愛情、人生謀算，阻礙與上帝同行，於是「眼睛明亮」所產生的恐慌又來了，再跌入偏情主導的人生，由九型人格中的普通健康程度滑落到不健康的狀況。

這三種撒種境況，都在人生百般試煉中滑落到不健康的層次，里素與哈森為每一型人格提示了「紅旗警號」和「覺醒敲鐘」的特徵，目的是叫人可以在警號中停下來覺醒。

怎樣的心田才叫好土呢？要去除荊棘、雜草、亂石，要鬆土、定期灌溉、施肥，泥土才會保養得好。其實這就等於協助靈性養生的屬靈操練，可以把人引向神聖美德的操練。

脫軌的生命

走筆至此，筆者覺悟到為何有些信徒，雖已經與創造源頭連結，仍經常落在不健康的境況。這些信徒要問的是：

- 種籽撒在什麼土壤（心靈）？
- 愛上帝還是愛上帝所賜的福氣？
- 曾否整合生命中的陰影，獲得心理治療？

有些信徒以為信了主，取得天堂入場券，就一勞永逸；並將上帝看為有求必應的神祇、鎮痛貼，渴求上帝的福分，多於渴求與上帝的關係，更遑論按照上帝的美意去生活，沒有發展真理與神聖美德，以致生命「雜草叢生」。

此外，不少人因遺傳了家庭負面情緒或錯誤的價值觀、生活習慣，在早年已跌入焦慮、緊張、抑鬱等情緒狀況中；需要接受心理治療，截停負面情緒自動反應，接駁神聖核心，聆聽聖靈的指引，重整自我潛抑或壓抑的陰影，才可以清理身心障礙。

至於非信徒，有些人不時擦拭良心，靠良心覺醒，德行高尚，甚至比部分信徒的道德行為還要好。可是，他們心靈仍會呼喊、飢餓、空虛，渴慕與創造生命的源頭相認。

德蘭修女的七寶樓台

在這裏想向讀者簡略介紹德蘭修女的「七寶樓台」觀念[6]，有助了解屬靈操練與回歸創造本源的關係，筆者希望透過這觀念與九型人格的健康層次對照。

倘若讀者熟習七寶樓台，就會熟習每一樓台的特徵；若不熟習，除了閱讀原著，可以參考彭順強博士整合的書籍《勇闖七重山》，也會有一個整體的了解。筆者不想用概念特徵去形容這七個樓台，反倒喜歡用與上帝相識相遇的過程去形容。

第一樓台：活在偏執中的生命。

第二樓台：相認 —— 重認創造本源，與神聖真我核心連結（《聖經》稱為重生）；或未結連，但仍重視人格修養。

第三樓台：相通 —— 與上帝保持通話，熟悉祂的聲音好惡。

第四樓台：相牽 —— 保持牽手，熟悉上帝的生活法則和工作方式。

第五至七樓台：相愛相結合 —— 保持眼神互相凝視。與上帝同心同行，住在祂裏面，祂也在我裏面。能用上帝的眼光看世界。效法上帝的心腸博愛眾生，成為上帝的代言人。

筆者常常看見許多信徒在信主一刻非常活躍，勤於上教會。但這只是一個習慣，上帝對於他們來説，只是一個名詞、一個概念、一個拯救符號，一套一套頭腦裏的道理，甚至是一包隨身携帶的止痛藥。上帝到底是誰，他們毫不熟悉，與自己人生的關係也甚為遙遠。他們也屬於第一層樓台，只活在自我作風中，走自己的路，生活行為比沒有信仰的人更幼稚、無知，裏外不一致，甚至成了別人認識信仰的阻礙。有些教會只強調恩典，較少強調真理，生產了大量第一樓台的信徒。

有些信徒肯研讀《聖經》，願意聆聽聖靈的聲音，又樂意遵行真理，戒懼謹慎。他們切實操練美德和善意，修練自己，就是七寶樓台裏第二、三樓台的信徒，是時刻選擇生命的信徒（參「7 邁向健康人生」）。他們不單與上帝復和，而且保持通話。經常連線，與上帝互通 MSN、SMS，經常祈禱。這種人有兩個特徵：熟悉上帝的聲音、深諳上帝的喜好。

從第四到第七樓台，是對屬靈操練堅持不懈的好土，生命結出果子來，有二十倍、五十倍、一百倍，也就是九型人格頭三層健康層次的狀況。

九型人格健康層次	七寶樓台	種籽比喻
不健康		
第九層次：病態 第八層次：妄想、強迫行為 第七層次：侵犯	失去聯絡、遠離上帝、忘記創造源頭；活在罪況中，罪性中恐懼、產生種種慾望、偏情，甚至自我解體。	路旁
普通		
第六層次：過分補償	第一樓台：未與上帝結連	土淺石頭地
第五層次：人際控制	第二樓台：回轉與上帝復和	荊棘
第四層次：不平衡	第三樓台：與上帝保持通話	
健康		
第三層次：具社會價值	第四樓台：與上帝保持牽手	好土（10倍）
第二層次：強大心理能力	第五、六樓台：雙目常仰望上帝	50 倍
第一層次：個性解放	第七樓台：如今活着的不再是我，是主耶穌基督在我裏面活着，祂是愛我，為我捨己。	100 倍

圖表 5.5　三種狀態比對

從陷墮到回歸

筆者嘗試以《聖經》真理，結合上文討論過有關人靈性修練的歷程，連繫九型人格陷墮和提升的路程作一整合。在整合和反思過程中，筆者也如獲至寶，感恩和興奮。

德蘭修女七寶樓台 / 提升路徑		里素哈森九層健康層次
第七樓台	恢復創造原貌：活出屬靈果子，神聖德行	第一層
第六樓台	以上帝的眼光、心腸，愛己並愛世人，與萬物相連	
第五樓台	彼此凝望，我活在上帝裏面，上帝活在我裏面，屬靈人參透萬事	
第四樓台	與上帝保持牽手，互相思念：熟悉神的心腸	第二層
第三樓台	與上帝保持通話：熟悉上帝的生活法則	第三層
第二樓台	相信上帝，常常活在善中，拒絕罪惡或未認識上帝，但重視人格修養	第四層
第一樓台	認識上帝，經歷重生，但誤以信仰為領取天堂入場券，生活依舊，與上帝無干或未經聖靈重生	第五、六、七層

▲

與上帝相認：口裏承認基督是萬物的主
心裏相信自己歸屬基督

▲

尋找

▲

承認罪況

▲

脫離創造源頭，在恐懼中出現種種罪況，甚至自我解體（**第八、九層**）。有人的良知在罪性、恐懼中**覺醒**。

圖表 5.6　人類的提升路程

各型人格的覺醒

圖表 5.6 提到的覺醒，每種人的情況都不一樣。筆者把九型人格分成兩類：追求一族和退縮一族，他們各自需要不同的覺醒。

追求一族	追求	陷阱	心靈覺醒
8 型：慾求自我掌握	大權	大惡 ➔ **自大**	自覺，謙和降服或遭失敗患難。
1 型：慾求掌握是非善惡	大改革	我最正確 ➔ **自義**	
2 型：慾求掌握情愛關係	大愛心	迷痴 ➔ **自滿**	
3 型：慾求掌握成就榮譽	大上進心	虛謊 ➔ **自負**	

退縮一族	感到	陷阱	心靈覺醒
4 型：很早覺醒我不可愛	我很寂寞	**自憐**	承認生命的缺欠與幽暗，接納真理，認領恩典，尋找超然的他者。
5 型：很早覺醒宇宙浩瀚	我很渺小	**自貶**	
9 型：很早覺醒人間缺裂	我很空虛	**自私**	
7 型：很早覺醒人間痛苦	我很苦悶	**自損**	
6 型：很早覺醒人間危險	我很無能	**自卑**	

圖表 5.7　各型的覺醒

從反思發現，無論強勢的追求一族，或者弱勢的退縮一族，結果都是在自我中心的囚牢中團團轉。退縮一族由於膽怯懦弱，許多時候會遭人欺負，或者將潛藏的憤怒內燃，使自己焦慮痛苦。他們需要在他人、朋友身上經歷肯定、確認，在委屈恐懼重獲自信。如退縮一族，追求一族同樣需要接納真理，認領恩典，可是，他們容易將自己的惶恐焦慮化成憤怒和敵意，發泄在他人身上，用怪責別人的愚蠢和錯誤，來肯定自己，以穩操掌控權。他們這種適應模式，令身邊人備受攻擊；又由於他們操控了局勢，壓抑了內心的不安。他們只有被環境折服，才肯低下頭來，認識自己，領受恩典。不過，人如何可以產生心靈覺醒？若沒有一個更大更慈愛更有能力的「他者」，所謂心靈更新只是自己扯自己的頭髮升上天，最終落得自欺、自大、自戀！（筆者會在「7 邁向健康人生」再詳述覺醒及之後的發展。）

5 從內在到外在的旅程

人類培育自我成長的旅程，沒有捷徑。由於大部分人不願意靜思、獨處，無法回歸心靈的深處；只能隨波逐流，身不由己地模仿羣眾；或在有形無形的焦慮中，內心愈加恐懼，變得過度防衛或過度補償。一旦遇上更大的環境壓力，就從四、五、六普通層次下滑到七、八、九層不健康的心理狀態。坊間有許多九型人格書籍，提供實用成長指引、建議，防止滑落，讀者也可參看。

若將人比喻為一棵樹，有根、有樹幹、枝葉。人內在的安全、自由、歸屬感，就是培養根部的養分，當根部吸飽泥土的養料，樹幹和樹枝便可以健康向上，向外伸延，像人開拓環境、實現理想、自我發揮，這是樹枝的生命光彩。[7]奇妙的是，植物根部的長度和深度與枝幹的高度和闊度成正例。比喻作人，也是一樣。人的內在蘊藏與外在發揮互為因果，成為正比。

若果人充滿了內蘊的矛盾，一方面怕人注意，另方面又渴望受人注意；一方面怕人不了解自己，另方面又怕被人了解太多；一方面希望與人接近，另方面又怕與別人太過親近（害怕別人清楚知道自己的真面目，會不再喜歡自己）。外在發揮自然受限制。即使信徒，與上帝恢復關係，也會因內在的毛病與偏執，容易忘恩和忘本，只着重眼前的福氣和順利，遺忘與上帝的關係；與上帝疏遠、忘記上帝[8]的信徒，也一樣因心靈沉睡而滑落，甚至產生精神毛病。求主憐憫！

內在旅程，就是一個人自根部去汲取營養。根部飽滿健康，枝葉自然茂盛。枝葉就是外在實踐和向外連繫的旅程，兩者必須平衡。人，在心靈深處，與主相遇、相知、相愛、相結合，熟識上主微小的聲音[9]，才有能力明辨人間混亂參差的雜音和似是而非的時代調子。衝出重圍，活出個人召命。在內在旅程方面，每個人都可以學習依循一些屬靈操練，去提高自我覺察，導向創造本源耶穌基督，更加愛慕上帝。回到內心的隱密處，與上帝重建關係。

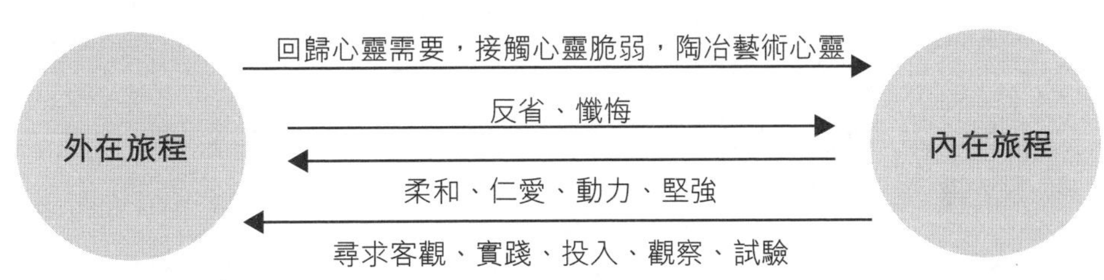

圖表 5.8　由內在到外在的旅程

這個內在旅程，最重要的是覺察，而不是行動。盧雲（Henri Nouwen）是一位靈修導師，他提出人要培養專注力，察覺心靈的流動，由心智移向內心，去接觸心中對立的極端矛盾（亦即是容格所提及人類的陰影），整個過程開放給聖靈導引，人所需要的只是覺醒、開放、回應。[10]

他提出七個屬靈的流動：

- 由掩飾轉為坦蕩率真；
- 由悲傷轉為喜樂；
- 由恐懼憂戚轉為愛；
- 由否定死亡轉為與死亡做朋友。
- 由幻象轉為禱告；
- 由反感轉為感恩；
- 由排外孤立轉為融合接納；

另一位靈修導師James Empereur也整合了九型人格的靈程指導內容。[11]筆者將他們二人的想法，以及德蘭修女的七寶樓台，初步整理融合在一起，可以給我們提供指引，作為進深研究：

	九型人格 健康層次	德蘭修女 七寶樓台	James Empereur 靈修路徑	盧雲 靈修路徑
內外旅程迴環	第一層 （最健康）	第六、七 樓台	天地人完全整合共融 （理想人格）	臨在人羣中 （心禱）
			↑	↑
		第五樓台	相依互動 為愛神愛人而活	行動中的默觀禱告
			↑	↑ *與人羣融合*
	第二層	第四樓台	容忍內在矛盾與 人羣的弔詭	從敵意轉向接待 （使命）
			↑	↑
內在省察推動 外在參與 （from being to doing）	第三層	第三樓台	內在意識清明的 生活方式	與人羣相處
			↑	↑ *移向內心*
覺醒，開展 內在旅程	第四層	第二樓台	個體內在處境 （覺察自省）	從孤獨到獨處 （寧靜、開放、 回應）
			↑	↑
無意識 / 心靈沉睡	第五、六層	第一樓台	與羣眾合模	認知
心靈麻痺 / 脫離羣眾 / 脫離現實	第七、八層			
精神毛病	第九層 （最不健康）			

圖表 5.9　由心靈沉睡到成長

整個內望、誠實的旅程，就是一次回轉（metanoia），因覺醒自己的不是、無知、自大、狂妄、無能為力，而產生謙卑、順和，以及體諒自己，憐恤眾生，靠着上帝的愛而活，藉上帝的愛去伸延愛。(這正是回到《聖經》的兩大誡命：愛神和愛人如己。)

正直的靈必然為羣眾的迷失、為自己的迷失而憂傷。神所要的祭，就是憂傷的靈。神啊！憂傷痛悔的心，祢必不輕看。(〈詩篇〉五十一：17)

邁向耶穌基督的屬靈操練，可以叫心靈蘇醒，一步一步回歸自我的真像，及恢復創造原貌的美麗光輝。何謂真我？就是活出上帝對每個人的設計。做好召命中要我做的事。神啊，求你為我造清潔的心，使我裏面重新有正直的靈。(〈詩篇〉五十一：10)

每個人都有一個自己的成長故事，可以與上帝一起編寫未來。在《聖經》裏，可以讀到約瑟、雅各、亞伯拉罕、摩西、路得、以斯帖、大衛，每一位都有動人的故事，都是獨特而變化多端的，甚至早年輝煌，晚節不保；又或早年坎坷，晚年光輝，都說不定。但「與神同行」就是所有故事相同的主旋律。

6 關係——自我的伸延

若果讀者細心研究九型人格，會發現它顯示了人如何落在一個無法自拔的慣性裏，這個慣性深入我們的基因。不由你強力用左腦命令自己不去恐懼，不去自動反應，就可以改變的；如果以為努力自我改善，或做相反的事，結果只會掉進死胡同裏。

人並非單一存在宇宙中，孤立而自給自足的個體，自我是一個很深的課題，在這裏未有足夠篇幅闡釋，正如筆者在《怎可以一生一世》（頁 95-106）中論述，自我是一個可以伸延、與人交往、互相輝映的精神本體。人的滿足和喜悅，一定不能靠外界物質去充塞，必須連接神聖本體，體現上帝的形象，並與人連結，才會感到滿足和愉快的。正如亨利．克勞德博士說：「『關係』或『相連』（bonding）是神性格的基礎。」「關係」是每個人天性中的基本需要，我們既有神的形象，就渴望與神與人相連。「沒有關係，沒有與神與人相連，我們不能成為真正的自己，我們不能成為真正的人。」（《改變帶來醫治》頁 57）

古語說：世有伯樂，然後有千里馬。我們每個人初出茅廬，都需要啟蒙導師、靈修導師、生命師傅的引導、提攜，指出我們的盲點，以愛、真理和智慧與我們同行。此外，我們也需要羣體的砥礪、扶持，互相調和，彼此勉勵，在愛與怒，哭與笑中完成人生的旅程。

知己朋友是今時今日資本社會、經濟掛帥的都市所缺乏的，許多夫婦遇上婚外情，都是由於一方或雙方缺乏可信和健康成熟的知己朋友，一旦有可以傾訴心事的對象，就傾盆倒出連結的依戀感情，加上文化對異性戀愛的大肆渲染，令純粹率真的友誼，盡付闕如。缺乏人間的連繫，是本世紀環球感染的情感癌症。沒有與人相繫連結的人，內心特別飢渴和寂寞，甚至走上尋死的路。

九型人格的恐懼偏情，從自我伸延至關係。以下筆者會分析九型人格的各型流動，理解人如何活在恐懼和焦慮中，而這些陰影如何使人際關係破裂、分離，甚至罹患精神病。

型格	過度渴望 / 過猶不及的恐懼	執意偏情	排斥他人，攻擊 / 糾正他人
1	（完美）自己和世界不夠完美。	批判、反感、憤恨	不停糾正別人，譴責他人（對親人和配偶指責更強烈）。
2	（關係）沒有人需要自己。	諂媚、驕傲	過度殷勤，使人窒息，因不肯求助，得不到回應，要使人內疚不安（對親人和配偶要求更甚）。
3	（成功）自己不夠好，比不上別人。	虛榮、假裝，自欺	把人和關係看為資源和手段，脱離自我脆弱感情，令人不能真正親近，完成目標就絕情抽離，去尋找新目標（對親人及配偶尤其飄忽冷漠）。
4	（卓越不凡）自己渺小，不足，軟弱無能。	傷春悲秋、嫉羨他人	不斷發泄情緒，悲泣 / 發脾氣，覺得不被了解，自憐自苦，若即若離，令人無所適從（對親人和配偶期望更高，失望和沮喪更大）。
5	（知識）沒有足夠的知識和實力去參與這個世界。	吝嗇手頭所有、貪享知識	蔑視別人愚蠢，害怕別人的無知會傷害自己，自我封閉，孤立，討厭社羣、應酬和關係，不理別人感受（對親人和配偶需求更大空間，表現冷漠，但心底又渴望慰藉和愛）。
6	（安全）懷疑自己和別人的辦法，未能阻截人生危機。	懦弱恐懼	十分重視朋友家人，但在失敗、壓力挫折後將身邊人投射成英雄或惡魔，不停查問和測試，充滿負面猜疑，尤其對不忠實的親人朋友消極抵抗。
7	（新鮮趣味）害怕自己太守規範，會失去許多享樂的機會。	點子多、心猿意馬、愛宴樂	滔滔不絕，自誇自大，嘲笑別人，與人合作，虎頭蛇尾，逃避責任，令人討厭，失去別人的信任（連累家人配偶代他負責）。
8	（有本領）害怕弱肉強食、不公平、自己受到損失。	縱慾與報復	豪爽，大肆花費，蔑視他人，處處要人奉承自己，不顧別人感受，霸道，脾氣暴躁。
9	（和平）害怕人與人的衝突會傷害自己的內在安寧。	怠慢、拒絕改變	迎合他人，不斷付出，是家人朋友心目中的大好人，惟一問題是人在心不在，與自我內在脫離。配偶感到像與一個毫無個性、反應的人結婚，不能踏實。

圖表 5.10　由偏情引致關係破裂與身心病症

敲響警鐘的臨界點	精神病
自以為是，懲罰別人，令人痛苦。	強迫焦慮症／身心病症／表演式人格病態／抑鬱症
情緒綁架，擺面色，難以取悅，自怨自艾，試探，拒絕，自苛自虐去懲罰他人，眾叛親離。	歇斯底里／身心病症／表演式人格病態／抑鬱症
過於重視形象，自吹自擂，為求目的，不擇手段，剝削別人，投機取巧，沒有真正的朋友，自己枯乾「熬盡」。	自戀式人格病態／虐待式人格病態／躁鬱症
指控人，責備人，把朋友視為情緒垃圾筒，孤立，自卑，自暴自棄，糟蹋自己。	抑鬱症／躁鬱症／脱離社會／不能適應社會要求／自殺傾向
孤僻、抽離，單純對別人觀察和推測，不願意與人真實地交往，是極端及慣性的嫉妒。	精神分裂／妄想症／黑色恐怖／焦慮症
不停工作，思想困難，精神緊張，敵友分明，攻擊，好辯，猜疑又自卑，反復無常，令人疏遠。	恐懼症／妄想症／焦慮症／倚賴型人格病態／消極攻擊型人格病態
貪得無厭，不顧後果，上癮，冒險，暴躁，脾氣大，傷及身邊的人，使人疏遠。	表演性人格病態／狂躁症／焦慮症／妄想症／飲食失調／成癮症
以威嚇報復，把人迫到牆角，眾叛親離。	反社會式人格病態
拖延，自欺，自虐，自圓其説，或者忽然感到走投無路，固執反抗，令家人、配偶大吃一驚。	倚賴性人格病態／精神分裂

個性陷墮導致的婚姻難題

筆者再從不同人格成長的艱難和陷阱，勾畫親密關係中容易出現的張力與困難。

1. 性格大變身

有些配偶會無緣無故，作出前所未有的行為，人格出現一百八十度大轉變，令人防不勝防。譬如，一個從前怕事、和順的人，忽然變得冒險、衝動、進取，不計代價去做一些從前不會做的事。在筆者接觸的個案中，也曾出現一個家庭，關係一直和諧美好，其中一方忽然離家出走，浪迹天涯，或者要去攀登高峰，做一些人生未曾做的事，使伴侶驚惶失措。這些人多半一直活在極大壓抑中，不停以大眾期望的角色身分滿足別人的要求，長期失去與自己內在本質聯繫，處於心靈沉睡的狀態；到了爆破點，忽然出現性格大爆炸，做出驚人舉動，甚至損害家庭。

2. 誤會情感關係褪色

不少夫妻到了中年，忽然告訴配偶：「我忍受夠你了，我太辛苦。」「不要再對我有期望，我已經對你沒有感情。」「我已經不愛你了。」從上述人格發展的歷程和傾向，我們可以了解大部分人均處於人格普通發展程度，不習慣、亦不樂意靈修、安靜，回歸心靈本質的深處。過了求偶的浪漫新鮮感，接着而來的是叫人透不過氣來的責任：工作、進修、儲錢買樓、生孩子。由於與內心深處的神聖本質失去聯絡，人感到煩躁、沉悶不安、焦慮，總是事事不順心，感到人生很無謂。這個時候，又因夫妻雙方都各有壓力和人生任務，未能彼此扶持，容易將沉悶、枯燥的寂寞感，遷怒於婚姻關係；認定雙方不夠相愛，把一腔怨氣投射到對方身上。男性情感能力弱，不易向知己朋友傾訴心事，尤其容易犯上這個問題錯置的心理投射。

3. 患上成癮症

夫婦一方或雙方由於缺乏靈性操練，脱離大自然的滋養，在中年危機時，容易感到煩躁不安，無處容身。有些人為了逃避和埋葬這種難堪的情緒，會透過追求快感轉移注意力，很容易發展性上癮、沉迷色情影像、購物狂、暴食症、網絡沉溺、潔癖、酗酒、賭博等各種病態，引發連鎖問題，使家庭崩潰。

倘若真要減壓和轉移視線，宜選擇與生命氣息有關的事，如親近大自然、栽種植物、逛公園、看金魚、養寵物，都會比較健康。

4. 患上精神疾病或身心病症

從圖表 5.10 顯示，處於普通程度的人格，倘若不能自我寧靜，回歸人的神聖本質，一旦遇到多重家庭壓力，如家人重病、搬遷、欠債、孩子行為問題、失業、與家人不和等等，就會因無法承擔而急促下跌到七、八、九層的不健康狀態，出現精神疾病，使自己與家人受苦。

5. 漸行漸遠

一般來説，女性敢於探索心靈世界，積極閱讀、追求成長；而男性被工作、成就、榮辱、金錢、責任重重圍困；於是，一個往上提升，另一個往下滑落。無可避免地在婚姻關係裏漸行漸遠，這真是一個悲哀的故事。譬如一對有共同信仰的夫婦，一方忽然放棄信仰，另一方會變得茫茫然無所適從，*Together But Alone: When God Means Something Different to Your Spouse*[12] 這本書就是一位女士的心靈素描，可以作為這類型夫婦很好的參考。

讀到上述分析，讀者或可更多體恤你的配偶，學習面對和預防這些艱難帶來親密關係的困擾。事實上，定期自我省察，往大自然退修、祈禱、靜思，抹拭心靈的塵垢，才有真正的自由和動力，在乾旱疲乏的社會中生存，與人相愛。

7　邁向健康人生

坊間所有九型人格書籍，包括你正閱讀的這本，都提出各種強健人格的建議，這種種建議好比營養奶粉，協調各型人格骨骼成長。

筆者相信，上帝早已在每個人的性情裏，預設了自我平衡的種籽，可是，人的潛意識和惡劣傾向，有如污染皮膚的沙塵，雖然肉眼不見，卻留在面上形成厚厚的角質層和黑頭、斑點。只有我們每天循序漸進清理，才可以獲得潔淨的皮膚，所以，每天和每時每刻的靈修操練，是護養心靈美白的要訣。

筆者嘗試對九種人格理出一個邁向健康的大概藍圖，給各人省察、參考，進深研討。藉着靈性修練學習，使人與上帝與人和好、相連。

1. 覺醒

第一種覺醒：遇到人生的痛苦、挫折、打擊，忽然驚醒，反問自己：「我在哪裏？我正在做什麼？是什麼帶我來到這個地步？這一切有意義嗎？」開始認識自己、思考人生。

第二種覺醒：自幼養成反思、默想的習慣，喜歡真實的生活，喜歡大自然、小動物。察覺複雜而偉大的大自然背後，必定有一位良善、慈愛的主宰，預備深不可測的計劃。譬如，看見夕陽餘暉，或者看見蒼鷹翱翔天際，或靜觀驚濤拍岸，感悟人生浩瀚、歷史翻騰、生命奧妙莫測，敬畏天地之主。這也是一種心靈蘇醒，心靈愈單純，愈容易清醒。

2. 停下，悔悟，回歸

覺醒使人停頓，重新安排人生的優先次序，不再盲目努力。中國古代詩人陶淵明的〈歸去來辭〉就是發人深省的人生悔悟，是一場回歸的舉動：「誤入塵網中，一去三十年……」「悟以往之不諫，知來者之可追……」拋棄別人以為重要的功名利祿，回歸大自然去尋找人生真諦。

我們無論有沒有信仰，都經常誤落塵網中，成為網中人。眾人都需要覺醒，覺醒的時候，需要回到創造源頭的懷抱，以下可以作為你覺醒和回轉時的祈禱(下文再詳述何謂祈禱)：

給未有信仰的人：「神啊！你是真神，你一定比我更認識自己，我不知道你是誰，更不知道該如何才尋到你，到底你是誰？眾說紛紜，使我惶惑無所適從，但我想得着真正豐富的生命，我想回歸你的懷抱，求你牽着我的手幫助我認識你。」

給是信徒又遠離上帝的人：「神啊！我不敢到你面前，因為我在種種人生的歧途中迷失方向，遠離了你，我怕你會拒絕我、懲罰我。我自己也不認識自己，但我深信你有慈愛、公義和憐憫。天離地何等的高，你的慈愛向敬畏你的人也是何等的大，東離西有幾遠，你叫我們的過犯離我們也有多遠。求你記念我倆相識的時刻，求你為了聖子耶穌的名，寬恕我、引導我，讓我尋着你，回到你的懷抱裏。」

給是信徒又遭遇艱難困境的人：「神啊！我的主，我的父，我在人海中困苦流離，在無知和愚頑中得罪人，也得罪你。在人生遭遇苦害和攻擊，走到生命的盡頭，我呼喊你！憂傷痛悔的靈，你必不輕看，求你挪走我的石心，為我重新做一個肉心，寬恕我、更新我，讓我看見你、摸到你，重回你的懷抱。」凡尋找的，就尋見；叩門的，就給他開門。(〈馬太福音〉七:8) 只要祈求，人在做，天在看，奇妙的事即將展開！

3. 選擇生命，不選擇死亡

摩西對以色列人說：「我將生死禍福陳明在你面前，所以你要揀選生命，使你和你的後裔都得存活。」(〈申命記〉三十：19)

這些話也是對你和我說的。著名物理學家霍金在 2010 年 8 月接受美國知識分子視頻共用網站 Big Think 訪談時，再次警告人類將面臨巨大危機：「……人類基因中似乎常有『自私貪婪』(selfish and aggressive instinct)，在未來一百年要避免災難已經非常困難了……」[13]

選擇生命，就是遵從創造的軌迹，為自己的扭曲、迷失、無能、無助，而痛悔、惋惜、慚愧、遺憾；聆聽心靈的呼喚，尋求上帝，重新與上帝同行，這就是選擇生命。自取滅亡，並非指世界末日，卻是心靈大爆炸，心靈枯乾的滅亡。

與上帝相遇

祈禱是與上帝相遇、與上帝復和，也是恢復心靈生機的第一步。這一步有什麼特徵呢？

1. 聆聽微小的聲音：這聲音可以通過物件、符號、人、事件、一篇文章向你的心靈說話，通常信息內容都是關乎生命、真理和愛。在尋覓的路途中，你會漸漸頓悟人生的原委，有一位愛你，為你犧牲、等候你、願你回歸的生命主宰。

2. 聆聽自己內心的反應：感動、疑慮、半信半疑、擔憂、興奮、好奇、平靜、關懷等等，都可能是你心靈的反應。問自己要不要選擇上帝？選擇生命？即使已經信主的信徒，也要每天更新，每天選擇上帝、選擇生命。上帝從來不勉強人，祂喜悅的是人心甘情願跟從祂。

3. 聆聽上帝直接呼喚你的名字，尋找在你身上的獨特設計。這名字就是上帝和你相遇時，給你的獨特身分。例如：上帝稱呼回轉的掃羅為保羅，主耶穌稱呼認識祂的門徒彼得為磯法（磐石之意）。

4. 屬於上帝的人會格外珍惜自己，愛護自己，不願再沾染世上的歪風邪惡。調整越界的慾望偏情，勝過孤苦無依的恐懼。

不同型格的祈禱方式

五、六、七型（腦中心、恐懼型）

內心特質：內心世界大，外在世界小，容易抽離人羣，不願打擾別人，亦不願被騷擾；內裏有強烈的感受，充滿思考、計劃，夢想和恐懼，但很難表達出來。

認識與上帝的關係：朋友、愛人、同伴或主人。

建議祈禱方式：睜開眼睛，嘗試將心神凝聚在外物上，有助獲得內在的寧靜和平安。

面對迴避的情緒：慢慢地、重複誦念經文（參考《聖經》：〈詩篇〉一三九：1-2／〈馬太福音〉十四：28／〈馬可福音〉五：37），讓自己的恐懼浮現（可能是具體危害自己的人物、環境），以信心接上，使你有力量面對恐懼、放下恐懼。

二、三、四型（心中心、焦慮型）

內心特質：外在世界大，內在世界小，常被外在世界牽引，常感到被別人注意而生焦慮，最關心的是與人聯繫，獲得認同。

認識與上帝的關係：上帝才是他們感受、思想及行動的指揮，可以平衡他們的內外活動。

建議祈禱方式：遠離外在的世界，靜心聆聽內心微小的聲音；體驗上帝的臨在，自發性地跟隨內在的靈感及願望。他們祈禱、靜觀的內容是自己內在的憤怒、擔憂、恐懼或喜樂，容讓上帝接管內在一切感受。

面對迴避的情緒：容讓焦慮浮現（對你構成威脅的人，環境的感受），慢慢學習認識它，接受它，讓上帝與你一同進入焦慮中，凝視使你焦慮的事物；讓上帝平息你的內在風浪，焦慮會愈來愈減輕，如放下心中大石，安息上帝的愛內，被上帝愛的力量轉化。使你可以與焦慮為友，並進展成對己對人的關懷及憐憫。

八、九、一型（腹中心、憤怒型）

內心特質：內外世界一樣大。他們的氣力旺盛，反應甚快，不過很易產生憤怒情緒，內外不一致的矛盾心情，不斷掙扎。

認識與上帝的關係：朋友、情人、同伴、主人，是內在的生命力。

建議祈禱方式：靜坐，思念上帝，去除一切雜念、意念、景象、概念。儘量減少語言的表達，只單純享受與上帝相交，心有靈犀一點通。

面對迴避的情緒：讓自己的憤怒浮現，儘量與它接觸。想像自己如一艘浮沉大海中的小船，雖有外在與內在的風浪，但體會上帝的愛臨在，幫助你克服風浪。然後讓憤怒放下，釋放，寬恕，接納，容忍不完善的事實，甚至為此而感恩。若能與憤怒的能量為朋，它會變成操練美德的機會，成長的標記。

8 美德的修練

坊間的書籍很少提及九型人格早期培訓神父修女靈性的議題，以德行去調整慾望偏情（罪性），修養善意避免跌入陷阱，以耶穌基督的榜樣正視和面對自己的核心恐懼，筆者早年跟蕭學璇修女學習「九型人格與靈修」，以下材料轉載自該筆記，十分寶貴（特此向蕭修女鳴謝），現在與讀者分享，讀者也可翻閱第二章各型型態以作參照。

德行調整偏情

第一型

偏情：憤慨。是此型人情緒衝動的傾向，是做任何事皆追求完美，當看到事情不夠好、東西擺不整齊、地方不潔，而別人對此沒有罪惡感、羞恥感，也不改善時，會受不了而憤慨。

德行：沉着 —— 把注意力放在自己或他人的優點上，選擇多看已經改善好的一面，而不只注意不好的。

第二型

偏情：驕傲。因避免自己有需要，反而將全部需要投放在惟一的對象身上，此型人常常以服務他人的姿態出現，作為自我滿足，以人人欣賞其犧牲與了不起的服務為驕傲。

德行：謙遜 —— 承認自己是有價值的，不管是否為別人服務；也承認自己的有限及需要（包括被愛），領悟真正的愛是無條件的。

第三型

偏情：掩飾、虛偽、欺騙。此型人在別人面前總顯露最好的一面，以求博取欣賞和讚美;他們用很多方法使人認為自己是成功的，以掩飾虛弱的真面目。

德行:忠實 —— 做真實的自己，開放地對待別人，才能建立互相信賴與支持。

第四型

偏情：嫉羨。此型人嫉妒別人所有，自己卻是匱乏的，例如：美好的人際關係、快樂等。

德行：平靜 —— 可以接受自己平凡的現在，不需要讓人人覺得他過去是如何痛苦。

第五型

偏情：吝嗇。此型人不斷「儲存」知識滿足自己，不容易將所學或情感和別人分享。如果工作或所安排的時間被打擾，會感到很不舒服。由於他們的需求永不能被滿足，故此會尋找任何可用的時間與空間，忽略別人的需求與存在。

德行：不依戀——能放棄個人隱私和空間，付出及接受別人的指教。

第六型

（有兩種型態，一種是循規的，凡事害怕，儘量忠心服從，不接受自己有權力，也不認同別人比較革命、犯規的行為；另一種是違規的，故意挑戰或逃避有權力的人。）

偏情：恐懼。循規的六型對外界經常經驗到「恐懼」，害怕自己無法完成任務，面對含糊的局面時（對或錯不明顯），恐懼會轉變成焦慮，尤其是對「不可知的未來」或「快速改變的情況」有很深的焦慮。違規的六型則是故意碰觸他所害怕的一切，只為了解除恐懼。

德行：勇氣——勇敢承擔自己的責任，甚至不怕做一些冒險的決定。

第七型

偏情：過分放縱。此型人尋找快樂、歡愉來滿足自我，有時會對食物、酒精等過分依戀，為了使生活輕鬆愉快，故意忽略現實，喜歡幻想一大堆未來的計劃而不去實現，只怕沒有足夠時間去玩樂。

德行：清明——踏實生活在現實的世界中，努力實現夢想，儘管過程中有痛苦與挫折，也不去迴避。

第八型

偏情：妄自尊大。以比較冷硬的方式傳遞信息，容易用激烈的方式判斷對方並算帳。例：看到別人吸煙，會不由分說去拿走別人的煙蒂，然後踏在地上。

德行：率真 —— 關懷別人需要，承認每個人都有才能與價值，活出孩子般的率真與單純。

第九型

偏情：怠惰，相信「多做多錯，少做少錯，不做不錯」，只有少做不做，才能與人和平相處。當他們面對令人興奮或掙扎的事，往往保持距離，慢條斯理，以策安全。

德行：行動 —— 接納自己是值得被愛的，激起行動的熱情與力量，勤勞奮發去創造更好的世界。

善意避免陷阱

第一型

陷阱：完美。他們常被不完美的事情「困擾」，也常常為找到事情的錯誤而沮喪或生氣：不能等待事物發生的「過程」，而急着要收「完美」的成果。

善意：成熟 —— 承認「過程是很重要的部分，完美不單指效果。」

第二型

陷阱：服務，他們自以為是地服務人。當服務不被欣賞與接納時會感到失望，就要拒絕自己的人有罪惡感。

善意：禮物 —— 了解「真正的愛是無條件的給予與接受，不是因為我做了或給了什麼才得到回報。」

第三型

陷阱：功效。他們認為自己的價值建立在成功與效率上，因此很容易與人爭競、比較，甚至為達目的不擇手段。

善意：天意 —— 了解「失敗是難免的，也是一種學習，開放地欣賞別人的成功，避免和人競爭。」

第四型

陷阱：逃避真相。為了尋找真正的自我，不斷回想過去的經驗與感受，無法活在當下，而且認為沒有人可以真正了解那麼「特殊」的自己。

善意：天人合一 —— 以平靜的心接受「每個人生來都是獨特的，都會面對痛苦的經驗」，這樣可以更融入真實的人際關係。

第五型

陷阱：知識。永不滿足的求知慾，他們藉思考與反省滿足個人的需求，以大量的知識來替代人際關係，問他們的感受，會用「想法」來回答。

善意：天助 —— 覺知所擁有的知識已足夠，若有其他需要自然能從別處得到，不必汲汲追求，能實際地生活。

第六型

陷阱：安全感。循規的第六型，安全感建立在對權威、法律、規則的服從，恐懼自己無法完成責任。違規的第六型，安全感建立在有不可否定的藉口、或藉別人的名義來反對權威及規則。

善意:信仰 —— 相信有一個超越我們的主宰關懷我們，所以敢冒險做新嘗試。

第七型

陷阱：不切實際。他們逃避痛苦，逃避現實，沉溺於過去的光榮或幻想將來的美好。

善意：努力向上——接受並努力執行計劃、改善生活，接受痛苦、辛勞及失望。

第八型

陷阱：正義。他們視維護正義為己任，因此他們判斷為不正義或錯誤的事情，都會努力去糾正：但這種自以為是，使他們忽略聆聽別人的看法和意見。

善意：慈悲——同情自己及別人，也對敵人有憐憫心。

第九型

陷阱：自我貶抑。因看不到自己的真正價值，認為自己不夠重要，所以沒有資格提出要求，自尊感弱。

善意：天生我才必有用——信任自己的價值，也運用協調的能力幫助別人彼此合作，創造真正的和平。

以耶穌的榜樣處理迴避

我們可以從《聖經．馬太福音》認識耶穌的榜樣。

第一型

生氣：他們要求完美（無論自己或別人），容易因事情未能達到自己的高標準而生氣；但他們絕不承認，因為生氣也是不完美的。

耶穌發義怒，罵法利賽人。(二十三：13-28)

第二型

需要：此型人總忙着照顧別人，甚至忽略、不承認自己也有需要，不接受別人幫忙。

耶穌需要別人服事：婦女把香膏倒在耶穌的頭上。(二十六：6-13)

第三型

失敗：由於成功是此型人追求的目標，所以他們想辦法藏拙，或掩飾自己的失敗；若預期事情會失敗時，則選擇放棄。

耶穌曾教出不長進的門徒：猶大出賣耶穌，彼得三次不認主。(二十六：21-23；30-35)

第四型

平凡：此型人最重視「獨特」，以為如果太平凡，就喪失自我，所以會誇大感受經驗，感到戲劇化。

耶穌出身平凡：是木匠的兒子。(十三：53-57)

第五型

空虛：由於他們汲汲於追求知識，總要不斷充實自己，使自己不致無知，不能回饋別人；也擔心別人要求太多，自己會被掏空，所以與人保持距離，害怕捲入人際關係。

耶穌面對失實指控，為成全上帝計劃而沉默。(二十七：11-14)

第六型

偏離：循規的第六型以法律、規則為生活指標，做任何不清楚的事情時會感到不安，因此避免偏離、無規則可循的生活。違規的六型不遵守規則，但找藉口來逃避責任。

耶穌勸勉人要因時制宜，靈巧如蛇，純良如鴿。(十：16)

第七型

痛苦：為了避免痛苦，他們只喜歡做快樂與有趣的事；只空想而不實現是他們逃避困難的方法。

耶穌勇敢接受痛苦、死亡。(二十六：39、42)

第八型

軟弱：此型人不喜歡「軟弱」，因為「強勢」才是他們的光榮，為了不顯露自己的軟弱，故容易使人感受到威脅害怕。他們為「正義、真理」而活，所以外表裝得強悍。

耶穌為成全上帝計劃而甘願受屈受欺。(二十七：27-31)

第九型

衝突：為了和諧，他們避免與人抗爭和衝突，情況平靜與內心的平安才是最重要的。

耶穌敢為捍衛真理而與法利賽人爭辯。(二十：15-22)

9 回復孩童樣式

我實在告訴你們：你們若不回轉，變成小孩子的樣式，斷不得進天國。

〈馬太福音〉十八：3

孩童心地清純率真、歡欣活潑，惟有這樣的素質，才可以領略和消化上帝的信息。

在九型人格學問，每一類人轉化以後，都會回到孩童的樣式，散發美德的氣質，活出神聖德行，使人羨慕。這個歷程，是一個先捨棄後擁有的過程。

腹中心人物，留意生存的處境，意慾改善、控制環境（一、八型），或放棄控制（九型），經常宣泄或極力壓抑盛怒。他們體會生命能量，對人羣富有承擔，可惜，這份承擔卻扭曲為自義、自視的獨裁權威；或者壓抑成反感，內在僵化成頑石。在心靈轉化之後，才可以與羣體、與環境融和合一。許多革命分子、部隊首領、宣教隊伍、事工始創者、釋囚戒毒邊緣人士的關懷團體，都是由這些人開創的。

心中心人物（二、三、四型）對人間充滿感情和關懷，對自我形象特別痴迷和依戀，他們否認自我、矯飾自我、擴張自我，意圖獲取別人愛心的肯定；無奈常常在感情世界、人際關係中破碎、磨損，於是，形成沮喪、抑鬱，甚至生無可戀，自殺收場。他們需要從自苦自憐中覺悟、捨棄，回到自己真純的內心，從自欺、自憐，轉化為自信、自愛，活出真理。《聖經》指出人的尊貴來自上帝無條件的愛，當滿足在這人神相愛中，便可看到自己合乎中道，毋須掩飾，毋須收藏；在感激和欣喜中，以愛還愛，流溢眾生。許多靈修導師、專業楷模、獻心關懷的服務團體，都是由這些人創立的。如德蘭修女、人民的王妃戴安娜、盧雲神父，以及不少神職人員、教育家、藝術家、畫家、小說家，都是這些人物對眾生的關愛而流溢的生命。

腦中心人物（五、六、七型）仔細視察人生，找出人間可行的路徑，讓生命豐富、實在而有意義。他們傾向胡思亂想，鑽牛角尖、搜集資訊、廣泛學習閱讀、嘗試，以安慰受驚擾和不安寧的內心，對資訊貪多務得。惟有捨棄手頭的執著和心猿意馬的思想，正視貪多、儲存、惶恐的軟弱，直接接駁和信靠真智慧的源頭，才會找到生命的道路，活出可靠踏實的精彩生命。許多宏大的創見、綜合性的文藝表演、團隊式大型活動都是由這些人策劃出來的。

簡言之，八、九、一型，由不能控的盛怒（嗔），轉變成融和合一；二、三、四型由最怕被否定（痴），而變得自信、自愛；五、六、七型由強烈的不安全感（貪）而變得有智慧和真理。

型格	罪性		陷阱		轉化		氣質		神聖德行
1	憤怒	▶	完美主義	▶	成長（寬恕自己，完美是一個過程）	▶	溫柔	▶	沉着
2	驕傲	▶	救世者情結	▶	恩慈（注重自己，自己才是真禮物）	▶	仁愛	▶	謙遜
3	欺騙	▶	虛榮 / 計較	▶	與神認同（脆弱的自己了不起）	▶	良善	▶	忠實
4	嫉羨	▶	孤芳自賞	▶	與神合一（體會平凡的感動、喜悦）	▶	喜樂	▶	平衡
5	貪婪	▶	象牙塔 / 理性主義	▶	神聖領悟（生命交往才悟真知識）	▶	忍耐	▶	不依戀
6	恐懼	▶	盲從權威	▶	信靠惟一可信的（信靠、信任、自信）	▶	信實	▶	勇氣
7	貪戀	▶	上癮 / 不務正業	▶	與神共創（痛苦、死亡、復活，豐富生命）	▶	節制	▶	清明
8	縱慾	▶	控制 / 侵略	▶	慈悲為懷（示弱才具真勇氣）	▶	恩慈	▶	率真
9	怠慢	▶	輕視自己	▶	真愛（開拓自己、自己就是重要的人物）	▶	和平	▶	行動

圖表 5.11　九型人格的轉化回復孩童的心

傷痛中成長

因為凡要救自己生命的（生命或作靈魂），必喪掉生命；凡為我喪掉生命的，必得着生命。

〈馬太福音〉十六：25

一般來説多數人都可以透過廣泛閱讀，包括格言、諺語、傳記，增強個人內涵，求教於靈修導師、啟蒙導師，成為有信仰，有信念，有鍛煉的人。

不過許多人卻要在碰撞、傷痛和極痛中，才會恍然大悟，驚醒回頭，先放棄慾望，才能擁有。回歸沒有企圖、沒有慾望（征服、榮譽、錢財、貪念）的單純。放棄、捨棄自己內在的執意是極艱難的，除非接駁到無條件的愛與提携，望道便驚天地寬，既然遇見大銀河，又何須介意自己的小天地？去執、體悟、悔改，回歸，猶如一滴水回到大海裏，自由舒暢。連接創造源頭，活出祂美善的設計，成為有意志、有方向的人，產生動力，才不枉此生。

10 活在上帝裏

你們要常在我裏面，我也常在你們裏面。枝子若不常在葡萄樹上，自己就不能結果子；你們若不常在我裏面，也是這樣。我是葡萄樹，你們是枝子；常在我裏面的，我也常在他裏面，這人就多結果子。因為離了我，你們就不能做什麼。

〈約翰福音〉十五：4-5

這節經文引發筆者想像一幅豐富、多樣美麗的圖畫，一個能常常活在上帝裏面的人，既可與上帝相繫，又能與人相連，成為羣體的祝福。時常活在上帝裏面，有可能嗎？有可能的，也是各型人的理想狀況。只是人如何離開陷墮，超越提升？原來只可靠着上帝莫大的恩惠。

上文筆者曾描述七寶樓台的屬靈狀態，有助我們明白活在上帝裏面的漸進發展。我們大部分人都活在第三樓台之下。第五樓台以上，或九型人格中的第一至三層的健康層次，都不能單純靠人的努力可以達到。在屬靈操練裏，靠賴上帝的察驗與恩典，才得以到達第一健康層次。人靈性的光輝，沒有捷徑，如果讀者尚未開始屬靈操練，無需急躁，千里之行始於足下，由今天開始。

回應前文耶穌所設不同心靈土壤的比喻，我想到：

1. 路旁：就是人不尋求真理，或對真理無動於衷，被人生各種關係、物慾、恐慌所囚禁，沒有屬靈操練，心靈尚未覺醒。

2. 土淺石頭地：人心靈覺醒，悔悟回歸上帝，可是對信仰不求甚解，缺乏操練，與上帝關係忽冷忽熱，為人依然故我。

3. 荊棘叢中：這些人縱然已回歸上帝，也曾堅毅追求真理，持守正道；曾經與上帝通話、同行，但因人生壓力與今生的纏累，就離棄、忘記、憤恨上帝，跌落低層次，甚至離棄真道，活在虛空中。

4. 好土：就是持續操練活在上帝裏面的人。

若要再詳述自我與靈性發展，恐怕要另外再寫一本專書，才可以解釋清楚。到此，筆者必須節制，也祈求上帝賜恩叫可成就的成就，可收回的收回。在這裏，只勾畫上述重要的幾筆，作為一個簡易藍圖。

總結：恢復創造原貌

人類生存的目標是什麼？

古希臘哲學家蘇格拉底（公元前 469-399）不斷反思人生的真相，他經常發問：「什麼是善的？」他認為所有善的特質，比如愛、真理、勇氣和正義，都具有終極含義，本質是永恆不變的。

蘇格拉底的學生柏拉圖（公元前 428-384），也繼承了師傅，就哲學與心靈的關懷，繼續研究發展。柏拉圖認為世間萬物的本質是善的，人的靈魂仍然有一部分屬於先存的完美狀態。這個說法，豈不是與人內在具有上帝的形象這個真理吻合嗎？他認為人真正的掙扎就是要回到先前的存在，就是那完美狀態，人生的旅途就是探路回家之旅。

《聖經》形容人生在世是客旅、是寄居。蘇格拉底和柏拉圖雖然未曾認識主耶穌基督，卻由於他們真誠探求、尋索，發現了人生是一場歸家之旅，要回到創造源頭的上帝為我們心靈早早設計的完整純潔美善的家。

在回家的路上，你會發現人世間是一場光明與黑暗的對壘，上帝與魔鬼也在人身上體現！每個個性都需要「神聖的一位」(Wholly Other)，一個比自身更大的目標去超越自我、體現自我、完成自我。

回歸創造的本相 becoming as created

上帝在每個人心中撒下一顆種耔，每個人發一分光，形成創造的光輝！筆者在英國 Aberdeen 修讀神學時，印象最深刻的一個啟迪是：人類真正的人性也就是真正的神聖（truly human is truly divine)。人與上帝在本體上當然完全不同，我們也絕不可糊塗地以為自己是上帝；然而透過耶穌基督救恩的重生，破損的罪我得以修補，恢復本來受造率真神聖的真我。

不要怕經歷苦難、危機和痛楚，甚至不用怕跌入不健康的狀況，感受當中的恐懼、慾望及掙扎，回過頭來才建立到更多人。每一次的恐懼和不足，就是與上帝相遇的機會，滋長神性，脫離魔性！於是，在人生高低起伏，成敗得失，羞怯榮辱之中，體現人神合一的旅程！

註釋

1. 莫伯凱特著，鄭玲玲譯：《和陰影作朋友：接納自己不可愛的那一面》（台北：上智出版社，2009），頁 127。

2. Riso, Don Richard, & Hudson, Russ.（1999）. *The Wisdom of the Enneagram: The Complete Guide to Psychological and Spiritual Growth for the Nine Personality Types.* NY: Bantam.

3. 亨利．克勞德著，顧美芬譯（2006），《改變帶來醫治》，台北：中國學園傳道會。

4. 相同境況下成長的兄弟姊妹，也可以發展出完全不同的人生路程。同樣遭受遺棄虐待的幾個孩子，一個孩子會選擇報復自衛，另一個孩子會看透世情，奉獻自己，事奉眾生，又另一個孩子會退縮、自閉，甚至精神病。所以人生遭逢的處境無法預計，但每個人心靈的自動反應（react）或選擇性回應（respond）會形塑他人生的路徑。

5. Christensen, M. J., Laird, R., and Nouwen, Henri, *Spiritual Direction: Wisdom For The Long Walk Of Faith.*（NY: HarperOne, 2010 P.xii）

6. 「七寶樓台」是指出人在靈修道路上的循序漸進，逐層逐層地進入的過程，旅程是波浪式的，有起有伏，人在過程中會不斷經歷反省、起跌、試探，甚至痛苦，才有所前進，否則不進則退，詳參作者推介書籍。

7. Margaret Silf, *Inner Compass: An Invitation to Ignatian Spirituality.*（Chicago: Loyola Press, 1999）p. 74.

8. 《聖經》提到人很容易忘記上帝的恩惠，離棄上帝，落在悲慘的處境：〈申命記〉八：19；〈列王記下〉十七：38；〈以賽亞書〉十七：10；〈耶利米書〉三：21 及十八：15 等。

9. 《聖經．列王紀上》提及上帝微小的聲音。

10. Nouwen, Henri J. M., Christensen, Michael J, & Laird, Rebecca J., *Spiritual Formation: Following The Movements Of The Spirit.*（New York: Harper Collins, 2010）P. VIII preface.

11. Empereur, James. *The Enneagram & Spiritual Direction: Nine Paths to Spiritual Guidance.*（New York: Continuum, 1990）P. IX.

12. Couch, Donna Erickson.（2008）. *Together But Alone: When God Means Something Different to Your Spouse*. OH: St. Anthony Messenger Press.

13. 《明報》2010 年 8 月 12 日新聞報道 http://bigthink.com/ideas/21570

分享篇 輔導室與夫婦同行

一、從第一個家庭到現代家庭

從事家庭輔導工作，筆者很關心家庭。當每天都聆聽家庭的哀歌樂歌，自然產生一些疑問：為何夫妻相處這麼艱難？為何婚姻關係這麼脆弱？主耶穌帶來人類平等以後，到底有沒有男女平等？來，讓我們從《聖經》尋找啟示。

第一個家庭：活在咒詛之下

這真是一個不動聽的故事。

第一個家庭在一個空氣清新、鳥語花香、無憂無慮的環境下開展。在自由意志的恩賜下，夫婦起步摸索男女關係，卻因偷吃上帝吩咐不可吃的禁果，變成充滿張力。

（耶和華神）又對女人說：「我必多多加增你懷胎的苦楚……你必戀慕你丈夫，你丈夫必管轄你。」（〈創世記〉三：16）

請注意：女戀慕男；男管轄女。夫妻關係竟是活在咒詛之下！

女戀慕男、男管轄女

讓我們細細思想，這就是平凡家庭、男女相處的真相？

女戀慕男。何謂戀慕？一雙眼、一顆心時時刻刻追蹤着一個人，自身的喜怒哀樂全被對方牽動。試舉婚外情為例：男士有婚外情，常常三心兩意，這個也愛，那個又不捨，在責任、戀情、道義之間擺動、猶豫。可是，女性遇上婚外情，倘若不能割捨，就會迷失理智，一頭栽了下去，產生不可自拔的戀慕之情，甚至拋夫棄子，離家出走，極端決絕。女人可以糊塗地愛慕，愛到沒有自尊。男士情願息事寧人、忍氣吞聲，主要為了顧全局面，不會愛到像女子一樣。

女人誤會了幸福的源頭來自男士的呵護和歸宿，男人誤會幸福的源頭來自工作的成就和保障。於是女人戀慕男人；男人戀慕工作。

男管轄女，更容易理解，橫跨東西文化，男權至上的社會，十分普遍。即使性情較怯懦的男人，心底也喜歡妻子認同自己、仰慕自己。女人會因有丈夫照料而感到幸福榮譽，男人會由於失業要倚靠妻子供養而抑鬱自卑！

有些男管轄女用好幾個奇怪的表現：發脾氣、説髒話、亂扔物件；或嫌棄，罵女子愚蠢、頭腦遲鈍、不懂得科技、電腦、社會時事；還有一個方法，就是忽略，只顧閱報讀雜誌，走路一支箭似的往前衝，吊兒郎當，愛理不理！妻子面對這種管轄，會情緒低落，自怨自恨，奴役自己。

原來女人戀慕男人、男人管轄女人，是罪的結果。戀慕、管轄是一個銀幣的兩面，戀慕和管轄都同樣是錯認了生命的主人。古時三妻四妾的社會，與現代社會兩性的緊張拉扯關係，都是創世預言的兩性故事重播再重播。

活在救恩之下

鏡頭一轉，使徒保羅因着基督撥亂反正的大愛，尋到了解藥，他同樣在《聖經》裏指示出現代家庭的協奏曲。

你們作妻子的，當順服自己的丈夫，如同順服主。……你們作丈夫的，要愛你們的妻子，正如基督愛教會，為教會捨己。

〈以弗所書〉五：22-25

當你讀到這段經文，會誤認為又是一次男權至上的騙術。事實上，許多男子的確未能活出堪作帶頭的榜樣，令人既不順氣，又不佩服，那叫人如何順服？留心，〈以弗所書〉指導夫妻相處的最高原則是：「又當存敬畏基督的心，彼此順服。」（五：21）人類所有關係理當首先順服基督，再彼此順服。故此，男女關係是互相尊重和平等的。

當筆者仔細默想時，發現這句話剛好解決了上述管轄與戀慕的拉扯。女性以「順服」得勝男性的「管轄」；男性以「愛」克勝女性的「戀慕」，這正是《聖經》出人意表的法則。這四個動詞揭露了神解救男女困苦的奧妙精奇之處。

男女焦點大移位

要解讀這法則，我們可以從四個動詞看見男女焦點大移位。女人的焦點由戀慕轉為順服，是由主動追逐、糾纏、依戀，轉到積極、輔助、體貼回應；由盲目、情緒化，轉為主次分明，體察客觀事理、相讓；不是千依百順，不是滿足戀慕心情的驅使，能知進退、解人意，柔韌明智。

男人的焦點也作出大轉移，由自我膨脹、自尊脆弱的光景轉為重情意、重關係、能捨己；由征服、權勢的慾求以支配人、嚇唬人、忽略人；轉為注重人、注重關係、注重感受，多於注意自己的地位得失，這正是基督虛己在十架上使人驚歎的榜樣。由被動、接受崇拜與傾慕，轉為主動自我約束、謙卑跪下，服事妻子。從「管轄」轉為「愛」妻子。

男女靈性本質差異

整體來說，男、女兩性的靈性本質各有特色，男性的靈像木，像鐵，重而實、鈍而急，宜於衝鋒陷陣。女性的靈，質感是水漾、靈動、靈巧、善變而柔軟。

從《聖經》中看上帝揀選的男、女如何發揮影響力。女人都如路得、以斯帖、馬利亞，聰慧靈動。她們都是安靜、沉着、善解人意，以柔順去影響國家，服侍家人，完成上帝賦予的召命。

相反，《聖經》上帝揀選的男人有約瑟、摩西、大衞等等，都是帝王將相，憑着能力、勇敢，守住使命，與邪惡的勢力作戰。

現代家庭的解藥

男男女女，在現代壓力高漲的城市社會，多少已迷失了本性。能勇毅堅強、頂天立地、敬畏上帝、守承諾的男士愈來愈少，很多都變成躁急、焦慮、跋扈，大發「獅吼功」（發脾氣）、「死豬功」（睡到日上三竿）和「藤雞功」（因焦慮小信而失職、失信、退縮、怪責他人）。女人能溫柔體貼、善解人意，以大局為重的也愈來愈少，不少變得野蠻、倔強、粗暴、情緒激動，叫人望而生畏！

上帝創造人，已給女人溫順、靈動的特質，若能發揮，就可以克勝男人先天喜愛管轄女人的罪性。同理，男人也有獨步祕方，克勝女人依戀的失落情緒和戀慕的糾纏，就是以至誠之愛去愛妻子。那是怎樣的愛？謙遜、憐恤、包容，全心全意、捨命的愛。丈夫若能操練這愛去愛妻子，妻子又怎會不佩服敬慕、體貼溫柔呢？

在創造的奧祕中，兩性心理有其定律，上帝亦演繹了何謂愛，讓我們細細默想，小心珍藏，以生活去演繹，建立更美的家庭。

原刊載於：《天倫樂》2008 年第 138 期

二、從磨合到共創的親密關係

人，不能抵受寂寞，所以追求關係；一旦連上了關係，卻忽冷忽熱，亦苦亦甜。關係走到疲累處，不能抵受束縛煎熬，掙脫呼喊着，還我自由！面色蒼白地驚歎一場春夢，難道是永恆的魔咒？

同行難

黃先生、黃太太整天在爭執，黃太太抱怨黃先生一星期有五天都不回家吃飯，家庭生活形同虛設；黃先生抱怨太太對自己毫不體諒，應酬頻繁，實是人在江湖身不由己，還要應付太太的要求？到底是黃先生需要支持黃太太，給她一點陪伴和溫暖？抑或黃太太需要支持黃先生，體貼他的困累，給他更多空間和自由？

陳先生、陳太太多年來是模範夫妻，從來沒有半句爭執。陳先生對陳太太千依百順，上茶樓館子、西餐中餐，都無所謂；買樓賣樓、孩子升傳統名校抑或國際學校，也順其自然。陳太太動氣，陳先生絕不還口；陳太太卻是滿肚冤屈，莫名其妙的焦躁，茶飯不思，對什麼事情都提不起勁兒，終於患上抑鬱症。

親密關係的迷思

兩性親密關係有三個元素：「你」、「我」、「我們」，缺一不可。許多鬥志旺盛，向外撲的男士有「我」、有「家庭」的整體，卻沒有了太太「你」，令太太孤苦伶仃，上文的黃先生便是一例。也有一些例子是重視關係（我們），不惜對太太（你）千依百順，卻忘掉了「我」，例如陳先生，結果關係仍然搖搖欲墜。

社會給我們的信息中，對親密關係有一些錯誤的想法，例如：有了愛情，代表只有你，沒有我，以致人在關係中委屈自己、忘記自己、糟蹋自己，這是迷思。又譬如，若我們真正相愛，必定旖旎纏綿，常常渴望二人世界，若對方或自己喜歡獨處，或者不太掛念對方，就代表失去了愛情，這也是迷思。二人親密關係的熱力和張力最大，誰能經得起一年三百六十五天，天天烤着愛火？有時候，為了保護親密關係不要過冷或過熱，每個人都需要時間獨處，學習靜靜地抽離。

在親密關係裏經歷寂寞，是人間最難耐的。人，愈能體會和接納人生本來牛而寂寞，愈懂得珍惜關係、感激關係。關係本來是複雜而脆弱的，要守護，當然須付上一生一世，要塑造關係柔和持久的美，必須淨化和培育自己心靈的美。一位好媽媽內心必然是柔和平靜的；一位好伴侶內心必然是滿足而安寧的。

有我又有你

據筆者近二十年來在輔導中的觀察，發現成功的婚姻關係，其先決條件，二人要具備兩顆成熟、不斷自我整合、完善的心靈，否則像盲人領啞子，一路跌撞顛簸。所以有「你」又有「我」，才能建立起「我們」。李太太喜歡李先生，因為他品性純良，老實可靠。但婚後發現他思想簡單、反應遲鈍，凡事慢三拍，她哭喪着臉問我：「唉！難道我一世要被他拖累嗎？」筆者很體諒地回應：「你説得對，有時候關係的確是一場拖累。」張先生每次外出都被太太氣炸了心肝，因為她必須左顧右盼半句鐘。張太太厭煩張先生的神經衰弱，每晚必定問她一回：「門關好了沒有？鎖好了沒有？」張太太可能要錄音，重複「全部鎖好了！」一按鈕，一年可以重播三百六十五遍。

「我們」是平等的

「我們」要學習應付關係中的矛盾和憤怒，說一聲「甘心樂意」。

「我們」為了承受你我成長中的傷殘缺憾，而願意繼續學習，承受拖累，不離不棄。

這些就是動人婚姻故事的基本元素，現代人誤以為親密關係是價廉物美、色香味全的愛情贈品，全情索求感官、性慾、自我膨脹、現實的供求。婚姻故事未到一半，就誤以為自己是自由戰士，做了逃兵。

共行同創

一種以「感覺」等同「感情」，以「感情」等同「愛」的哲學旋風近十年八年着陸，令忠誠信守的夫婦在長年累月、感情褪色的階段，感到十分迷惘。

固然，我們鼓勵夫婦在婚姻裏繼續維持約會的甜蜜，時時刻刻製造「愛」的小錦囊，然而，滿足感並非愛的全部意義。《聖經》中有一篇稱為「愛」的詩篇，述說愛的真義（〈哥林多前書〉第十三章），唱絕古今。詩篇中的愛，並非單指男女的戀情愛慾，而是指出人類追求的人格境界。

詩中描述愛是什麼？愛是「恆久忍耐」，追溯原文意義，是「長期受苦」（希臘文 makrothumeo，英文 long suffering）的意思。筆者身為婚姻治療師，深深佩服作者使徒保羅的戀愛真諦。二人背負着彼此成長經驗的百孔千瘡，如果對彼此的幽暗感到介懷、緊張，自然陷入關係中的惡性循環，你愈迫近我愈走開，你愈沉默我愈憤怒，我愈憤怒你愈麻木，就更加沉默，如此不斷循環。

愛，本身就是一場折磨 —— 長久的折磨，關鍵在於這場折磨，是磨合？還是磨損？磨合，造就高尚、成熟、整全的人格光輝。磨損，使人自卑、扭曲、萎靡、沮喪、人格破碎。

若然愛是一場折磨，憑什麼去磨？這場愛的交付實在是一場冒險之旅！筆者在婚姻治療的旅程，陪伴很多磨損的夫婦走向磨合的路。所以，筆者才熱愛自己的工作。

有夫婦對我說，「我從前不相信你的話，現在才知道了，果然，我們現在體會到感情關係比拍拖時更甜美。」最近另一對夫婦送來一盆蘭花，付上一張感謝卡，訴說他們已重拾當初的甜蜜和溫馨。觀看着欣欣有致的蘭花，有如婚姻的美麗，矜貴而脆弱，不能太熱，也不能太大風；不能太濕潤，也不能太乾燥，環境和養分都適中調養好了，蘭花就謝了又開，年復一年，經久耐看。

感謝夫婦的回應，給筆者最體貼的鼓勵。筆者仍然相信婚姻是神聖的，因為人是上帝所創造的，婚姻是一樁盟約。盟約的意思就是「我願意與你同創未來，憑着上帝的召命，不論禍福，我都自願和準備好與你同甘共苦」，所以盟約的關係首先不是強調感覺，而是相信未來，重視盼望。自由的婚姻關係需要知識、自省、不斷協調；良好的土壤、合適的陽光、風向、水分、雨露和共同分享的遠景。

三言兩語又怎能分享婚姻全部內涵？在現代離婚文化有如骨牌效應的年代，願我們有勇氣一起經歷婚姻磨合的路，以生命交織生命，同行共創。

原刊載於：《天倫樂》20 周年特刊

三、石壁清泉上的小黃花——夫妻性生活迷思

性，神祕又平凡；性，是簡單直接又複雜。現代社會，性態度開放了，性知識普及了，促使婚姻中的性生活更加愉快又更加為難。

從事婚姻輔導，必然涉及性生活輔導，筆者必須謙卑承認在這艱深而意義深長的課題上，自己反省仍十分淺陋，只能從實務觀察中分享一些初步的疑惑和想法。

性的哲學

曾經參加不同的性治療工作坊，筆者發現性治療師的手法，背後都對人類性行為有某種假設和信念。倘若輔導員抱持性是醜惡或神聖的信念，有些自以為前衛的治療師會嘲笑他們是慘被宗教教條或文化枷鎖束縛。這些所謂前衛治療師鼓吹透過「羣體性愛」，獲取性知識技巧，支持自我解放，撇除一切「狹隘」的道德批評，讓性的本能衝動得以全盤解放，有如打噴嚏一樣，豪放地抒發出來。驟耳聽來具有吸引力，但細想一下，不過是高舉人的動物性本能，叫人釋放一切拘禁，供奉天生的性慾望。難怪香港大學生、深圳的商人都紛紛開辦狂野派對(Rave Party)，容許自己被毒品麻木自我防衛和尊嚴，體會所謂「無拘無束」的奔放。

筆者亦接受過成熟穩健的性治療師的教導。他們說性是「原始、天真、害羞、細緻、美麗而脆弱的」，性緊密地連接人脆弱的自我身分，我們必須以誠以敬、以溫柔的心討論夫婦性生活的困難。筆者完全認同這種態度。

筆者同意瑞士基督徒心理學家 Paul Tournier 的看法。他指出三種不合乎《聖

經》教導的性態度：[1]

- 看性為人類天生的動物性本能，無形中貶低了性的價值。
- 將性神聖化，作為衡量愛和關係滿足經驗的尺度，反映出典型的享樂主義。
- 把性看為純生育功能，不鼓吹生育以外的性經驗，認為過度性經驗會危害身體健康和思想的靈敏度。[2]

在反省過程中，筆者想加以補充，把性看為絕對神性、絕對醜惡和純生物性，都犯了把人切割的錯誤。筆者想，性有其生物學的本質，生物學的知識可大大促進我們對性生活的生物層面理解。性是一種潛在的慾望，可以提升到至善的二人互信互愛、相依相屬的契合境界；也可以任意驅馳，產生欺壓、剝削、虐待、自我中心，變成把他人物化成為泄慾工具的醜惡情況。

誤解：由太輕視到太重視

現今香港社會，性開放的態度也大大影響夫妻間的性生活。雖然大部分夫婦仍然保守得不敢開口談性，覺得很難為情。但有一些個案，丈夫受了色情媒體、三級影像的刺激，要求太太大搞花式，甚至向她施暴和虐待。亦有一些丈夫覺得婚姻生活沉悶，偶然在工作場所、浪漫處境邂逅婚外情人，嘗到「偷吃禁果」的滋味，誤會在婚姻中未嘗這種刺激的性經驗，便下結論婚姻中沒有愛情。

只能說我們對性慾的哲學層面欠缺教育，導致我們對呆滯的、泛濫的、傷痕纍纍的性生活感到束手無策。

傳統觀念對男女性愛抱持負面和輕視的態度，現代社會卻出現性行為泛濫，誤以為性等於愛，沒有性等於沒有愛。在二人結合，携手創建新家庭的歷程中，性生活也是一個歷程。在傳媒的渲染和暗示下，我們鼓勵追求圓滿的性生活，言下之意，欠缺圓滿性生活，就代表人生寂寥和充滿缺憾。

筆者認為，關於性生活，有幾項觀念必須澄清：

- 性不能解決人的心靈寂寥，惟有相依相屬，互信互愛的關係才助人獲得伴侶的感情。沒有愛的源頭——上帝，愛情也不過是水晶玻璃球般的幻想。
- 性是人類親密關係的自然結果，卻不是愛的證據。
- 令人神魂顛倒、陶醉瘋狂的性生活是存在的，卻只是偶然的光輝，不是人類性生活的恆常狀態，即使最恩愛的夫婦也是如此。
- 人若缺乏自愛和自我保護，性可以被濫用成為權力的鬥爭和互相踐踏的途徑。
- 性與人心靈的奔放、活潑自由的情況成正比，卻不能畫上等號。

婚姻中性生活的困難

筆者嘗試簡述在婚姻輔導中觀察到夫婦性生活常遇見的困難，供讀者參照：

1. 出於無知的性生活困難

由於傳統教導對性的排斥與拘禁，由無知和「禁忌」產生的性生活困難大大影響許多夫婦的親密身體接觸。很多年紀較長的夫婦性知識十分貧乏，尤其女性，從未享受過性高潮，也不知性高潮是什麼，以為性是生育的必經過程，或者是女性「應該」為丈夫履行的義務；又容易將性興奮、性慾與「淫蕩」、「發姣」、「不貞潔」產生聯想，很難投入性的樂趣。

除了對性的普遍無知，還有許多其他知識，不同的性體位、性交次數多少，會否傷害身體？需要「太多」性高潮是否不正常？性交時偶然會尿牀是否很羞恥？在性交時產生性幻想，有時性幻想的對象不是自己的配偶，如何是好？凡此種種，又不敢向人啟齒，很容易造成羞恥、內疚、懼怕，影響性慾和夫妻的性生活。性慾是天生的，然而美好的性生活卻是一門藝術，須要學習。所以夫婦可以借閱、學習、參考健康的性知識、性難題的錄影。

2. 由心理上的惶恐、疑慮、憂懼產生的障礙

有時在婚姻輔導中，一方投訴另一方性冷感，追本溯源，發現源自一些心理疑慮和恐懼。有些疑慮來自環境，有一對夫婦住在村屋的下層。牀貼近窗，太太經常擔心有行人路過私生活被窺見，無法投入性交；也有些夫婦房屋狹小，與子女房間相接，心理上懼怕性交的聲音被子女聽見，或者半夜子女睡不着撞入父母房間，內心的惶恐令心神無法鬆馳投入，「草草交差」了事，再談不上享受性愛。還有，擔心無意中懷孕、擔心被人撞見、害怕體毛、害怕痛楚、害怕自己性無能、害怕精子不足無法生育、害怕配偶不喜歡自己、害怕自己體形肥腫、胸部平坦、器官細小等等，都可以直接間接形成性生活困難。遇到這些問題，有時很需要兩夫婦坦誠溝通，或者找一位成熟、可信任、有知識、對人尊重的性治療師、輔導員解開這些心理糾結。

3. 性是人生成熟歷程的表達

性生活不單單局限在性交和高潮，否則就是嚴重的誤解。多年前，曾經跟一位性治療師 Professor Guldner 學習，很佩服他對性的想法，他認為性牽涉整個人生成熟的歷程，性的表達基本可分為兩大類型：恥感為本的性和恩典為本的性。

從他的分析中可以讓我們理解，為何破碎家庭的少男少女容易自我放縱和性上癮，因為他們要在性愛中尋找自我價值和被肯定。夫婦性生活若要解決外在環境、知識、信念和心理障礙等困難，很多時都牽涉二人對親密關係感到陌生、懼怕、不信任，並與幼年性經驗、性虐待的經歷，或親子相依關係的素質有關。

何謂良好的性生活？

性，不是一項任務，而是一份恩賜，每個人的性需要、性表達差異很大，不同的文化又有不同的標準，所以沒有所謂劃一的正常尺度。有些夫婦不曉得如何分辨性生活是否正常，感到十分苦惱。最簡單直接的方法：夫婦二人聆聽各自心靈和身體的需要，創造彼此滿意的性生活，就是他們良好性生活標準了。

舉例說，一對夫婦，其中一方交通意外致傷殘，影響性生活，傷殘的丈夫為此內疚不堪。他後來解除了內疚心理，用愛撫和其他方法幫助妻子獲得性高潮；妻子許多接納、擁吻、愛撫，也令他心神愉快，就是良好健康的性生活。另一對夫婦，因為丈夫調往大陸工作，聚少離多，精神困累，半年一年也未能成功地性交，兩夫婦十分沮喪自責。不過當他們分析計算起來，二人一年相處的日子才不過是兩、三個月，斷斷續續的又要適應又要安頓，能夠保持性興趣、擁吻、親吻已經十分難得；能否射精、交合並非雙方重視的願望，解除了「不正常」標籤的枷鎖，兩夫婦更加彼此體貼和相愛。

在香港社會，有許多畸型現象，工作侵蝕人部分醒着而有精神的時間。回到家中，滿肚牢騷、滿心緊張、半睡半醒，來一個熱水浴、身體按摩、安寧地大睡一覺，可能更加體貼身體的需要。

男女需要差異

最大難題反而是男女性慾需要多寡的相撞。

很多時候，男性在十多二十歲時性慾特別旺盛，年屆四十多歲，有些男士被事業分心，無法鬆弛，對性事也較少投入；女性在婚後獲得安全感、滿足感，自我平穩後，開始領略和容許自己的需要，四十多歲，方會性慾旺盛，卻發現丈夫缺乏興趣，心裏不是滋味。不同年齡階段影響各自的心境和性需求，很需要夫婦彼此體貼和調節，才不致各自各失望。

性需要和性慾望因人而異，沒有年齡限制，性別的差異也因人而異。在不同的時間、空間、人生階段中，不同的夫婦要互相體貼、諒解才能協調出合適的性步伐。

美國婚姻及性學治療權威 David M. Schnarch[3] 指出，三個層面的性心理投入行為：1 成功的角色扮演、2 伴侶互相投入、3 渾然忘我的陶醉境界。夫婦欠缺基本知識和技巧會遇到第一層最基本角色扮演難題，或者停留在滿足情慾的戲劇性表達上。有些夫婦害怕自我失控，時刻對環境戒備，警惕的人常常停留在這個性任務滿足的階段。夫婦在相處上互相信任，在關係中感到暢快，互相渴望結連，自然可達到伴侶互相投入的浪漫感覺。只有少數非常成熟、自信、內在安寧、恬靜、熱情、釋放、自由自在的人才偶然會達到渾然忘我的陶醉境界。[4]

筆者想，雖然沒有良好性生活的絕對標準，卻可以有良好的愛侶關係。當人着重培養心靈的時候，會在慷慨付出中找到愛。當愛侶着重愛，重視性卻不介意是否得到性滿足時，那心領神馳的性生活，就如石壁清泉上的一株小黃花，不經意地探出頭來。

註釋

1. Tournier, Paul. *A Doctor's Casebook in the Light of the Bible*（London: SCM, 1974）, p.67-68.
2. 天主教傳統奉行自然生育法，不鼓勵生育以外的性行為。（Klein, Marty, 1992）.
3. Schnarch, David M. *Constructing the Sexual Crucible: An Integration of Sexual And Marital Therapy.*（New York: W.W. Norton & Co., 1991）, V3.
4. Klein, Marty.（1992）. *Ask Me Anything: A Sex Therapist Answers the Most Important Questions for the 90s.* New York: Simon & Schuster.（中譯本：《知己知彼》金敏譯，1997，台北：國際村文庫書店。）

原刊載於：《天倫樂》2007 年第 88 期

參考書目

1. Nogosek, Robert J. C.S.C.(1987). *Nine Portraits of Jesus.* NJ: Dimension Book.
2. Riso, Don Richard.(1995). *Discovering Your Personality Type.* NY: Honghton Mifflin.
3. Riso, Don Richard, & Hudson, Russ.(1987). *Personality Type: Using the Enneagram For Self-Discovery.* Boston: Houghton Mifflins.
4. Baron, Renee, & Wagele, Elizabeth.(1995). *The Enneagram of Parenting.* San Francisco: Harper.
5. Palmer, Helen.(1995). *Enneagram in Love and Work.* San Francisco: Harper Collins.
6. Naranjo, Claudio.(1997). *Transformation Through Insights.* Prescott, AR: Hohm Press.
7. Karen Webb 著，魏育珍譯（1997）：《認識九型人格 —— 重現古老的靈魂智慧》，台北：世茂。
8. Renee Baron 著，李美珍譯（1997）：《尋找靈魂伴侶》，台北：世茂。
9. Empereur, James.(1998). *The Enneagram and Spiritual Direction.* NY: Continuum. Collins.
10. Riso, Don Richard, & Hudson, Russ.(1999). *The Wisdom of the Enneagram:The Complete Guide to Psychological and Spiritual Growth for the Nine Personality Types.* NY: Bantam Books.
11. Don Richard Riso 著，彭淑美譯（1999）：《善用你的性格型態》，台北：遠流出版公司。
12. 林寶島、石芳瑜（1999）：《讀心術》，台北：長辰。
13. 霍玉蓮（2015）：《情難捨 —— 為誰而愛，為何相分？》，香港：突破出版社。
14. 鈴木秀子著，劉敏譯（1999）：《激發孩子潛能的九種性格》，台北：上旗文化。
15. Riso, Don Richard, & Hudson, Russ.(2000). *Understanding of the Enneagram.* NY: Honghton Mifflin.
16. 陳家輝（2000）：《如何提高你的 AQ、CQ、EQ 和 IQ —— 性格形態學的實際應用》，香港：明窗出版社。
17. 鄺炳釗（2000）：《從聖經看如何認識和提升自己》，香港：天道書樓。
18. 翁傳鏗（2002）：《人格素描與使命實踐》，香港：香港基督徒學會。
19. 陸劍雄（2003）：《九型人格與生命成長》，香港：冬青樹。
20. Rohr, Richard, & Ebert, Andreas.(2004). *The Enneagram: A Christian Perspective.* NY: Crossroad.
21. 霍玉蓮（2009）：《追風箏的父母》，香港：突破出版社。
22. 莫伯凱特著，鄭玲玲譯（2009）：《和陰影作朋友：接納自己不可愛的那一面》，台北：上智出版社。
23. 霍玉蓮（2009）：《心理與心靈的重聚 —— 從佛洛依德到米高維：婚外情個案演繹》，香港：基道出版社。

24 胡挹芬（2010）：《九型人格心靈密碼學》，台北：養沛文化館。

25. 霍玉蓮（2010）：《怎可以一生一世》（第 11 刷），香港：突破出版社。

靈性操練參考書目

1. Veltri, J. A. (1981). *Orientations* (Vol. II). Guelph: Loyola House.
2. Savavy, L. M., Berne, P. H., and Williams, S. K. (1984). *Dream & Spiritual Growth.* NJ: Paulist Press.
3. 拉勃拉斯著，胡安德譯（1984）:《神修指導的準備工作》，台北：上智出版社。
4. 坎伯蘭麥克碧漢著，茗水譯（1985）:《內觀自得》，台北：光啟文化事業。
5. Toner, Jules J. (1991). *Discerning God's Will.* MO: I.J.S.
6. Jacques Lewis 著，沙微譯（1993）:《神修淺釋》，台北：光啟文化事業。
7. Thomas Malon 著，江炳倫譯（1996）:《默觀生活探祕》，台北：光啟文化事業。
8. 歐里凡著，梁偉德、王敬弘譯（1998）:《祈禱自由，愛也自由》，台北：光啟文化事業。
9. Gotier, Audre. (1999). *15 Days with Thomas Merton.* MO: O. S. B. Liguori Publication.
10. Ignatius 著，侯景文、譚壁輝譯（1999）:《聖依納爵》，台北：光啟文化事業。
11. 侯士庭著，趙鄭簡卿譯（1999）:《靈修神學發展史》（4 版），台北：中福出版有限公司。
12. 潘寧頓著，姚翰譯（1999）:《神妙的歸心祈禱》，台北：上智出版社。
13. 許綺瑩著，廖信堅譯（2000）:《大德蘭與婦女靈修》，香港：香港基督徒學會。
14. 鄧紹光編（2002）:《與造物者同遊》，香港：紐約神學教育中心。
15. Jean Claude Dhot el S. J. 著，滌塵譯（2003）:《依納爵這個人》，台北：光啟文化事業。
16. 杜立容著，聖本督會修女譯（2003）:《愛基督於萬有之上》，台北：光啟文化事業。
17. 高欲剛著，陳寬薇譯（2003）:《神操之旅》（3 版），台北：光啟文化事業。
18. 聖波納文圖拉著，溥林譯（2003）:《中世紀的心靈之旅 —— 波納文圖拉神哲學選》，北京：華夏出版社。
19. R. J. Foster 著，袁達志譯（2004）:《屬靈傳統禮讚》，香港：天道書樓。
20. 光啟編輯室（2004）:《分辨神類》（2 版），台北：光啟文化事業。
21. Thomas Green 著，善川譯（2005）:《枯井中吸水》，台北：光啟文化事業。
22. 貝湯杜赫提著，張寶熹、曾玉琴譯（2005）:《行動中的默觀者》，台北：光啟文化事業。
23. 彭順強（2005）:《二千年靈修神學歷史》（神學教育叢書），香港：天道書樓。
24. 張春中（2006）:《靈之旅》，台北：上智出版社。
25. 奧村一郎加著，默羅聖衣會譯（2006）:《祈禱的美麗境界》，台北：光啟文化事業。
26. 德蘭修女著，趙班博譯（2006）:《七寶樓臺》，台北：光啟文化事業。

27. Becthy Outdo 著，基督生活團譯（2007）:《與依納爵祈禱》，香港：思維出版社有限公司。

28. G. Thomas 著，陳永財譯（2007）:《與神相遇》，香港：基道出版社。

29. 賈維多著，孫純彥譯（2007）:《聖奧思定嘉言錄》，台南：聞道出版社。

30. Mark & Patti Virkler 著（2008）:《疾風細語——如何聽神的聲音》，加州：台福傳播中心。

31. Thomas Green 著，林清華譯（2008）:《祈禱入門》，台北：光啟文化事業。

32. 候特著，楊長慧譯（2009）:《基督宗教靈修神學簡史》，香港：道風山基督教叢林。

33. Thomas Green 著，沙微譯（2010）:《井枯之時》，台北：光啟文化事業。